우연한 일은
우연히 일어나지 않는다

HOW TO MAKE LUCK

이 책의 한국어판 저작권은 대니홍 에이전시를 통한 저작권사와의 독점 계약으로 책들의정원에 있습니다.
저작권법에 의해 한국 내에서 보호를 받는 저작물이므로 무단 전재와 복제를 금합니다.

Copyright ©1999 by Marc Myers c/o Writer's Representatives LLC, New York. All rights reserved.
Korean translation rights arranged with Writer's Representatives LLC, New York through Danny Hong Agency, Seoul.

의식하지 못했던 사소한 행동이 가져오는 삶의 터닝 포인트

우연한 일은 우연히 일어나지 않는다

HOW TO MAKE LUCK: SEVEN SECRETS LUCKY PEOPLE USE TO SUCCEED

마크 마이어스 Marc Myers 지음 | 이지현 옮김

BOOKER

감사의 글

처음 내 에이전트가 나에게 누구라도 더 운 좋은 사람이 될 수 있는 방법을 알려주는 책을 써보자고 제안했을 때, 나는 내가 그럴 자격이 있는지 확신하지 못하겠다고 말했다. 나는 복권 당첨자도 아니었고, 영화배우도 아니었으며, 부동산 개발업자도 아니었다. 그러나 내 에이전트는 내 말을 끊었다.

"농담하세요?" 그녀가 말했다.

"그건 중요하지 않아요. 당신은 내가 아는 사람 중에서 가장 운 좋은 사람이에요. 한번 생각해 보세요. 그리고 당신이 아는 모든 운 좋은 사람들에 대해 떠올려 보세요."

생각할수록 그녀의 말이 옳다는 것을 깨달았다. 만약 행운이란 엄청나게 행복하고 운이 좋은 상태를 의미한다면, 나는 분명히 행운이 따르는 사람이었다.

나는 에이전트에게 생각해 보겠다고 말했다. 약 30분 후, 나는 뉴욕의 세븐스 애비뉴를 걷다가 카네기 홀 근처에서 아래를 내려다보았다.

거기에는 달러 지폐가 인도 위에서 날아가다 멈추다 하며 나에게 다가오고 있었다. 마지막 가을바람이 불어오며 그 지폐를 내 다리 쪽으로 날려 보냈다. 나는 그 지폐를 주우면서 이 책을 쓰기로 결심했다. 나는 특별히 미신을 믿는 건 아니지만 힌트를 얻을 수는 있다고 생각했다.

   내 행운의 대부분은 이 책을 쓰는 동안 나에게 조언과 우정, 그리고 지지를 아끼지 않은 많은 사람들에게 큰 빚을 지고 있다. 이 자리에서 그들에게 감사의 인사를 전하고 싶다.

   먼저, 나의 아내 알리세와 딸 올리비아에게 감사한다. 그들은 나의 수호천사들이다. 그들에 대해서는 나중에 더 이야기하겠다. 르네상스 미디어의 인수 담당 이사인 조 맥닐리에게 감사한다. 그는 내가 말하고자 했던 목적과 힘을 처음부터 이해하고 이 책의 가장 큰 지지자가 되었다. 내 원고를 꼼꼼히 살펴보고 훌륭한 지도를 해준 로스앤젤레스에 있는 르네상스 북스 출판사의 편집자 로라 골든 벨로티에게도 감사한다. 로라와 함께 일할 수 있어서 정말 운이 좋았다. 모든 작가들이 이런 행운을 가질 수 있기를 바란다. 세심하고 전문적인 카피 에디터인 앤 하틀리에게도 감사한다. 관대함, 강인함, 그리고 지혜로 나에게 큰 도움이 된 마티 에델스턴에게도 진심으로 감사한다. 그를 알게 된 것은 진정한 행운이었다. 이 출간 작업에서 나의 출판 에이전트였던 셰리 바이코프스키에게 감사한다. 그녀는 이 집필 작업에 불을 붙였고, 내가 가진 행운의 비밀을 공유하도록 설득했다.

강력하고 영리한 〈코스모폴리탄〉의 편집장 케이트 화이트에게도 감사한다. 이 프로젝트가 시작되기 전부터 이 책에 대해 생각하게 해주었다. 내가 한 문장도 더 쓸 힘이 없다고 생각했던 모든 늦은 밤 동안 당신이 내 마음속에 있었다. 인간 행동과 삶에 대한 놀라운 통찰력을 지닌 위대한 스티븐 코비에게도 감사한다. 내가 아는 가장 지혜로운 변호사 두 명, 리 리파테르와 마티 섕크먼에게도 감사의 인사를 전한다. 강력한 에너지와 고도의 정신력을 지닌 펀드 매니저 짐 오쇼너시에게도 감사한다. 그의 열정이 나를 계속해서 고무시켰다. 비전, 정직, 지성을 지닌 금융 전문가 마이클 스톨퍼에게도 감사한다. 할리우드의 홍보 전문가 마이클 레빈에게도 감사한다. 그는 일찍이 나와 이 프로젝트를 믿어주었고, 내가 최종 결과물을 상상할 수 있도록 도와주었다. 열정적이고 따뜻한 조언을 아끼지 않은 애덤 로빈슨에게도 감사한다. 그의 열정과 피드백을 항상 기대할 수 있었다. 빛나는 에너지로 나에게 영감을 준 로라 데이, 늘 밝은 미소와 지지를 보내준 제리 세들러에게도 감사한다.

많은 이야기를 나누었지만 이 책에는 이름을 수록하지 않기로 한 모든 사람들에게 감사한다. 당신들이 누구인지, 그리고 내가 당신들을 얼마나 특별하게 생각하는지 알고 있을 것이다.

나의 어머니 버니스 마이어스에게 감사한다. 그녀는 아동도서 작가이자 삽화가로서 무조건적인 낙관주의와 항상 진실을 말하는 법을 가르쳐주셨다. 나의 아버지 루 마이어스에게도 감사한다. 그는 위대한 만

화가이자 작가, 그리고 유머를 가진 사람으로서 왜 적극적이고 부지런하며 마감 기한에 철저해야 하는지를 가르쳐주셨다. 따뜻함과 격려로 큰 힘이 되어준 리사, 데이비드, 매튜에게도 감사한다. 예술가 넬슨 디아즈에게 감사한다. 그의 우정과 영적 통찰, 그리고 우리가 공유한 재즈에 대한 사랑이 그의 소호 스튜디오에서 매주 토요일 아침 모임을 잊지 못할 시간으로 만들었고, 내가 여러 각도에서 행운을 볼 수 있도록 도와주었다.

보드룸 출판사의 모든 훌륭한 사람들에게도 감사한다. 해가 떠있는 시간 동안 그들이 보여준 효율성과 전문성이 내가 밤과 주말을 이 책을 쓰는 데 전념할 수 있도록 해주었다. 〈바텀 라인 퍼스널Bottom Line/Personal〉과 〈머니스 워스Money's worth〉의 모든 프리랜서 작가들에게도 감사한다. 그들의 격려가 큰 힘이 되었다.

마지막으로, 이 책이 존재하는 게 가능하도록 만들어준 두 사람에게 감사한다. 나의 놀랍고, 아름답고, 똑똑한 아내 알리세. 그녀의 감정적 지지와 마법 같은 힘 덕분에 모든 꿈이 실현되었다. 당신을 만나서 행운이었다. 그리고 나의 사랑스러운 아홉 살 딸 올리비아에게 감사한다. 그녀의 장난기 어린 유머 감각, 이해심, 그리고 예상치 못한 깜짝 키스 덕분에 나는 계속 나아갈 수 있었다. 그래, 올리비아, 드디어 아빠가 책을 완성했어.

서문

언제든 원하는 것을
손에 넣을 수 있다면

　인정하자. 당신이 이 책을 읽고 있는 이유는 운이 좋은 사람들에 대해 언제나 조금은 호기심을 가졌기 때문이다. 그들은 어떻게 그렇게도 운이 좋은 삶을 살아갈까? 그들은 어떻게 그렇게 많은 것을 얻으면서도 힘들게 일하는 것처럼 보이지 않을까? 그들의 반복되는 행운은 우연의 선물일까, 뛰어난 타이밍의 결과일까? 혹은 엄청난 노력 덕분이거나 아니면 그저 축복받은 것일까?

　나는 이 책을 통해 단순하지만 인생을 바꿀 수 있는 비밀을 알려주고자 한다. 우리가 생각하는 '행운이 따르는 사람들'은 단지 특별하고 매력적인 방식으로 행동하여 만나는 거의 모든 사람들로부터 좋은 기회를 받는 것이다. 이러한 풍부한 기회들이 그들의 행운을 계속해서 향상시키는 원동력이 된다. 만약 당신도 행운을 원한다면, 그저 행운아처럼 행동하기 시작하면 된다.

　나는 언제든 원하는 것을 손에 넣는 사람들에게 매료되어 왔다. 그러나 행운이 따르는 사람들이 단순히 마법처럼 좋은 기회들을 얻는다고 믿지는 않았다. 보통의 사람들은 성공을 위해 열심히 일해야 한다고 생각한다. 하지만 열심히 일하는 것만으로는 원하는 것을 무조건 얻거나 빨리 얻을 수 있다는 보장이 없다. 그리고 오랫동안 행운이 따르는 사람들을 주의 깊게 관찰한 결과, 그들 중 일부는 열심히 일하지만 진정한 성공의 비결은 다른 사람들이 자신을 돕고 좋은 기회를 제공하도록 장려하는 방법을 아는 것이라는 것을 깨달았다.

이 책을 읽기 전에 우리는 먼저 행운이 무엇인지 알아야 한다. 우리는 주변의 무작위한 세계와 상호작용하며 수많은 상황을 마주한다. 외출할 때마다 예상치 못한 사건들을 만나게 된다. 좋은 일도, 나쁜 일도 일어날 수 있는 것이다. 길에서 100달러 지폐를 발견할 수도 있고, 머리 위로 금고가 떨어질 수도 있다. 이러한 경험들은 무작위적이며, 그것들을 예측하거나 준비할 수 있는 방법은 많지 않다. 그런 일은 갑작스럽게 일어나고, 그것이 인생이다.

하지만 모든 사건이 예측 불가능한 것은 아니다. 바로 행운이라는 변수가 있기 때문이다. 행운이란, 당신이 원하는 것을 얻을 수 있도록 다른 사람들이 발 벗고 나서서 도와줄 것인지 여부에 달려있다. 당신의 삶을 더 쉽게 만들어줄 수 있는 사람들을 빨리 알아보고, 그들을 설득하는 능력이 뛰어날수록 당신에게 더 큰 행운이 따르게 될 것이다.

우리는 대부분 행운이 통제할 수 없는 것이라고 확신하지만, 그럼에도 불구하고 우리는 여전히 행운에 집착한다. 느린 성과에 대한 좌절과 즉각적인 부를 얻고 싶은 욕구로 인해 우리는 우리에게 기회가 오기를 초조하게 기다리게 된다. 우리의 상상력을 자극하는 것은 많은 것을 얻으면서도 크게 노력하지 않은 것처럼 보이는 사람들의 끝없는 행진이다. 오늘날 잡지나 신문 기사를 읽거나 텔레비전을 켜면 놀라운 행운을 얻은 사람들의 이야기를 보지 않을 수 없다. 그러나 그러한 일들을 통제와 예측이 불가능한 일이라고 여길수록 우리는 모두가 좋은 행운을 만들 수 있는 능력을 가지고 있다는 것을 깨닫지 못할 가능성이 커진다. 그리고 그것은 그렇게 어려운 일이 아니다.

이 책에서는 더 많은 행운을 끌어들이고 불운을 제한할 수 있는 구체적인 방법을 제시할 것이다. 행운을 얻기 위해 필요한 것은 기회를 창출하고 재난을 제한하는 능력을 키우는 것이다. 우리 중 대부분은 복권에 당첨되거나 CEO가 되지는 못할 것이지만 지금보다 더 운이 좋아질 수는 있다. 과도하게 무리하며 일하거나 행운이 찾아오기를 기다리지 않고도 말이다.

1부에서는 행운과 성공이 불가분의 관계에 있다는 것을 보여줄 것이다. 둘 중 하나 없이 다른 하나가 불가능하다. 대부분의 사람들이 행운을 개선하기 위해 더 많은 시간을 들이지 않는 이유는 그렇게 할 수 있는 방법이 별로 없다고 생각하기 때문이다. 이 책의 1부에서 나는 행운에 대한 여러 기대와 착각들에 대해 이야기할 것이다. 또한 당신은 생각보다 훨씬 더 운이 좋은 사람이라는 것을 알게 될 것이며, 간단한 행운의 습관을 들이면 삶이 더 보람 있게 될 것이다.

2부에서는 당신이 운 좋은 사람이라고 생각하는 사람들이 실제로 당신보다 우연히 더 축복받은 것이 아니라는 점을 탐구할 것이다. 그들은 단지 인생을 원하는 대로 이끌어가기 위해 필요한 7가지 행동 기술 중 하나 이상을 매우 능숙하게 수행할 뿐이다. 이 7가지 중 하나 이상의 능력을 향상시키기만 하면 당신의 행운도 개선될 것이다.

행운이 따른다는 것은 또한 불운을 최소화하는 것과 관련이 있다. 3부에서는 행운이 따르는 사람들이 불운이 성공을 저해하지 않도록 만드는 전략을 배우게 될 것이다.

이 행운의 기술을 마스터한다고 해서 즉시 모든 것을 얻을 수 있다는 보장은 없을 것이다. 그러나 당신은 자신이 원하는 기회와 이점을 쉽게 끌어당길 수 있게 될 것이다. 또한 당신이 주변에서 가장 운이 좋은 사람 중 하나가 되었다는 것을 깨닫게 될 것이다.

마크 마이어스

목차

감사의 글 4
서문 언제든 원하는 것을 손에 넣을 수 있다면 8

| 1부 | 남들보다 쉽게 기회를 얻는 사람들

수많은 찬스가 당신을 스쳐 지나간 이유 20
열심히만 살면 언젠가 보상받는다는 착각 37
현명하게 계산하고 순진하게 행동했어야 했다 51
내 편은 아니더라도 적은 없어야 한다 70
인맥을 위해 대단한 투자를 해야 할까? 97

| 2부 | '우연'이라는 이름에 가려진 게임의 룰

게임의 룰 1: 당신의 피와 땀을 숨겨라 121
게임의 룰 2: 평판이 모든 것을 좌우한다 141
게임의 룰 3: 모른다는 사실을 숨기지 마라 167

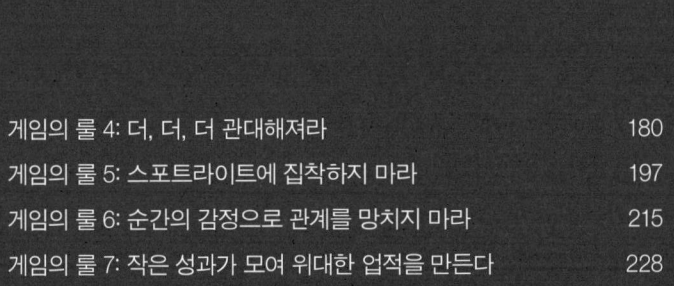

게임의 룰 4: 더, 더, 더 관대해져라 180
게임의 룰 5: 스포트라이트에 집착하지 마라 197
게임의 룰 6: 순간의 감정으로 관계를 망치지 마라 215
게임의 룰 7: 작은 성과가 모여 위대한 업적을 만든다 228

| 3부 | 당신의 삶에 걸림돌을 제거하라

실패는 왜 우리의 뒤꽁무니를 쫓을까? 252
분노는 언제나 차갑고 이성적으로 드러낼 것 266
당신의 등에 칼을 꽂는 사람들 281
모든 낭떠러지에는 비밀 통로가 있다 298

1부

남들보다 쉽게 기회를 얻는 사람들

"운 좋은 사람은 바다에 들어가기만 해도
물고기를 가지고 나온다."

_작자 미상

법을 어기는 것을 제외하고, 인생에서 원하는 것을 얻기 위한 방법은 두 가지뿐인 것처럼 보인다. 열심히 일해서 그 노력이 결실을 맺기를 바라거나, 원하는 것을 간절히 바라고 그것이 자연스럽게 내게 오기를 기대하는 것이다. 대부분의 사람들은 이 두 가지 전략 중 하나를 사용하거나 두 가지를 혼합하여 꿈을 이루려 한다. 불행히도, 이 두 가지 전략을 사용해서 환상을 실현할 확률은 그리 높지 않다.

　열심히 일하는 것의 문제는 성공을 보장하지 않는다는 점이다. 그리고 성공이 원하는 만큼 빨리 오리라는 보장도 없다. 우리는 70시간씩 일하면서도 원하는 것을 이루지 못하는 사람들을 알고 있다. 열심히 일하는 것은 효율적이지 않다. 시간과 노력이 많이 들며, 수많은 과제를 동시에 처리하고, 문제를 예측하며, 결정을 내리고, 그 결정을 다시 번복하고, 실수에서 배우는 과정이 필요하다. 하지만 그 모든 시간과 에너지가 원하는 결과를 가져올지 여부는 알 수 없다.

　때로는 열심히 일하는 것이 오히려 역효과를 낳을 수 있다. 우리는 모두 목표를 이루기 위해 프로젝트에 매달렸지만, 나중에 우리가 잘못된 일에 너무 많은 노력을 기울였다는 사실을 깨닫게 되는 경우가 있다. 다른 경우에는 우리의 끊임없는 노력이 눈에 띄지 않거나 평가받지 못하는 경우도 있다.

열심히 일하는 것이 꿈을 이루지 못하게 될 때 좌절감이 생기기 마련이다. 사실, 열심히 일하는 것만으로는 우리가 원하는 것을 얻는 일이 거의 일어나지 않는다.

열심히 일해도 원하는 결과를 얻지 못하고 실망하게 되면, 많은 사람들은 목표를 향해 나아가는 것을 포기하고 대신 두 번째 전략, 즉 원하는 것을 바라는 것으로 전환하게 된다. 복권 판매량이 급증하고 도박 같은 사행이 붐을 이루며 주식 시장에 사람들이 몰리는 것만 봐도 알 수 있다. 모두가 많은 노력을 들이지 않고도 원하는 것을 얻을 수 있다는 약속을 하고 있다. '벼락부자'라는 단어만으로도 우리의 상상력은 외제차 매장과 부동산 중개소로 빠르게 향하게 된다. 우리는 거의 노력이 들지 않는 것처럼 보이는 빠른 성공에 흥분하며, 그러한 기적이 우리에게도 일어날 수 있기를 바란다. 아마도 사랑에 빠지는 것을 주제로 한 영화들이 인기 있는 진짜 이유는 이것일 것이다. 눈이 마주치고, 심장이 뛰고, 사랑이 타오른다. 여기에는 하염없이 전화를 기다리는 시간도, 용기를 내어 누군가를 초대하는 것도, 대화를 망치거나 감정이 상처받는 일, 혹은 엉망인 헤어스타일도 없다. 그저 즉각적인 행복만 있을 뿐이다.

즉각적인 성공이나 보상을 바라는 것의 문제는 놀라운 행운이 예상치 못하게 찾아올 확률이 백만 분의 일이라는 점이다. 그래서 행운이 당신의 삶을 변화시키기를 바란다면, 열심히 노력하는 사람들보다 더 오랜 시간을 기다려야 할 것이다.

꿈을 이루기 위한 세 번째 방법이 있다. 바로 행운이 따르는 것처럼 행동하는 것이다. 행운이 따르는 사람들은 좋은 일이 그들에게 일어날 확률을 높이기 위해 매우 구체적인 단계를 밟는다. 그들은 또한 '불운'을 제한하는 일도 한다. 행운이 따르는 사람들도 다른 이들처럼 열심히 일하고 좋은 일이 일어나기를 바란다. 그러나 그들이 다른 사람들과 차별화되는 지점은 기회를 끌어당기고, 행운이 자신에게 일어나도록 만드는 데 있다. 행운이 따르는 사람, 즉 성공하는 사람의 태도와 행동은 매우 매력적이고 전염성이 강해서 이들이 원하는 것을 얻을 수 있도록 돕기 위해 다른 사람들이 줄을 선다. 다행인 것은, 행운이 따르는 사람들이 가진 대부분의 기술, 즉 행운이 깃든 성공 습관은 누구나 쉽게 익힐 수 있다는 것이다. 항상 원하는 것을 얻는 사람들의 사고방식과 습관을 받아들임으로써, 당신도 풍요로운 삶과 많은 행운을 경험할 수 있다.

나는 사람들의 생각과 마음을 조작하라고 제안하는 것이 아니다. 속임수나 기만을 통해 성공에 다다르는 행운을 얻는 것은 불가능하다고 믿기 때문이다. 속임수에 속아넘어간 사람들이 진실을 알아차린다면 당신에게 다가오는 행운을 가로막기 위해 노력할 것이다. 당신은 겸손함과 인격을 능숙하게 드러내어 다른 사람들이 당신의 목표 달성을 돕도록 끌어들이는 방식으로 행운을 얻게 될 것이다.

수많은 찬스가 당신을 스쳐 지나간 이유

"다가오는 행운을 잡기 위해 최대한 많은 경험을 쌓아라."

_미국의 영화배우, 헨리 폰다Henry Fonda

'행운Luck'이라는 단어의 기원은 '루크luk'라는 형태로 13세기에 중세 네덜란드어에서 처음 등장했다. 《옥스퍼드 영어 어원 사전The Oxford Dictionary of English Etymology》에 따르면 이 단어는 도박 용어로 시작되었을 가능성이 있다고 한다. 그러나 이 단어는 플랑드르* 지역의 도박장에서 얻은 돈보다는 이탈리아의 중세 도시 루카Lucca와 더 관련이 있을 수 있다.

1200년대 초반까지 이탈리아는 유럽에서 가장 야망 있는 무역상들이 찾는 흥미로운 목적지로 자리 잡았다. 이탈리아의 양쪽 해안에 있는 항구들은 고요한 바다에 접근할 수 있었고, 기후 조건도 연중 온화

---

* 벨기에와 네덜란드, 프랑스에 걸쳐있는 지역으로 당시 유럽 상업의 중심지였다.

했다. 북부 이탈리아는 유럽과 아시아에 가깝기 때문에 다양한 문화와 사상에 노출되었다. 발트해나 네덜란드, 영국에서 온 상인들은 프랑스 해안을 따라 항해하거나 스페인을 돌아 이탈리아 서해안의 피사 항구로 갔다. 동양의 상인들은 이탈리아 동해안의 베네치아로 들어왔다.

이 시기, 네덜란드는 유럽에서 가장 강력한 무역국이었으며 금융 기술도 뛰어났다. 네덜란드의 해상 도시들은 13세기에 엄청난 상업적 확장을 시작했으며, 네덜란드의 선원·상인·어부들은 이탈리아를 오가며 교류했다.

13세기 후반에 무역이 활발해지면서, 은에 대한 수요도 증가했다. 은은 이전에 유럽에서 대규모로 채굴되기 시작했다. 은을 통한 거래는 물물교환보다 훨씬 효율적이었고, 유럽에서는 금보다 더 많이 채굴되었다. 유럽 전역의 도시들은 광산을 운영했는데, 거기서 채굴된 은의 대부분은 피사, 제노바, 베네치아 지역의 주조소로 보내져 주화로 주조되었다. 이 시기에 은의 상당 부분은 피사를 통해 이동했다. 이는 서유럽 상인들이 은괴를 주조하기 위해 이탈리아를 돌아 베네치아까지 항해하는 것보다 피사에서 주조하는 것이 더 쉬웠기 때문이다.

베네치아는 은 시장에서 자신의 점유율을 유지하기 위해 영리한 전략을 사용했다. 피사 지역으로 유입되는 은을 베네치아로 유치하기 위해 1270년에 역사상 최초로 쇼핑에 대한 세금 감면 혜택을 제공한 것이다. 피사에서 약 20킬로미터 떨어진 루카 지역의 사람들은 베네치아에서 상품을 구매하기 위해 가져오는 은괴에 부과되던 관세를 면제받게 되었다.

이 시기 네덜란드와 이탈리아 사이의 밀접한 상업적 관계, 그리고 루카의 상인과 은행가들이 유럽 전역을 여행했다는 사실을 감안할 때, '루크luk'라는 단어는 네덜란드 상인들이 루카Lucca 지역 사람들이 누린 행운과 면세 상태를 묘사하기 위해 사용했을 가능성이 있다.

어쨌든 'luck'의 기원과 상관없이 이 단어는 곧 영국으로 전파되어 1598년 셰익스피어의 《윈저의 즐거운 아낙네들》에서 등장하게 되었다 "행운은 홀수에 있다. …… 사람들은 홀수에 신성함이 있다고 한다. 출생에서, 우연에서, 죽음에서……."

1683년 조지 메리톤George Meriton의 《요크셔 다이얼로그Yorkshire Dialogue》와 1738년 조너선 스위프트Jonathan Swift의 《정중한 대화Polite Conversation》에서도 등장했다. 명사 'luck행운'이 어떻게 그리고 언제 형용사 'lucky운 좋은'으로 변했는지는 알려지지 않았지만, 'lucky'라는 단어는 19세기 중반에 이르러 인쇄물에 등장하기 시작했고, 거의 항상 도박에서 이기는 재주가 있는 사람들과 관련해 사용되었다.

오늘날 우리는 이 정의를 확장했다. 과학이 거의 모든 것에 대해 논리적인 설명을 제공하는 시대에 우리는 이해할 수 없는 모든 것을 합리화하기 위해 '행운'과 '운 좋은'이라는 단어를 사용한다. 우리가 아는 사람이 특별히 매력적이지 않음에도 불구하고 잘생기거나 예쁜 애인과의 행복을 찾았을 때, 또는 직장에서 그다지 똑똑하지 않은 것처럼 보이는 사람이 승진했을 때 우리는 그것을 행운이라고 부른다. 열차 사고에서 살아남은 사람도, 아이비리그에 입학한 다소 평범한 학생도, 첫 영화에서 오스카상을 받은 젊은 배우도 마찬가지로 운이 좋은 사람들이다. 누군가 원하는 것을 얻고 그 성취가 쉬워 보일 때마다 행운의 존재는 확인된다.

다시 말해, 행운이라는 단어는 우리가 다른 사람의 노력으로 발생했다고 믿고 싶지 않은 사건에 대한 편리한 설명으로 사용된다. 우리가 아는 누군가가 큰 승진을 하거나 급여 인상을 받을 때, 혹은 친구가 파티에서 매력적인 사람을 만났다고 말할 때, 우리는 그들의 성취를 행운이라고 부른다. 다른 사람의 성공을 행운으로 돌리면, 우리가 얻지 못한 것에 대해 조금 덜 자책하게 된다. 하지만 현실을 직시하고, 다른 사람들에게 일어나는 모든 좋은 일이 그들의 노력의 결과였고 우연이 아니었다고 인정한다면 어떨까. 우리는 더 열심히 노력하지 않은 것, 더 똑똑하지 않은 것, 또는 더 매력적이지 않은 것에 대해 자신을 미워할 것이다.

그래서 행운이라는 단어는 자신을 변명하는 도피처로 사용되었다. 우리가 다른 사람의 성공이나 행복을 설명하기 위해 이 단어를 사용할 때, 행운이라는 단어는 질투와 죄책감을 달래주는 진통제가 된다. 그저 행운이 우리를 지나쳐간 것일 뿐이라고 위안할 수 있는 것이다.

운이라는 것은 정말 존재하는가?

역사상 가장 운이 좋은 날 중 하나로 1944년 6월 6일, 즉 제2차 세계대전의 흐름을 바꾼 'D-Day'가 꼽힌다. 이날 연합군은 날씨를 이용한 노르망디 상륙작전으로 유럽을 침공하여 결국 나치를 패배시켰다. 그러나 이 침공 결정이 운과 운명에 의한 결과만은 아니었다.

이미 1942년 3월에 드와이트 아이젠하워 장군은 나치가 점령한 프랑스를 침공할 계획을 구상하기 시작했다. 전술 계획이 준비되었고, 스파이들은 프랑스 해변의 모래를 조사했으며, 무기·비행기·배·병력이 영국 해협의 입구에 집결했다. 1944년 늦봄이 되자, 아이젠하워는 그가 모은 대규모 함대가 곧 공격을 감행하지 않으면 독일군에게 발각될 위험이 있다는 것을 알았다.

공격 목표일은 6월 초로 설정되었다. 그러나 6월 첫 사흘 동안 완벽했던 날씨가 악화되기 시작했다. 6월 4일에는 가랑비가 차가운 폭우로 변하며 영국 해협을 거친 폭풍우로 만들었다. 6월 5일, 빗줄기가 그의 창문을 때릴 때, 아이젠하워는 그의 참모진으로부터 6월 6일 새벽에 폭풍이 36시간 동안 잠잠해질 가능성이 있다는 소식을 들었다. 그 말을 듣고 아이젠하워는 침공을 허가했다. 예상대로 폭풍이 멈췄고, 나머지는 역사가 되었다.*

---

* 연합군의 판단과 달리 독일군은 당시 폭우와 강풍이 이어지는 한랭전선의 영향으로 연합군의 상륙 가능성을 낮게 보았다.

아이젠하워의 결정과 성공이 순전히 운이었는가? 꼭 그렇지는 않다. 날씨의 변화는 분명히 행운이었지만, 아이젠하워가 받은 기상 예보를 믿기로 한 그의 결정은 미신이나 전시 상황의 초조함에 의한 것이 아니었다. 전쟁 역사에는 적이나 날씨에 대한 좌절감으로 인해 수천 명의 병력을 죽음으로 몰고 간 장군들이 넘쳐난다는 것을 알고 있었던 아이젠하워는 실패할 가능성을 줄이기 위한 조치를 취했다. 침공 4주 전부터 그는 매일 스코틀랜드의 28세 기상학자 제임스 스태그 대위와 비공개로 만나 날씨 예보를 들었고, 대위는 그 후 반 시간 동안 아이젠하워의 수많은 질문에 답했다.

아이젠하워의 전기 작가이자 《디데이D-Day》의 저자이며 역사가인 스티븐 앰브로스는 아이젠하워가 스태그의 예측 방식과 정확성에 대한 확신을 얻기 위해 이 세심한 과정을 거쳤다고 말했다. 아이젠하워는 영국 남동부, 영국 해협, 프랑스의 노르망디 지역의 날씨가 예측할 수 없다는 것을 알고 있었으며, 성공적인 침공은 예보의 정확성에 달려 있다는 것을 예상하고 있었다.

실제로 아이젠하워는 성공 가능성을 높이고 실패 확률을 줄이기 위해 신중하고 계산된 단계를 밟았다. 아이젠하워의 침공 결정이 운 좋은 선택처럼 보일 수 있지만, 그는 실제로 유리한 결과를 얻기 위해 많은 주의를 기울였다. 아이젠하워가 그의 기상 예보관의 정확성을 평가하지 않았다면 당시 끔찍한 날씨를 고려해 스태그의 예측을 의심하고 침공을 지연시켜 중요한 기습 요소를 포기했을지도 모른다.

아이젠하워의 앞에 놓였던 예상치 못한 시기 부적절한 폭우와 마찬가지로, 우리가 직면하는 많은 딜레마와 도전은 초대받지 않은 무작위 사건으로 시작된다. 매일 집을 나설 때마다 우리는 무작위적인 세계로 들어간다. 당신을 스쳐 지나가는 무작위적인 사건들도 있고, 당신과 충돌하는 사건들도 있다. 어떤 사건은 당신의 손이 닿을 수 있는 범위에 있어 잡아야 하거나, 당신에게 다가오도록 격려해야 한다. 이러한 무작위 사건들을 어떻게 다루느냐에 따라 당신의 운이 결정된다. 거리를 걸을 때마다 수십 가지 선택을 할 수 있다. 만나는 사람들 곁을 그냥 지나칠 수도 있고, 직접 부딪쳐 싸움이 일어날 수도 있다. 또는 만나는 사람마다 멈추어 대화를 나눌 수도 있다. 물론, 그 과정에서 흥미로운 기회가 생길 수도 있지만, 시간을 모두 빼앗길 수도 있다.

중요한 것은 당신의 행동이 행운의 질을 통제한다는 것이다. 항상 화를 내면 아무도 당신과 친구가 되거나 당신이 목표를 이루는 것을 돕고 싶어 하지 않을 것이다. 타인에게 더 친절하게 행동하기 위한 조치를 취하면 당신이 원하는 것을 더 빨리 얻을 확률이 즉시 높아진다. 우리는 우리가 말하고 행동하는 것을 통제할 수 있다. 그 외에 우리에게 일어나는 모든 것은 다른 사람들의 행동과 우리가 사는 무작위적인 세계에 달려 있다. 우리가 통제할 수 없는 것들에 영향을 미칠 수 있는 유일한 방법은 좋은 것을 끌어들이고 나쁜 것을 피하기 위한 조치를 취하는 것이다.

심지어 아무것도 하지 않는 것도 우리의 운에 영향을 미친다. 급여 인상을 위해 아무것도 하지 않으면, 시간이 지남에 따라 당신 소득의 실제 가치는 감소할 것이다. 사람들이 많이 모인 모임에서 아무 말도 하지 않으면 특별한 사람을 만날 확률은 거의 0에 가깝다. 직장에서 승진을 원한다고 표출하지 않으면 당신의 운명은 다른 사람들의 손에 맡겨지게 된다. 이러한 상황에서 성공할 확률은 항상 낮다. 왜냐하면 그러한 기회는 거의 항상 관심을 보이거나 요청하는 사람에게 주어지기 때문이다.

좋은 소식은, 당신의 행동에 특정한 변화를 주기만 하면 더 많은 기회를 끌어들일 수 있다는 것이다. 좋은 행운을 경험하는 것은 사람들이 당신에게 기회를 제공하도록 얼마나 능숙하게 영향을 미치느냐, 그리고 제공된 기회를 얼마나 잘 관리하느냐에 달려 있다.

소망에서 실천으로 전환하기

나는 운이라는 게 우리가 통제할 수 없는 것처럼 보이는 일에 얼마나 잘 영향을 미치는가에 달려 있다는 것을 알고 있었다. 그래서 나는 항상 소망하기보다는 행동하는 쪽을 선택해 왔다.

몇 년 전, 우리 가족은 뉴욕시에서 침실이 하나뿐인 협동조합 아파트에 살고 있었다. 그곳은 답답했고 딸 올리비아가 태어나면서 공간은 더욱 비좁아졌다. 우리에게는 더 큰 집이 필요했지만 우리 아파트를 살

구매자를 찾지 못했다. 영원히 그 아파트에 살게 되는 건 아닐까 싶었을 때 한 젊은 부부가 나타났다. 그들은 그곳을 마음에 들어 했고 우리는 계약을 협의하는 데까지 도달했다. 그러나 젊은 부부가 아파트 협동조합 위원회와의 인터뷰를 한 후, 이사회의 절반이 그 부부를 받아들이지 않으려 했다. 통상적으로 총 금액의 20%를 계약금으로 지불하는 게 관례였지만 그 부부는 10%만 지불하려 했기 때문이다. 그래서 협동조합 위원회는 이 문제를 논의하고 표결하기로 결정했다. 나는 그들의 표결을 운에 맡길 수도 있었다. 법적으로 그들의 표결에 영향을 미칠 수 있는 일이 거의 없다고 생각할 수 있었기 때문이다. 하지만 내 가족의 운명을 50 대 50의 확률에 맡기는 것은 현명하지 않다고 생각했다. 그 실패의 결과는 너무나도 참담했기 때문이다.

그래서 나는 이사회에 편지를 썼다. 나는 정중하고 열정적으로 우리가 아파트에서 얼마나 비좁게 살고 있는지, 그리고 이 잠재적인 구매자들이 몇 년 동안 우리가 본 첫 번째 구매자임을 설명했다. 또한 그 부부가 담보 대출금이나 관리비를 연체하지 않도록 보험을 들겠다고 기꺼이 동의했다고 강조했다. 그리고 내 가족이 이런 좁은 공간에서 더 이상 버틸 수 있을지 확신이 서지 않는다고 이사회에 말했다. 나는 편지를 전달하고 표결을 기다렸다. 나는 이사회 구성원들을 존중하며 그들의 가장 큰 걱정거리를 해소할 수 있는 방법을 제시함으로써 나에게 조금 유리한 상황을 만들었다. 이사회는 단 한 표 차이로 그 부부를 승인했다.

내 주변 사람들은 모두 그때 나를 운이 좋다고 말했다. 나도 그랬다고 생각한다. 하지만 나는 모든 것을 운에 맡기지 않았다. 내가 원하는 것을 얻을 확률을 높이기 위해 조치를 취함으로써 내 운을 조정했다. 그 경험은 나에게 중요한 교훈을 가르쳐 주었다. 당신이 행운을 바라고 있는 자신을 발견했을 때, 자신에게 간단한 질문을 해보라. 내가 성공의 확률을 높이기 위해 무엇을 할 수 있을까? 이 경험은 또한 정중하고 진심 어린 편지의 힘을 절대 과소평가하지 말라는 교훈도 주었다.

만약 올바른 행동이 우리의 행운을 향상시킨다면, 왜 많은 사람들이 소망하기만 하는 데 그렇게 많은 시간을 보내는 것일까? 우리가 할 수 있는 어떤 것도 이 상황에 큰 영향을 미치지 않을 것이라고 생각하고 희망을 포기하기 때문이다. 우리는 궁지에 몰렸을 때나 무력감을 느낄 때, 그리고 빠르게 무언가가 이루어지길 원하면서도 그것을 빨리 얻기 위해 할 수 있는 일이 없다고 믿을 때 행운을 빈다. 우리는 직장 면접을 볼 때, 새로운 사업을 추진할 때, 대중 앞에서 연설할 때 모든 일이 잘되기를 바라며 소망하며 어떻게든 실패하지 않도록 필요한 우위를 얻기를 희망한다.

하지만 무언가를 바라는 것만으로는 이루어지지 않는다. 성공의 가능성을 진정으로 향상시키는 비결은 바라는 것을 멈추고, '좋은 행운'이 내게 일어나기 위해 어떤 조치를 취할 수 있을지를 스스로에게 묻는 것이다.

다음은 소망에서 실천으로 전환하기 위해 스스로에게 물어야 할 몇 가지 질문들이다. 이 질문들은 당신이 소망을 바라기만 하는 것에서 실제 행동으로 전환하는 데 도움을 줄 것이다.

☑ **행운을 바라기 전에 스스로 기회를 만들어라**

- 나는 무엇을 바라고 있는가?
- 왜 그것을 바라는가?
- 가만히 앉아 바라고만 있지 않기 위해 내가 미리 취할 수 있었던 조치가 있었는가?
- 내가 바라는 것을 얻을 가능성을 높이기 위해 지금 할 수 있는 일이 무엇인가?
- 앞선 질문에서 생각한 아이디어들이 효과가 없을 경우, 내가 원하는 것을 다시 시도하기 위해 추가로 취할 수 있는 조치는 무엇인가?

당신은 생각보다 운이 좋다

자신이 운이 없다고 믿는 사람들은 인생 내내 방어적인 태도로 살아간다. 그들은 나쁜 일이 일어났을 때만 행동하며 그때마다 허둥지둥 자신이 처한 상황에서 벗어나려고 애쓴다. 일단 삶의 질서가 회복되면 다시 수동적인 상태로 돌아가서 자신에게 다가오는 수많은 기회를 외면한다. 그리고 "왜 굳이 애를 써야 하지?"라고 스스로에게 묻는다.

흥미로운 점은 스스로를 운이 없다고 생각하는 사람들조차 실제로는 생각보다 더 운이 좋다는 것이다. 이는 최근 영국에서 진행한 행운에 관한 연구에서 입증되었다. 런던 근처에 위치한 하트퍼드셔 대학교 심리학 교수들은 한 지방으로 가 100명의 사람들을 실험에 초대했다. 절반의 참가자들은 자신이 운이 좋다고 주장했고, 나머지 절반은 대체로 운이 없다고 주장했다. 그들은 모두 캠퍼스로 불려와 컴퓨터로 동전 던지기 테스트를 받았다. 각 사람들은 컴퓨터 화면에서 요정 캐릭터가 걸어가며 동전을 던지는 것을 보고 떨어진 동전이 앞면일지 뒷면일지를 맞추었다.

결과를 합산해 보니 놀라운 결과가 나타났다. 자신이 운이 좋다고 생각한 사람들은 자신이 운이 없다고 말한 사람들과 비슷한 정도로 정답을 맞췄다. 결국 스스로 운이 없다고 생각한 사람들은 사실 자신이 운이 좋다고 주장한 사람들과 크게 다르지 않은 행운을 가지고 있었다. 추가 인터뷰를 진행한 결과, 교수들은 자신이 운이 좋다고 말한 사람들이 인생에서 일어났던 좋은 일들을 더 많이 기억하고 나쁜 일들은 잊어버리는 경향이 있다는 것을 발견했다. 반면에 스스로 운이 없다고 생각하는 사람들은 주로 나쁜 일들을 기억하고 좋은 일들은 잊어버렸다.

이 연구를 통해 사람들이 자신의 운이 좋다고 생각하는 이유가 긍정적인 사고방식 때문이라는 결론을 얻었다. 자신이 경험한 나쁜 일들만을 기억해 스스로가 운이 없다고 생각하는 사람들은 쉽게 포기하는 경향이 있다. 반면에 긍정적인 사고는 그들이 인생에서 원하는 것을 얻기 위해 조금 더 열심히 그리고 조금 더 영리하게 노력하게 만든다.

모든 사람은 인생에서 좋은 일과 나쁜 일을 경험하지만, 어떤 사람들은 나쁜 일보다 좋은 일을 더 많이 기억하기로 선택하고, 다른 사람들은 좋은 일보다 나쁜 일을 더 많이 기억한다. 이는 대부분의 사람들이 생각보다 훨씬 더 운이 좋다는 것을 의미한다. 만약 그들이 자신에게 일어난 행운을 기억하고 불운을 잊기로 선택한다면 말이다. 자신을 '행운이 따르는 사람'이라고 한번 인식하면, 다른 사람들도 그렇게 볼 가능성이 높아진다. 그리고 만약 사람들이 당신을 '운 좋은 사람'이라고 믿는다면, 행운의 기회를 받을 확률이 높아진다.

다음은 당신의 행운을 점검할 수 있는 간단한 질문이다. 혼자서 해도 괜찮고 다른 사람과 함께 해도 좋다. 노트에 적거나 소리 내 말하고 녹음하며 대답해 보자. 답변에 너무 오래 고민하지 말고, 솔직하게 답해 보라. 그런 다음 자신의 답변을 검토해 보자.

> ☑ **나보다 운 좋은 사람은 무엇이 다를까?**
>
> - 당신보다 더 운이 좋다고 생각하는 사람을 최소 한 명 이상 말해 보라.
> - 그 사람이 더 운이 좋다고 생각하는 이유 세 가지를 나열해 보라. 돈이 더 많아서, 경력이 더 좋아서, 혹은 당신보다 실패한 경험이 적어서 등 어떤 것도 상관없다.
> - 그 사람이 자신의 운을 개선하기 위해 무엇을 하는지 생각해 보라.
> - 당신이 그 사람을 긍정적으로 보는지 부정적으로 보는지 생각해 보라.
> - 만약 긍정적으로 본다면, 그 사람이 자신의 행운을 누릴 자격이 있다고 생각하기 때문인가? 만약 부정적으로 본다면, 그 사람이 성취한 것들을 누릴 자격이 없다고 생각하기 때문인가?

질문에 솔직하게 답변했다면 당신이 그저 '운이 좋다'고 생각했던 사람이 실제로 운을 스스로 개척해 나가고자 어떤 노력을 하고 있다는 사실을 알게 될 것이다. 또한 당신이 말하는 '운 좋은 사람'이라는 것은 당신이 원하는 것을 더 많이 가진 사람을 뜻한다는 것도 깨닫게 될 것이다.

> ☑ **최근 나에게 어떤 행운이 찾아왔을까?**
>
> - 지난주, 지난달, 혹은 지난해에 당신에게 찾아온 가장 큰 행운은 무엇인가?
> - 돈, 건강, 경력, 사랑 등 그 행운이 속한 영역은 무엇인가?
> - 앞서 대답한 가장 큰 행운이 일어나기 위해 당신은 어떤 역할을 했는가? 예를 들어 당신이 어느 모임에 나가 새로운 사람을 알게 되고 그가 당신에게 행운의 기회를 제공했다면, 그 모임에 나간 것이 바로 행운을 만들어낸 당신의 역할이다. 이처럼 스스로 기회를 만드는 행동을 포함해 모든 일을 나열해 보라.
> - 당신에게 행운이 일어나는 데 일조한 다른 사람이 더 있다면 그들은 무엇을 했는지 생각해 보라.
> - 최근에 발생한 행운에서 당신이 전혀 손을 쓸 수 없었던 면이 있었는가? 그렇다면 당신이 노력하고 영향을 끼칠 수 있었던 부분은 무엇이 있는가?

이제 당신은 생각했던 것보다 자신이 훨씬 더 운 좋은 사람이라는 사실을 깨닫게 될 것이다. 또한 그 행운을 끌어들이기 위해 당신이 적극적인 역할을 했음을 알게 될 것이다.

> ☑ **최근 나에게 어떤 불운이 찾아왔을까?**
>
> - 지난주, 지난달, 혹은 지난해에 당신에게 찾아온 가장 큰 불운은 무엇인가?
> - 돈, 건강, 경력, 사랑 등 그 불운이 속한 영역은 무엇인가?
> - 그 일이 당신에게 불운인 이유는 무엇인가? 그리고 불운한 일이 일어나는 데 영향을 끼친 당신의 행동이 무엇이었는지 생각해 보라. 잘못된 결정으로 문제를 만들었다는 등 당신이 한 모든 행동을 나열해 보라.
> - 만일 과거로 돌아갈 수 있는 기회가 생긴다면, 결과를 바꾸기 위해 어떻게 생각하고 어떻게 행동을 달리했을 것인가?

여기까지의 질문에 답을 해보며, 당신은 아무 이유 없이 무작위로 반복되는 불운의 희생자가 아니라는 것을 알게 될 것이다. 또한 간혹 당신 스스로가 불운을 끌어들이는 역할을 하기도 한다는 사실도 말이다.

질문에 답변을 해보는 과정을 통해 스스로 행운을 만들어 낼 연습을 완료했다면, 이제 더 큰 행운을 불러들일 준비가 되었을 것이다. 행운이 어떻게 만들어지는지를 살펴보면 '운이 좋다'는 건 실제로 짧은 기간 동안 당신이 예상하지 못한 좋은 일이 얼마나 많이 일어났는가에 달려있다는 것을 알게 된다. 또한 행운을 만드는 데 있어 나와 타인에게 어떤 역할이 있었는지도 알게 된다. 당신이 생각했던 것보다 자신이 더운 좋은 사람이었다는 사실까지도 말이다. 이렇게 과거에 일어난 행운에 대해 어떻게 파악하고 판단하느냐에 따라 이후 나에게 찾아올 행운까지 좌우된다. 당신에게 얼마나 많은 행운이 찾아오는지 매일 떠올린다면 스스로 '나는 운이 좋은 사람이야'라고 여기기 시작할 것이다.

열심히만 살면 언젠가 보상받는다는 착각

"어떤 성공이든 재능과 행운이 필요하다.
그리고 행운은 누군가가 도와주고 만들어주는 것이다."

_미국의 소설가, 아인 랜드Ayn Rand

"우리는 항상 믿어왔던 것을 믿는다"라는 오래된 표현이 있다. 이 말은 우리가 자신과 타인에 대해 가진 선입견의 포로가 된다는 것을 의미한다. 이러한 사고방식은 행운의 존재를 부정하거나 내가 영향을 미치기에는 운이 너무 강력한 무언가라고 생각해 스스로 자신의 행운을 제한해 버린다. 운에 대한 사고방식을 바꾸면, 지금보다 훨씬 더 많은 기회를 잡을 수 있다.

행운을 얻기 위해서는 열심히 노력하며 일하기만 하면 된다고 여기는 사람들은 그저 인생에서 필요한 것 이상으로 더 열심히 일을 하게 될 뿐이다. 운을 통제해 보려다 오히려 불행을 불러올까 두려워하는 사람들은 사실 좋은 운은 만들 수 있고 나쁜 운은 피할 수 있다는 사실을 깨닫지 못할 가능성이 크다. 당신에게 더 많은 기회가 생겨나기 위해서는 스스로를 운 좋은 사람이라고 여기고 행운이 깃든 것처럼 행동해야 한다. 하지만 행운을 느끼기 위해서는 먼저 '운은 통제 불가능하다'는 믿음을 버려야 한다.

우리가 행운에 대해 큰 영향을 미칠 수 없다고 생각하게 만드는 착각들을 살펴보자.

첫 번째 착각

: 변함없는 태도로 열심히 일하면 기회가 찾아온다?

열심히 일하는 것과 행운은 아무런 관련이 없다. 인생에서 사랑에 빠지든, 돈을 벌든, 경력을 쌓든, 성공하고 싶다면 당신은 경쟁자들만큼 똑똑하거나 그들보다 '더' 똑똑해야 한다. 성공에는 그것이 필요하다. 그러나 똑똑하다는 것은 열심히 일하는 것과 같지 않다.

열심히 일하는 모든 사람들이 성공을 거머쥐거나 행복한 것은 아니다. 그 이유는 무엇일까? 대부분의 사람들은 열심히 일한 뒤 좋은 일이 자연스럽게 따라올 것이라 믿으며 아무런 행동을 하지 않기 때문이다. 그들은 마치 열심히 일하는 것만으로도 성공할 자격이 있다고 생각하는 듯하다. 단순히 열심히 일하는 것의 문제는, 너무 집중해서 일을 하다 보면 기회를 발견하지 못하거나, 기회를 알아채더라도 그것을 이용하지 못하게 된다는 것이다. 이상하게 들릴지 모르지만, 많은 사람들이 실제로 기회를 피하기 위해 열심히 일하기도 한다. 기회는 보통 변화를 요구하는데, 변화를 두렵게 여기기 때문이다. 만약 누군가에게 소개받은 연락처로 사업차 처음 전화를 걸게 됐다고 해보자. 수화기 건너편 상대는 내가 처음 대면하는 미지의 인물이지만 그 기회가 잘 풀릴 경우 우리는 변화와 마주하게 될 것이다. 변화는 익숙하게 유지되던 현재의 상황을 불확실성으로 대체해야 하기 때문에 어려운 일이다.

만약 당신이 열심히 일하는 사람이라면 스스로에게 물어보아야 할 중요한 질문이 있다. 바로 '왜 그렇게 하는가?'다. 만약 그 대답이 '아직 도달하지 못한 영역으로 나를 데려다 놓기 위해서'라면, 그것은 훌륭한 일이다. 왜냐하면 노력은 많은 것을 경험하게 하고, 새로운 기회와 더 많은 행운을 만들어내기 때문이다. 그러나 당신이 몇 년 간 해온 일을 그냥 여전히 열심히 하고만 있다면, 당신은 아마도 성장과 새로운 시도, 즉 변화를 피하기 위해 그저 열심히 일하고 있는 것일 뿐이다.

더 많은 좋은 기회가 당신에게 다가올 가능성을 높이기 위해서는 자신에게 유리하게 상황을 조성하기 위한 조치를 취해야 한다. 미국에서 가수로 활동하다가 정계로 진출해 하원의원을 지낸 소니 보노 Sonny Bono 는 가능한 한 많은 변화와 기회에 자신을 노출시킨 좋은 예다. 그가 노래를 잘하거나 잘생겼다고 말한 사람은 아무도 없다. 그가 레스토랑을 운영하던 시절, 그는 최고의 레스토랑 지배인이었는가? 팜스프링스의 최고의 시장이었는가? 훌륭한 하원의원이었는가? 아마도 그렇지 않을 것이다. 그러나 그가 만난 거의 모든 사람들은 그에게 기꺼이 기회를 주고자 했다. 안타깝게도 1997년 말, 스키를 타다가 벌어진 사고로 인해 사망한 보노의 추도식에서 하원의장 뉴트 깅리치Newt Gingrich는 고인에 대해 '자신의 능력을 숨기고 열심히 일하는 사람'이었다고 말했다.

자기를 낮추는 유머로 다른 사람들을 편안하게 만드는 것은 보노의 특기였다. 그는 자신을 너무 대단한 사람으로 여기지 않았고, 그의 자연스러운 솔직함은 그를 호감 가는 사람으로 만들었다. 〈뉴욕 포스트〉의 칼럼니스트 스티브 던리비Steve Dunleavy는 보노의 삶이 대부분 일련의 사고들, 즉 행복한 사고들로 이루어졌다고 표현했다. 그의 아내 셰어를 만나고, 인기 버라이어티 쇼를 진행하며, 팜스프링스 시장에 당선되고, 하원의원이 된 모든 일들은 보노가 스스로 말했듯이 '우연한 사고'들이었다. 실제로 보노는 스스로를 '운 좋은 사람'처럼 보이게 하는 능력이 있었고, 운이 좋아 보이는 사람들에게 일반적으로 찾아오는 기회들을 활용할 줄 아는 힘이 있었다.

두 번째 착각

: 좋은 운은 스스로 만들어낼 수 없으니 인생이 흐르는 대로 두어야 한다?

인생이 흐르는 대로 두면 분명 좋은 일과 나쁜 일을 모두 경험하게 될 것이다. 문제는 원하는 만큼 빠르게, 그리고 자주 좋은 일을 경험하

지 못할 수도 있다는 것이다.

당신이 더 적극적으로 나서서 긍정적인 일이 더 많이 일어나도록 함으로써, 행운의 무작위성을 줄이고 좋은 운과 나쁜 운의 비율을 변화시킬 수 있다. 미국의 전설적인 포커 챔피언 바바라 엔라이트Barbara Enright는 이것이 카드 게임에서도 가능하다고 말한다. 당신과 상대방이 받는 카드는 무작위로 주어지지만, 포커에서는 자신의 플레이를 결정하는 데 중요한 사고가 필요하다. 가장 영리한 플레이어가 승리하는 경우가 많기 때문이다. 내게 좋은 패가 들어올지 나쁜 패가 들어올지 운이 분명히 역할을 하지만, 일단 카드가 배분되면 게임은 전적으로 심리전과 기억력에 달려 있다.

엔라이트가 프로로서 게임에 참여할 때 그녀는 스스로를 제어하기 위해 열심히 노력한다. 그녀는 좌절을 일시적인 상황으로 여기고, 감정을 드러내지 않으며, 무모한 시도를 피한다. 두 번이나 레이디스 월드 포커 챔피언이 된 엔라이트는 이렇게 말한다.

"패배자처럼 느끼면 패배자처럼 행동하고 플레이하게 됩니다. 이 모든 것은 성격과 자신에 대한 생각에 달려 있어요. 저는 쉽게 짜증내지 않죠. 테이블에서 무례하게 행동하는 사람도 많지만, 저는 그 행동을 차단하려고 노력해요. 감정이 내 플레이에 영향을 미치지 않기를 원하니까요. 때로는 게임을 하면서 헤드셋을 끼고 음악을 듣기도 합니다."

포커와 마찬가지로, 우리의 인생도 전적인 집중을 요구한다. 상황이 잘 풀리지 않을 때도 엔라이트는 상대방이 어떻게 베팅하는지 관찰하고 그들의 몸짓을 분석하면서 기회를 기다린다.

"당신과 비슷하거나 당신보다 더 나은 사람들 사이에 있을 때, 당신이 우위를 점할 수 있는 건 오직 정신력이에요. 그들의 결점을 발견하고 기회를 포착할 수 있다면, 당신은 승리할 수 있습니다."

행운이 따르는 사람들은 자신이 원하는 것을 얻을 자격이 있다고 스스로를 확신시키고, 결국 그것을 얻을 것이라고 믿는다. 그러고 나서 그들은 목표를 더 빨리 이루기 위한 방법에 집중한다. 대부분의 사람들이 자신이 가장 원하는 것을 정말로 달성할 수 있을지에 대해 걱정하며 시간을 낭비하는 동안 말이다.

내 동생 대니는 불가능한 일을 가능하게 만드는 데 능한 사람이다. 그는 프로 음악가로 활동하며 끊임없이 일거리를 찾아다녀야 했다. 그는 뉴욕에 위치한 유명하면서도 아무나 들어갈 수 없는 고급 클럽에서 피아노 연주를 할 수 있는 1~2년짜리 일자리 계약을 원했다. 그렇게 되면 다른 곳에서도 연주를 하며 안정적인 급여를 벌 수 있게 되고, 그를 걱정하는 어머니를 안심시킬 수도 있었다. 몇 년 전, 대니는 나에게 뉴욕시에서 가장 잘 알려진 클럽 중 하나에서 계약을 따내고 싶다고 말했다. 대부분의 피아니스트들은 자신이 그곳에서 연주할 자격이 있는지 의심하며 시도조차 하지 않았을 것이다. 하지만 대니는 어느 날 아침 그저 그곳에 걸어 들어가 매니저와 이야기를 나누고 즉석에서 오디션을 보았다. 그리고 일주일 후, 그는 계약을 따냈다.

1년 후, 클럽에서 관리자를 새로 뽑게 되었는데 새 관리자는 피아니스트를 새로 구하길 원했고 대니는 그 자리를 떠나야 했다. 그는 자신이 해고당한 사실을 받아들이고 다른 일자리를 찾아 떠날 수도 있었다. 하지만 대니는 그의 해고 사유에 정치적인 이유가 껴 있음을 깨닫고, 친하게 지내던 관리자들을 통해 새로운 관리자들과도 가까워져 친구가 될 수 있었다. 그다음 해, 그는 더 나은 조건으로 다시 계약을 따냈다. 대니는 다른 사람들의 의심에 귀 기울이지 않으며, 그 덕분에 더 나은 결과를 얻으며 살아가고 있다. 불가능해 보이는 것을 목표로 삼는 것은 오히려 그가 회의론자들을 무시하도록 만든다. 그의 담대함만으로도 그는 스스로를 운이 좋은 사람처럼 보이게 만들고, 그를 도울 수 있는 사람들로 하여금 그에게 주목하게 하는 것이다.

세 번째 착각

: 적절한 인맥만 있으면 운은 저절로 개선된다?

성공에 가까워지기 위해서는 적절한 사람들을 만나는 것만으로는 충분하지 않다. 만난 사람들에게 긍정적인 인상을 주고, 그들로부터 당장에든 나중에든 원하는 것을 얻어낼 수 없다면 그들을 만나는 것은 시간 낭비일 뿐이다. 심지어 그 만남이 잘못 다루어지면, 오히려 당신의 목표에 해가 될 수도 있다.

나는 한 아이의 생일 파티에서 잘못된 만남을 목격했다. 아이들이 주방에서 쿠키를 굽는 동안, 몇몇 부모들이 거실에 모여 대화를 나누기 시작했다. 우리는 모두 일하는 부모들이라 교류를 할 시간이 많지 않았기 때문에 서로 잘 알지 못했다. 그중 한 어머니가 명랑하게 각자의 직업에 대해 물었다. 각 부모가 자신의 직업을 말한 후, 그녀에게도 직업을 물었다. 그 여자는 자신이 광고 카피라이터였는데 최근에 직장을 잃었고 지금은 새 직장을 찾고 있다고 말했다. 그녀는 고급 럭셔리 상품을 위한 광고에 특화되어 있고, 자율성을 좀 더 보장받기 위해 소규모 광고 대행사를 택했다고 했다. 그녀는 웃으며 자신의 선택이 틀렸다는 걸 인정했다. 결국 지금은 직업을 잃은 상태기 때문이다.

그날 오후 거실에 모여 직업을 밝힌 부모들 중 마케팅 임원이 두 명 있었다. 한 명은 미국의 최장수 비즈니스 잡지 〈포춘〉에서 선정한 500대 기업 중 하나인 어느 미디어 회사에서 근무하는 고위 광고 임원이었고, 다른 한 명은 훨씬 작은 규모의 광고 회사에서 일하고 있었다. 그 후 15분 동안, 그 여자는 자신에게 도움을 줄 수 없다고 이미 말한 작은 회사의 사람에게만 주의를 기울였다. 대형 미디어 회사의 임원은 거의 무시당했다.

그 여자가 떠난 후, 나는 그 고위 임원에게 다가가 속삭였다.

"당신은 파트타임으로 일해 줄 카피라이터가 항상 필요하지 않나요?"

그녀는 조용히 대답했다.

"네, 그렇죠. 하지만 그 여자가 저와 제 회사가 줄 수 있는 기회에 대해 물어볼 만큼 똑똑하지 않다면, 제가 원하는 일을 할 만큼 똑똑하지도 않을 거예요."

상황을 지켜보던 나도 즉시 알아차릴 만한 황금 같은 기회를 그 카피라이터가 왜 알아보지 못했는지 의아해하며, 생일 파티의 주최자에게 그 실직한 여자에 대해 물었다.

"아, 그녀는 몇 년 전 큰 광고 대행사에서 끔찍한 경험을 했어요. 하지만 사실 그 일이 작은 회사에서 일한 것보다 훨씬 나은 자리였죠."

분명 그녀는 큰 광고 대행사에서 겪은 어떤 종류의 트라우마 때문에 큰 회사에서 일하는 것을 영원히 배제하게 된 것 같다. 비록 그녀를 해고한 것은 그 작은 광고 대행사였고, 큰 회사라고 해서 모두 같은 것은 아닌데도 말이다. 큰 회사에 대한 두려움은 그녀의 눈을 멀게 했고 결국 파티에서 불과 1미터 떨어진 곳에 있던 기회를 탐색하는 것조차 시도하지 않았다. 실패에 대한 두려움과 황금 같은 기회를 가져다 줄 중요한 만남을 제대로 처리하지 못한 것은 그녀에게 행운을 불러들일 수 있는 능력을 극적으로 제한시켰다.

네 번째 착각
: 좋은 기회는 적극적으로 자신을 드러낼 때 찾아온다?

과한 행동은 오히려 독이 되는 것처럼, 지나치게 자신을 뽐내는 행동은 당신을 거슬리는 존재로 보이게 만들 수 있고 결과적으로 불운을

초래할 수 있다. 더 많은 사람을 불쾌하게 할수록 당신에게 주어지는 기회는 줄어들고, 도움을 주려는 사람들도 적어질 것이다.

자신의 능력을 사람들에게 내보이는 것은 행운을 끌어들이기 위해 필수적이지만 자신을 드러내는 것과 자랑 사이에는 미묘한 차이가 있다. 능숙한 자기 홍보는 청중을 흥미롭게 하고 매료시킨다. 반면 자랑과 강압적인 태도는 그 반대의 효과를 가져온다. 물론 그러한 태도가 당신이 원하는 것을 얻을 수 있게 할 수도 있지만 동시에 당신의 운을 망칠 수 있는 적을 만들기도 한다. 그렇다면 자기 홍보와 자기 자랑 사이의 선은 어디에 있을까? 능숙한 자기 홍보는 상대방이 당신과 당신의 성과에 대해 적당히 인지하게 하여 스스로 결론을 내리도록 만든다. 만약 당신이 상대방에게 당신의 성과에 대해 상상할 여지를 남기지 않았다면, 그것은 자랑이었을 가능성이 크다.

능력 있는 홍보 전문가와 기획자는 편집자나 텔레비전 뉴스 프로듀서의 관심을 끄는 방법을 잘 알고 있다. 그들은 정보를 적절히 흘려 인상 깊은 정보를 통해 편집자나 프로듀서가 스스로 판단하여 고객에게 홍보 기회를 제공하도록 만든다. 그들은 지능적이고 뉴스 가치 있는 정보를 미끼로 사용하여 상대방이 미끼를 물고 자신이 원하는 것을 얻도록 유도한다.

행운을 개선하기 위해 필요한 자기 홍보에도 동일한 원칙이 적용된다. 상대방에게 당신이 운 좋은 사람이라는 인상을 남기고 싶다면, 불쾌감을 주지 않으면서 긍정적인 인상을 만들어야 한다. 또한 다른 사람들과 다르게 접근할 때를 알아야 한다.

　미국의 저명한 엔터테인먼트 홍보 업체인 레빈 커뮤니케이션스 오피스의 창업자인 마이클 레빈Michael Levine은 자신이나 고객을 불쾌하게 홍보하지 않음으로써 큰 성공을 거두었다. 대신 그는 부드러운 끈기를 선호한다. 연락하고자 하는 사람에게서 회신을 받지 못하면, 그는 매일 한 번씩 부드러운 메시지를 그 사람의 음성 메일이나 자동응답기에 남긴다. 나도 그의 인내심 넘치는 끈기에 당해본 적이 있다. 며칠 동안 내가 회신을 할 수 없었을 때도 그의 목소리는 절대 공격적이거나 화가 난 듯이 들리지 않았다. 그는 그저 인내심을 가지고 나와 이야기하기를 기다리고 있는 것처럼 말했다. 결국 그에게 다시 전화를 걸지 않을 수 없다.

　"부드러운 끈기를 발휘하면 사람들을 짜증나게 하지 않고도 당신에게 주목하게 만들 수 있어요"라고 레빈은 말한다.

　"대부분의 경우 당신이 끌어들이고자 하는 사람들이 당신에게 관심을 기울이게 될 거예요. 만약 제가 침착함을 잃거나 강압적으로 행동했다면 장기적으로 이루고자 하는 목표, 즉 사업적 관계를 망치게 되었겠죠. 중요한 것은 말하고자 하는 바를 우아하게 전달해서 상대방이 당신이 전하는 메시지를 티파니 같은 고급 악세서리 상자에 담긴 선물처럼 느끼게 하는 거예요. 티파니만의 유니크한 파란 상자로 포장된 선물을 받는다면 포장 상자가 없는 선물이나 잘 모르는 상자에 담긴 선물보다 더 높은 가치를 지니고 있다고 느끼게 되니까요. 우리가 이런 반응을 보이는 이유는 심리적으로 어리석어서가 아니라, 상자가 그 자체로 안에 있는 것이 특별하다고 말해주기 때문이에요. 티파니 상자는 요란하거나 과도하지 않아요. 그저 안에 들어있는 선물이 의미 있고 최상급 품질을 가진 상품이라고 말할 뿐이죠. 능숙하게 자신을 홍보하는 건 결국 그 티파니 상자와 매우 비슷해요. 당신은 한눈에 상대방에게 당신이 특별하다는 것을 느끼게 만들어야 해요. 대놓고 감정을 드러내지 않거나 침착하면서도 예리한 모습을 보이는 것처럼 말이에요. 그런 느낌을 만들어낼 수 있다면 당신의 자질과 성과를 일부러 뽐낼 필요가 없어요. 마치 티파니만의 푸른 상자가 보여주는 것처럼, 자연스럽게 전달될 테니까요."

다섯 번째 착각

: 행운이란 단지 좋은 타이밍을 의미한다?

행운에는 좋은 타이밍이 필요하지만, 당신이 적절한 시기에 올바른 장소에 있게 되는 것은 분명히 당신의 통제 안에 있다. 타이밍은 단순한 우연이 아니다. 현재보다 더 운이 좋으려면, 행운이 다가올 때 기회의 교차로에 서기 위한 조치를 취해야 한다. 그 교차로에 당신 혼자만 서 있다면 더 좋다.

앤지 딜-제이콥스Angie Diehl-Jacobs는 20년간 엔터테인먼트 마케터로 일하며, 세계 최대 엔터테인먼트 대기업 중 하나인 유니버설 콘서트의 마케팅 부사장 자리까지 올라갔다. 그녀는 유명한 록 밴드부터 능률이 좋은 측근들까지, 수많은 운 좋은 사람들을 보아왔다. 그중에서도 그녀가 아는 가장 운 좋은 사람은 한 대형 영화 스튜디오의 수장이다.

"그 사람은 항상 기회가 찾아오는 곳에 서 있을 줄 아는 사람이에요. 그 사람이 커리어를 쌓기 시작한 초창기에 또 다른 영화 스튜디오 대표에게 멘토링을 받을 기회가 생긴 적이 있었어요. 다른 사람들은 그에게 멘토링 기회가 생겼으니 단순히 그 사람의 운이 좋다고 생각했지만, 사실 그는 자기 스스로 기회를 만들어냈어요. 엔터테인먼트 업계의 다른 젊은 사람들은 대부분 인내심이 부족하다는 걸 알고 준비를 하고 있었죠. 대부분의 사람들은 경쟁자를 이기기 위해 자기가 얼마나 능력 있고 영리한지 보여주는 데 사력을 다했어요. 성장하는 속도가 빠르다는 장점이 있었지만, 배려와 신중함을 더 중요하게 생각하는 업계의 성공한 전문가들에게는 불쾌하게 보일 수도 있었죠.

빠르게 점수를 쌓아 성과를 내는 것과 사람들이 당신을 좋아하게 만들어 호감을 얻는 것, 이 중 어느 것이 더 중요한지 언제나 고민해야 해요. 고전적인 선택이죠. 사랑받고 싶은가, 아니면 존경받고 싶은가. 그 사람은 존경받기보다 사랑받기를 우선시했어요. 그 사람의 철학은 그를 멘토링하며 그에게 모든 것을 알려준 나이 든 스튜디오 대표의 철학과 일치했고요.

만약 그가 단지 빠르게 점수를 얻는 데만 관심을 가졌다면 전설적인 멘토로부터 배우는 기회를 놓쳤을 거예요. 이쪽 업계에서 타이밍이란 주변에서 일어나는 일을 관찰하고 기회를 감지하며 그 기회의 경로에 자신을 내세워서 결국 달려오는 기회가 자신에게 부딪히도록 하는 거예요. 이 사람은 그 나이 든 멘토가 만족감을 느끼며 자신을 가르치고 멘토링할 기회를 만들어 낼만큼 충분히 영리했죠. 그는 존경을 표했고 경청했으며, 진정한 열정으로 적절한 순간에 미소를 지었어요. 이 모든 건 교활함이 아닌 진심에서 우러나온 행동이었어요. 그는 모든 상사가 느끼는 감정을 본능적으로 이해한 거죠.

저는 이걸 제 커리어 후반에 가서야 깨달았어요. 한 상사가 저에게 '나는 나를 좋아하는 사람들을 좋아해'라고 말했을 때 비로소 알게 되었죠. 이건 너무나 기본적인 내용이지만 비즈니스 관계에서 종종 잊어버리기 쉬운 것이기도 해요. 우리는 항상 '내가 재능 있고 끈기 있으면 스스로 길을 만들어 나갈 수 있어'라고 생각하지만 반드시 그런 건 아니에요. 내 상사는 자신을 지지하지 않는 사람들을 승진시키지 않았거든요."

현명하게 계산하고
순진하게 행동했어야 했다

"행운이란, 기회를 인식하는 감각과 그것을 활용하는 능력이다."
_미국의 영화 제작자, 새뮤얼 골드윈Samuel Goldwyn

운이 좋은 사람들은 작은 기적이 자주 일어나는 사람들이다. 그들은 큰 행운을 끌어들이기 위해 많은 노력을 하지 않는 것처럼 보이고 그들 스스로도 자신에게 찾아온 행운에 놀라워하는 것처럼 보이기 때문에 사람들은 그들을 '운 좋은 사람'이라 부른다. 행운이 따르는 사람들은 결과에 대한 두려움 없이 자신이 즐거워하는 일을 하는 것처럼 보이기도 하는데, 우리는 그들의 삶이 한계가 없어 보이는 점에 경외감을 느낄 수밖에 없다.

유독 수많은 기회가 쏟아지고, 나쁜 일이 생겨도 크게 영향을 받지 않는 사람들이 있다. 사람들은 이런 이들을 사랑하기도 하지만, 동시에 미워한다. 하지만 운 좋은 사람들을 질투하는 대신 그들의 모든 행동을 면밀히 연구하는 것이 훨씬 더 이익이다.

　내가 아는 가장 운 좋은 사람 중 하나는 내 친구 리키다. 우리는 1970년대 중반에 보스턴에서 처음 만났다. 당시 나는 대학교 기숙사에 들어가게 되었는데 리키와 나는 9개월 동안 옆방에 살았다. 그러면서 그에 대해 잘 알게 되었는데, 기회를 끌어들이고 문제를 피하는 리키의 능력은 정말 놀라웠다. 나는 그를 주의 깊게 관찰하며 리키가 가진 기술을 연구했고, 그로부터 행운과 사람들에게 내가 원하는 것을 기꺼이 주도록 만드는 방법에 대해 많은 것을 배웠다. 리키는 세상에서 가장 똑똑한 학생은 아니었지만 여우처럼 영리했다. 우리 모두가 멋지게 보이거나 세련되어 보이거나 강해 보이려고 애쓰는 동안 리키는 강한 호기심과 천진난만한 모습을 보였다. 그는 다른 사람들이 하고자 하는 일에 거스르지 않고 자신을 맡김으로써 모두가 그를 위해 자신들만의 규칙을 유연하게 적용하도록 만들었다. 그 모습은 숨 막힐 정도로 멋졌다. 어딜 가든 그는 데이트 신청이나 파티 초대장을 받지 않은 적이 없었고, 록 콘서트 티켓이나 백스테이지 입장권, 혹은 상태가 좋은 중고차를 손쉽게 손에 넣었으며 잘나가는 친구들도 모두 그에게 몰려들었다. 리키는 자신이 얻은 것들을 자랑하지 않고 항상 우리와 나누려 했다.

　리키에게는 기회가 끊임없이 찾아왔고, 머리 아픈 문제들은 그를 피해갔다. 신입생이던 해에 리키는 기숙사에 정해진 거의 모든 규칙을 어겼다. 그는 음악 테이프를 너무 크게 틀기도 했고 사실상 그의 방에서 오픈 바를 운영했으며, 통금 시간을 어기고 기숙사에 늦게 돌아오기도

했다. 다른 학생들이 그보다 작은 규칙을 위반하고서 더 큰 문제에 휘말리는 것을 보며 나는 리키가 어떻게 문제를 피하고 기회를 끌어들이는지 자세히 관찰하기 시작했다.

가까이서 보면 볼수록 리키가 특별한 이유를 더 잘 이해할 수 있었다. 그는 데이비드 보위 같은 잘생긴 외모를 가졌지만, 그의 진정한 매력은 인생의 파도를 타며 사람들이 보이는 친절의 흐름 속에 자리를 잡는 능력이었다. 그는 대화를 지배하려 하거나 모든 것을 아는 척하지 않았다. 만약 그가 무언가를 너무 어려워하는 모습을 보였다면 우리 모두는 그가 운이 좋다고 생각하지 않았을 것이다. 대신 리키의 강점은 사람들이 자신이 원하는 것을 기꺼이 주도록 설득하고 그 과정에서 상대의 기분을 좋게 만드는 능력이었다. 나는 리키가 오만하게 굴거나 화를 내거나 부정적인 모습을 보이는 걸 본 적 없다. 만약 원하는 것을 얻지 못했을 때도 그는 그저 다음으로 넘어갔다. 심지어는 그는 자신에게 도움을 줄 수 없는 사람들도 도왔다.

리키는 순진한 척하길 좋아했지만 그를 아는 대부분의 사람들보다 훨씬 더 영리했다. 어느 여름, 나는 리키의 꿈이 보스턴 레드삭스의 스포츠 중계 아나운서가 되는 것이라고 말한 것을 기억한다. 모두가 웃으며 그의 등을 두드리고는 목표를 향해 도전하라고 말했다. 이것이 리키의 또 다른 특징이었다. 아무도 그를 낙담시키거나 실망시키거나 무언가가 불가능하다고 말하고 싶어 하지 않았다. 그의 목표가 터무니없이 너무 높아서 오히려 아무도 그의 꿈을 깨뜨릴 마음이 없었다. 그는 마치 아이 같았다.

그 여름 친구들이 일을 하거나 수영을 하거나 밤에 디스코 바에 가는 동안 리키는 낡은 녹음기를 가지고 보스턴 레드삭스의 홈구장인 펜웨이 파크 경기장에 가서 모든 홈경기를 녹음하며 중계했다. 혀 짧은 소리를 극복하기 위해 그는 몇 시간 동안 연습했다. 그런 다음 기숙사로 돌아와 밤새도록 자신의 목소리를 들으며 발음을 바꾸기 위해 열심히 노력했다. 파티에서 모인 사람들은 그의 노력을 놀리며 웃었지만 리키는 그들과 함께 웃었다. 흥미롭게도 그는 자기가 어떤 작업을 하는지 세세하게 이야기하지 않았고 불안감이나 자기 의심을 공개적으로 드러내지 않았다. 물론 그도 그런 감정을 느꼈을 것이다.

8월 말 어느 일요일 아침, 내 룸메이트가 〈보스턴 글로브〉 신문을 들고 뛰어 들어왔다. 스포츠 섹션에는 리키가 미소 지으며 녹음기를 들고 있는 사진이 실려 있었다. 기자는 리키가 관중석에서 이상한 중계를 하는 모습을 보고 훌륭한 기삿거리가 될 것이라고 생각했다. 기사가 실린 지 일주일 후, 로드아일랜드의 한 라디오 방송국 임원이 그 기사를 보고 리키에게 전화를 걸었고 그다음 봄부터 리키는 그 방송국에서 펜웨이 파크 경기의 실황 중계를 하게 되었다. 그렇게 일이 풀린 것이다. 오늘날 리키는 남부 캘리포니아에서 텔레비전 스포츠 캐스터이자 스포츠 기자로 일하고 있다.

나는 리키를 관찰하면서 배운 것들을 통해, 누구에게나 적용할 수 있는 '행운을 만드는 교훈'들을 얻었다.

▎ 생각은 똑똑하게 하되 순진한 사람처럼 행동하라

당신이 원하는 것이 무엇인지 알고 있다면 그것을 얻는 방법을 아는 척하지 마라. 사람들은 순진하고 약해 보이는 사람들을 돕고 싶어 한다.

▎ 시간을 낭비하면서까지 완벽함을 추구하지 마라

어느 분야에서 최고의 자리에 오르지 않아도 기회는 얼마든지 얻을 수 있다. 중요한 것은 당신이 충분히 일을 잘 해내며 도움받을 만한 자격이 있고, 그 기회를 잘 활용할 것이라고 사람들이 믿게 하는 것이다. 리키는 혀 짧은 소리를 완전히 없애지 못했고 그가 하는 중계도 매끄럽지는 않았다. 그러나 완벽하지는 않았어도 그는 충분히 잘했다. 그의 순수한 낙관주의와 열정이 그에게 잡지에 글을 기고하고 텔레비전에서 리포팅할 기회를 안겨주었다. 다음 기회를 창출하는 데 집중하라. 완벽함은 시간이 지나면 따라올 것이다.

▎ 사람들이 결국 내가 원하는 것을 주게 될 것이라고 믿어라

행운을 만들기로 마음먹으면 그것은 이루어진다. 당신이 목표하는 일이 결국 일어날 것이라고 믿으면 사람들은 당신이 그것을 얼마나 원하고 있는지를 알아채고 기회를 건네줄 것이다. 몇 년 후 리키는 어려운 상황에서도 자신의 결단력을 유지하는 비결을 내게 말해주었다.

"나는 스스로에게 이렇게 말해. '난 내가 원하는 것을 얻을 거야. 내게 필요한 것을 가진 사람들은 그들이 나에게 그 기회를 주게 될 거라

는 사실을 아직 모를 뿐이야. 하지만 그들은 결국 내게 그 기회를 줄 거야'라고 말이야."

원한을 잊어라

원한은 가치가 없다. 리키는 대학에서 많은 실망과 좌절을 겪었지만 그는 그것을 누구에게도 앙갚음하지 않았다. 원한은 에너지 낭비라고 리키는 말했다. 복수하려고 애쓰면 너무 많은 시간을 흘려보내게 되는데 그 시간은 다른 무언가를 이루기 위해 사용할 수 있는 시간이다. 게다가 당신이 상대방을 용서하면 사람들은 당신의 관용에 놀라게 될 것이고 다음번에는 당신을 돕고 싶어질 것이다. 그저 죄책감을 느끼지 않기 위해서라도 말이다.

호의를 베풀어라

호의를 베푸는 것은 중요하다. 단, 상대가 빚진 기분이 들게 해선 안 된다. 리키는 기꺼이 다른 사람들에게 자신의 셔츠라도 내어주곤 했다. 그는 바보가 아니었다. 리키는 자신의 전략이 '나는 너무 운이 좋아서 셔츠든 내가 가진 어떤 것도 굳이 꼭 필요하지 않아'라는 인상을 주는 것임을 알고 있었다. 누군가가 이런 식으로 행동하면 그 사람은 자신이 내어준 것을 다시 원하기만 한다면 언제든 다른 것으로 대체할 수 있을 것이라는 느낌을 준다.

리키가 "원한다면 가져가. 나는 또 하나 구할 수 있어"라고 말할 때,

그는 세 가지를 동시에 성취했다. 첫째, 그는 당신에게 원하는 것을 주어서 당신을 기분 좋게 만들었다. 둘째, 당신은 그에게 빚을 진 것처럼 느꼈다. 셋째, 그는 운이 좋은 사람처럼 보였다. 그것이 이상한 부분이었다. 블레이저 자켓, 전설적인 록밴드 플리트우드 맥의 콘서트 티켓, 심지어 자신이 데이트했던 여성과의 소개팅을 내어주는 사람이라면 그는 언제든 그것들을 다시 구할 수 있는 어떤 마법의 힘을 가진 사람일 거라는 느낌을 준다.

인간의 본성은 우리가 소중히 여기는 것을 지키는 것이지 그것을 다른 사람에게 내어주는 것이 아니다. 리키는 그것들을 내어줌으로써 엄청난 자신감을 드러냈다. 흥미로운 건, 그에게 건네받은 재킷이 당신의 마음에 쏙 들 때 그것이 리키의 것이라고 사람들에게 말하게 된다는 점이다. 당신이 플리트우드 맥 공연을 보러 가게 되면 당신은 리키가 그 티켓을 구해줬다고 말하게 되고, 리키가 당신에게 친구를 소개해 주면 당신은 저녁 내내 리키가 얼마나 훌륭한 사람인지에 대해 이야기하게 된다.

리키에게서 배운 진리는 대부분의 사람들에게도 적용된다. 운이 좋다는 것은 사람들로 하여금 당신이 쉽게 대할 수 있다거나 무시할 만한 사람이 아니라는 인상을 주면서 더 매력적인 사람으로 보이게 한다. 리키처럼 행동하면 더 많은 호의와 격려, 존경과 기회를 더 넓은 범위의 사람들로부터 이끌어낼 수 있다. 이렇게 되면 당신은 운이 좋은 사람으로 여겨지게 될 것이다.

왜 나는 운이 좋은 사람인가

성공한 사람들과 그들의 성취에 대해 이야기를 나누면 그들은 자신의 성공이 열심히 일한 결과이거나 운이 좋았던 덕분이라고 말할 것이다. 좀 더 깊이 파고들어 구체적으로 물어보면 그들이 어떻게 행운을 만들어냈는지에 대한 다양한 이야기들을 들을 수 있다.

때로는 이 사람들이 친구, 낯선 사람, 동료, 심지어 적들에게서 자신이 원하는 것을 얻어내는 방법을 통해 기회를 잡았다는 것을 알게 된다. 이것이 중요한 포인트다. 많은 사람들이 성공을 위해 필요 이상으로 열심히 일하거나 혹은 그저 기회가 다가오기를 바라기만 하는 반면, 운이 좋은 사람들은 다른 사람들이 자신에게 원하는 기회를 제공하도록 만든다.

많은 사람들이 나에게 운이 좋다고 말하는데, 나도 그렇게 생각한다. 내 인생에서 나는 운이 좋은 많은 사람들과 교류할 수 있는 기회를 가졌다. 그들의 행동을 관찰하고 따름으로써 나는 많은 것을 성취했고 행복을 느낀다. 내 삶의 외형적인 것들이 한순간에 사라질 수도 있다는 것을 잘 알고 있지만 인생에 대한 올바른 태도가 행운과 밀접하게 관련되어 있다는 것도 알고 있다. 나는 항상 기회를 만들고 그 기회가 다가오면 놓치지 않도록 노력해 왔다. 그리고 나의 타이밍은 언제나 탁월했다.

나는 대학교 2학년 때 〈뉴욕 타임스〉의 편집부 보조 직원으로 첫 직장을 얻었다. 대학 근로 장학 프로그램의 일환으로 그 직업을 얻게 되었는데, 인터뷰 때 나는 내 포트폴리오를 가져갔고 다른 후보자들은 그러지 않았다. 또한 편집부 보조 업무와 〈뉴욕 타임스〉에 대해 매우 열정적이었고 그 열정이 내가 자리를 얻는 데 큰 역할을 했다. 면접에 참여한 후보자들보다 내가 훨씬 더 그 자리를 원하고 있다는 것을 보여주었다.

내가 일을 시작한 직후에 상사인 존 오크스는 편집장 자리에서 물러났는데, 추후에 〈뉴욕 타임스〉의 최고 편집자가 될 맥스 프랭클이 그 자리를 이어받았다. 상사가 물러나고 나는 내 근로 장학 직책이 사라질까 걱정했다. 하지만 운에 내 운명을 맡기지 않기로 결심했다. 나는 새 편집장인 맥스에게 편지를 썼다. 내가 신문사에서 일하는 것을 얼마나 사랑하는지, 그리고 그와 함께 일하면서 얻을 수 있는 경험이 얼마나 귀중할 것인지 진심을 담아 설명했다. 그 누구도 내게 이 편지를 쓰라고 시키지 않았다. 그저 현명한 선택이라고 생각했을 뿐이다. 그 후, 나는 내 직책이 유지될 것이라는 소식을 들었다.

나는 이 기회를 소중히 여기고 나를 필수적인 존재로 만들기 위해 노력했다. 맥스가 편집장으로 일을 시작했을 때 그는 새 책상이 필요했다. 존 오크스가 새 사무실로 이동하면서 자신이 쓰던 책상을 가져갔기 때문이다. 맥스는 새 책상이 배달될 때까지 일주일 동안 그의 비서의 책상에서 일했다. 그의 비서가 전화로 임시 책상을 배달하려고 애쓰는 것을 슬쩍 엿들었을 때 나는 그녀에게 내가 책상을 찾아보겠다고 말했다. 나는 화물 엘리베이터로 가서 알고 지내던 다른 직원들에게 이 건물에 가져올 수 있는 적당한 크기의 책상이 있는지 물었다. 그들은 광고 부서에 새 책상이 배달될 예정이며 그 사람이 사용하던 책상을 가져올 수 있다고 말했다. 얼마 지나지 않아 사무실로 책상이 도착했고, 내가 책상을 구해보겠다고 말한 지 15분 만에 사무실로 책상이 도착했을 때 맥스의 비서의 얼굴을 잊을 수 없다. 맥스는 웃으며 내게 물었다.

"대체 어떻게 그걸 해냈어요?"

내가 배운 교훈은 이렇다. 성공한 사람들은 열심히 일하며 창의적으로 문제를 해결하는 사람들을 좋아한다는 것이다.

아직 대학생인 시절에 나는 〈뉴욕 타임스〉에 첫 번째 필명을 달고 기사를 실었다. 뉴욕시 오싱 지역에 위치한 싱싱 교도소의 옛 사형 집행실에 대한 기사를 막 취재했다. 많은 사람들이 전기 의자로 사형당했던 그곳은 당시 휴가 나온 죄수들을 처리하는 사무 공간으로 사용되고 있었다. 아이러니한 이야기는 언제나 잘 팔리기 마련이다. 이 이야기는 죄수들의 마지막 거처였던 장소가 이제 그들을 사회로 다시 돌려보내는 공간이 된다는 내용이었다. 나는 맥스에게 원고를 제출하기 전에 그것을 편집해 줄 수 있는지 물었다. 그는 기꺼이 시간을 내주었고 내 기사는 신문에 실렸다. 여기서 얻은 교훈은, 운을 개선하려 할 때 가장 강력한 힘을 가진 사람들에게 도움을 요청하는 것을 두려워하지 말라는 것이다. 내가 대학을 졸업하자 맥스는 여름 동안 편집자 대리직을 맡을 수 있도록 제안해 주었다. 나는 당시 고작 스물네 살에 불과했다.

내 아내를 만난 것도 나 스스로 행운을 만든 경우였다. 이 경우는 기적처럼 다가온 기회를 잡은 것이다. 1985년 프리랜서로 전환하기 위해 〈뉴욕 타임스〉를 떠나기 몇 주 전, 나는 내 이름이 실린 〈타임스 선데이 매거진〉의 다음 호가 필요했다. 나는 광고 부서의 한 여인에게 전화를 걸었고 그녀는 내가 찾던 신문 상자들이 그녀의 사무실 바로 밖에 있다고 말했다. 그래서 나는 신문을 몇 부를 받으러 그녀의 사무실로 갔다. 우리는 몇 분 동안 대화를 나눴고 그녀에게 전화번호를 물어봤다. 여덟 달 후, 우리는 결혼했다.

〈뉴욕 타임스〉를 떠나고 몇 주 후, 나는 보수가 높은 잡지 컨설팅 일을 따냈다. 나를 한 번 만난 적이 있는 〈뉴욕 뉴스데이〉의 편집자가 나를 추천해 주었기 때문이다. 완벽한 타이밍이었지만, 그와 만나기 전에 내가 보낸 편집 아이디어 목록 덕분에 그가 나를 기억하고 있었던 것이다. 그로부터 몇 주가 지나고 컨설팅 일이 끝난 후에 나는 주간지 〈애드위크〉의 편집장으로 채용되었다. 나는 편집장에게 직접 전화를 걸었고, 마침 그날 잡지사의 편집자가 일을 그만두었다. 훌륭한 타이밍이었지만, 나는 그날 아침에 잡지를 처음부터 끝까지 읽었고, 편집장과의 전화에서 그것에 대해 자세히 논의할 수 있었다.

몇 년 후, 나는 ABC 방송국의 야간 뉴스 프로그램인 〈나이트라인〉에 출연하기도 했다. 당시 〈애드위크〉의 마케팅 부서 편집장이 휴가 중이라 그를 대신하여 출연하게 된 것이다. 〈나이트라인〉의 프로듀서가 나에게 귀리의 장점에 대해 이야기해 줄 수 있는지 물었고 나는 흔쾌히

응했다. 나는 당시 고작 스물아홉 살에 불과했지만, 최악의 경우엔 방송에서 실수를 하게 될 수 있다는 것도 염두에 두었다.

나는 친구들이 내게 커리어에 있어 그리 좋은 선택이 아니라고 말한 기회들도 기꺼이 잡았다. 〈차일드〉, 〈맥콜스〉, 〈레드북〉, 그리고 〈코스모폴리탄〉의 편집장을 역임한 케이트 화이트는 1990년 당시 그녀가 편집장으로 있던 〈워킹 우먼〉의 비즈니스 편집장으로 나를 고용했다. 당시 〈워킹 우먼〉의 직원들은 모두 여성이었지만, 그녀는 내가 온몸으로 그 자리를 원한다고 말했기 때문에 고용했다고 말했다.

2년 후, 나는 NBC의 방송 프로그램 〈투데이〉에 출연하게 되었다. 이는 클라렌스 토마스에 대한 아니타 힐의 증언이 있던 시기*에 내가 기획한 '고위 남성 임원들이 직장에서 여성에 대해 가장 싫어하는 점'에 대한 기사가 발행되었기 때문이다. 그 시기에 해당 기사를 낸 건 완전히 우연이었지만 생방송 프로그램 출연 요청을 받았을 때 나는 망설이지 않았다. 가장 두려운 경험이야말로 내가 가진 능력이 얼마나 되는지를 가르쳐 준다는 것을 알았기 때문이다.

심지어 현재 내가 편집하고 있는 뉴스레터 〈바텀 라인 퍼스널〉과 〈머니스 워스〉를 소유한 보드룸 출판사의 마틴 에델스톤 회장을 만난 것도 행운을 만드는 과정이었다. 내가 새로운 도전을 준비하고 있을 때

---

* 1991년 미국 상원에서 열린 클라렌스 토마스 연방대법관 후보의 인준청문회에서 변호사 아니타 힐이 자신의 상사였던 그의 성희롱 문제를 증언해 큰 파문이 일며, 미국에서 직장 내 성희롱 문제가 처음으로 대두되었다.

한 경영 컨설턴트가 나에게 전화를 걸었다. 이것은 우연한 전화가 아니었다. 나는 수년간 이 컨설턴트와 긴밀한 관계를 발전시켜서 기회가 생길 때 내가 가장 먼저 떠오를 수 있도록 했다.

내가 생각할 수 있는 거의 모든 경우에서, 나는 미리 생각하고 황금 같은 기회를 끌어들여 커리어를 긍정적인 방향으로 전환할 수 있었다. 훌륭하고 성공적인 사람들과 함께하면서 나는 그들이 어떻게 일을 하는지, 다른 사람들에게서 무엇을 찾는지, 그리고 그들이 스스로 행운을 만들기 위해 어떻게 결정을 내리고 시간을 할당하는지를 직접 볼 수 있었다.

계속해서 원하는 것을 얻게 되는 것처럼 보이는 주변의 사람들을 보면 그들 모두가 비슷한 특성을 가지고 있다는 것을 알게 될 것이다. 그들은 마치 어디에선가 좋은 일들이 불쑥 찾아와 그들에게 행운이 달라붙는 것처럼 보이게 하는 데 능숙하다. 이게 바로 모든 운 좋은 사람들이 공유하는 가장 큰 비밀이다. 그들은 자신에게 행운이 깃든 것처럼 보일 때, 더 많은 사람들이 그들을 돕고 싶어 한다는 것을 잘 알고 있다. 운이 좋은 사람들은 다른 사람들보다 더 영적으로 축복받거나 선택받은 것이 아니다. 그들은 단지 우리가 그렇게 생각하게 만드는 특정한 방식으로 행동할 뿐이다.

운 좋은 사람들은 영리하게 일하고 순진한 척한다

모든 운 좋은 사람들에게는 두 가지 공통점이 있다. 첫째, 그들은 인생에서 더 많은 일이 자신에게 유리하게 돌아가도록 창의적인 방법을 끊임없이 생각해낸다. 둘째, 그들은 원하던 것을 얻었을 때 자신을 바라보는 주위의 다른 사람들처럼 자신의 행운에 놀라워하는 모습을 보인다. 바로 이 무대 뒤에서의 적극성과 무대 위에서의 겸손의 예술적인 조합이 그들을 운이 좋아 보이게 만든다. 행운을 이끄는 힘을 세심하게 관리한 다음, 행운이 찾아오면 아무것도 모른 채 행운에 부딪힌 순진한 피해자가 되는 것이다.

몇 년 전, 내 에이전트인 셰리 바이코프스키는 ABC 방송국에서 인기리에 방영되고 있는 퀴즈쇼인 〈휠 오브 포춘 Wheel of Fortune〉에서 상금으로 3만 4,000달러를 땄다. 이게 과연 단순한 운이었을까? 물론, 셰리가 돌린 거대한 바퀴가 거기에서 멈춘 건 순전히 운이었다고 말할 수도 있다. 상대방이 실수를 한 것도 운이었을지 모른다. 하지만 나는 셰리가 그 쇼에 출연하기 위해 무대 뒤에서 한 일을 알고 있다. 그녀의 전략은 매우 영리했다.

셰리는 무심코 쇼에 출연하고 싶다고 방송국에 편지를 썼다. 오디션 날짜와 장소가 적힌 엽서를 받았을 때, 그녀는 운에 맡기지 않았다. 그냥 준비 없이 나타나는 대신 그녀는 오디션 전 몇 주 동안 쇼가 녹화된 테이프를 보며 참가자들의 몸짓과 반응을 연구했다. 그녀는 여성 참가자들이 검정이나 흰색 옷을 입지 않고, 보통 파란색이나 초록색 옷을 입으며 악세서리도 거의 착용하지 않는다는 것을 알아챘다. 또한 그들은 대부분 목까지 올라오는 옷을 입었다. 그녀는 그들이 어떻게 박수치고 환호성을 지르는지, 또 바퀴를 돌리고 화살표가 '파산'을 가리킬 때 어떤 표정을 짓는지를 메모했다.

오디션에서 그녀는 약 200명의 지원자 중 한 명이었고, 그중 단 5명만이 선택될 예정이었다. 여러 단계의 인터뷰를 통과한 후 제작진은 그녀에게 몇 가지 모의 게임을 하도록 요청했다. 그녀는 박수치고 소리를 지르며 텔레비전 퀴즈쇼에 딱 맞는 참가자처럼 행동했다. 그녀의 전략이 성공했다. 결국 그녀는 활발한 참가자로 최종 선택되었다. 세리는 그 자리에 딱 맞는 참가자처럼 행동함으로써 행운을 만들었다. 제작진이 자신에게 원하는 것을 줄 수 있도록 설득함으로써 게임에 참여할 가능성을 높였다.

어떤 사람들은 부정적인 생각을 하지 않거나 타인에게 자랑하고 뽐내지 않음으로써 운이 좋아질 가능성을 높인다. 미국의 최고 프로 포커 선수 중 한 명이자 몇 년 전 아틀랜틱시티에서 열린 미국 포커 챔피언십에서 1등 상금으로 50만 달러를 탄 켄 플래튼은 자신이 통제할 수 없는 상황에서 성공하기 위해서는 주어진 기회를 얼마나 잘 활용하느냐가 중요하다고 말했다

"승리하기 위해서는 집중력을 유지해야 해요. 나는 두 가지 중요한 규칙에 따라 머리를 맑게 유지합니다. 부정적인 생각을 머리에서 밀어

내고, 언제나 부정적인 태도를 보이는 사람들을 피하죠. 당신이 훌륭한 포커 선수가 되려면 부정적인 사람이 되어서는 안 돼요. 난 게임을 할 때 끊임없이 내 아내와 아들을 생각하며 내가 그들을 얼마나 사랑하는지를 떠올려요. 그렇게 모든 분노와 불안을 차단하죠.

나는 다른 사람들이 날 운 좋은 사람이라고 생각하길 원하기 때문에 절대 자랑하지 않습니다. 만약 내가 승리를 자랑한다면 상대방은 질투심이 들어 나를 이기기 위해 더 열심히, 그리고 아마도 더 현명하게 플레이할 거예요. 부정적인 생각과 자랑은 실패로 이어지게 되죠. 자신이나 다른 사람들을 비하하기 시작하면 멈추기가 어려워요. 곧 모든 것이 당신을 거스른다고 생각하게 되고, 당신이 가진 문제를 다른 사람들의 탓으로 돌리게 될 거예요. 자랑은 결국 당신의 실제 능력을 과장하게 만들고, 결국에는 자기 자신조차 스스로의 거짓말을 믿고 하지 말아야 할 위험을 감수하게 되는 거죠."

플래튼의 통찰력은 좋은 태도와 관점이 얼마나 중요한지를 설명하는 데 도움이 된다.

"당신이 운 좋아 보이면 사람들은 당신이 원하는 걸 줄 수도 있고, 혹은 질투심에 실수를 저지르기도 해요. 침착한 태도를 유지할 수 있어야 항상 성공할 수 있습니다."

밴드왜건 효과: 왜 성공은 운 좋은 사람을 사랑하는가

우리가 운이 좋다고 생각하는 사람들에게는 좋은 일이 계속 일어난다. 그들 역시 우리와 같은 일시적인 실패를 겪는데도 말이다. 왜 그럴까? 그것은 행운이 운 좋은 사람들을 사랑하기 때문이다. 이 현상은 자신의 운을 개선하려는 사람이라면 누구나 이해해야 할 중요한 개념이다. 당신이 운 좋아 보일수록 더 많은 사람들이 당신을 돕고 보호하려고 할 것이다.

운이 좋아지고 싶은 사람은 좋은 일이 끊임없이 자신에게 일어나게 되는 지점에 도달해야 한다. 일단 당신이 좋은 일을 끌어들이는 사람으로 간주되면, 더 많은 좋은 일이 당신에게 찾아오게 된다. 이것이 앤디 파그Andy Pargh가 말하는 밴드왜건 효과*다. 앤디는 내가 아는 이들 중 가장 친절하고 느긋한 사람 중 하나다. 그는 가전제품과 전자기기를 리뷰하고 그중 자신이 가장 좋아하는 제품을 소비자들에게 알리는 칼럼을 쓰는데, 이 칼럼은 전국적으로 연재된다. 그는 텔레비전 프로그램 〈투데이〉에도 정기적으로 출연하고 〈USA 투데이〉에 칼럼을 연재하며 자신이 좋아하는 신제품을 다루는 새로운 잡지의 편집자이기도 하다. 그는 현재 마흔 네 살이며, 테네시주의 지역 방송 출연자에서 현재는 전국적으로 알려진 브랜드 '가젯 구루'를 통해 전자기기 리뷰 전문가

---

* 다수의 사람이 선택한 흐름에 편승하려는 군중심리.

로 급성장했다. 그가 말하길, 그의 성공 비결은 모든 일을 쉽게 보이게 하고 다른 사람들을 돋보이게 만드는 데 있다. 앤디는 이렇게 말했다.

"제가 세상에서 가장 똑똑한 사람은 아니잖아요. 새로운 전자기기를 리뷰하는 사람들은 많습니다. 차이점은 저나 제 직원들이 하는 일을 큰 노력 없이 성취해 내는 것처럼 보이게 하려고 열심히 일한다는 거예요. 이렇게 하면 저를 상대로 사업하는 사람들이 제가 운이 좋다고 생각하게 만들 뿐만 아니라 그들의 삶도 더 편해지거든요. 그래서 기회가 생길 때 그들은 항상 저에게 먼저 연락해요. 사람들은 자신의 경쟁자들이 이미 당신의 편에 서 있다는 것을 알게 될 때 자신도 당신과 함께 일하기 위해 앞장서서 달려와요. 놀라울 정도로요. 모두들 다른 사람이 가진 것을 갖고 싶어 하잖아요. 일단 사람들이 당신의 밴드왜건에 올라타면, 다른 사람들도 올라타고 싶어 해요. 그다음은 기회를 잘 관리하기만 하면 되죠."

앤디는 다른 사람을 곤란하게 하거나 경쟁자를 넘어뜨리면서 자신을 인기 있게 만들려는 시도는 절대 하지 않는다고 말한다.

"다른 사람들, 특히 경쟁자를 망치면서까지 자신을 인기 있게 만드는 것은 아주 큰 실수예요. 그렇게 하면 스스로 행운을 망치게 돼요. 일단 성공하고 힘이 있는 사람들에게 당신이 성공했다는 사실을 자연스럽게 알리는 게 훨씬 더 이익이 됩니다. 당신이 행복하고 정기적으로 원하는 것을 얻고 있다는 것을 그들이 알게 되면 그들은 당신과 연결고리를 가지고 싶어 할 거예요. 제 직원들과 저는 정말 열심히 일하지만 사람들은 제가 인생을 쉽게 살아간다고 생각해요. 저는 그 이유가 제가 너무 편안해 보이기 때문이라고 생각해요. 당신을 괴롭히는 게 아무것도 없는 것처럼 보이게 만드는 것은 아주 힘든 일이에요."

앤디의 말이 맞다. 만약 당신이 훌륭한 일을 하고 자신의 재능이 마치 신의 선물인 것처럼 보이게 할 수 있다면, 더 많은 행운이 당신에게 찾아올 것이다. 심지어 불가피한 좌절을 마주할 때도 말이다. 내가 앤디를 알고 있는 동안 그는 항상 놀랍도록 긍정적이고 남에게 도움을 주며, 전문성을 갖춘 채 여유로운 모습을 보였다. 우리가 알다시피 그런 인상을 주기 위해서는 노력이 필요하다. 기분이 좋지 않을 때도 밝아야 하고 삶에서 느끼는 실망에 집착하지 말아야 하며, 사람들에게 당신을 알고 있다는 사실을 기분 좋게 여기도록 만들어야 한다. 앤디는 사람들로 하여금 그가 원하는 것을 기꺼이 주고 싶게 만드는 능력이 있다. 왜냐하면 그는 항상 먼저 그들을 돕기 위해 나서기 때문이다. 앤디가 전화를 걸어올 때마다, 그의 목소리는 마치 이렇게 말하는 것처럼 들린다.

"제가 어떻게 도움을 드릴 수 있을까요? 제게 그보다 더 기쁜 일은 없을 거예요."

당신이 다른 사람들의 삶을 편하게 만들어주면 당신은 그들의 수호천사가 된다. 대단한 일에도, 별거 아닌 일에도 언제나 신뢰할 수 있는 사람 말이다. 한번 그런 평판을 얻게 되면 사람들은 당신을 자신의 편에 두기 위해 무엇이든 기꺼이 내어줄 것이다.

내 편은 아니더라도 적은 없어야 한다

"어느 시점에서 나는 전환점을 맞이했고,
항상 어두운 면이 아닌 밝은 면을 볼 수 있게 되었다.
이제 나는 내가 가진 모든 것을 보고 내가 얼마나 운이 좋은지 생각한다."

_미국의 배우, 미셸 파이퍼 Michelle Pfeiffer

인생에서 받는 행운의 양은 당신이 얼마나 운이 좋다고 생각하느냐에 직접적으로 비례한다. 좋은 일이 자주 일어난다고 믿을수록 당신은 더 운이 좋은 행동을 하게 되며, 더 많은 사람들이 당신을 돕고 싶어 할 것이다.

운이 좋다고 생각하면 당신의 낙관주의는 자동으로 얼굴에 드러나고 행동에서도 나타난다. 자신이 운이 좋다고 믿으면 당신은 불패의 기분을 느끼며 어떤 거대한 힘이 당신을 다른 사람들이 겪는 불행으로부터 보호하고 있다고 확신하게 된다. 당신의 낙관주의와 자부심은 높아지며 만나는 모든 사람들에게 분명하게 드러날 것이다. 운이 좋은 태도는 사람들을 매력적으로 끌어들이고 그들이 당신의 목표를 지지하게 만든다.

운이 좋다고 생각하고 행동하려면 당신이 말하고 행동하는 모든 것의 기초가 될 특별한 습관을 개발해야 한다. 이러한 습관을 실천하면 당신은 행운을 만드는 본능과 반사 신경을 가지게 될 것이다. 내가 아는 모든 운이 좋은 사람들은 좋은 운을 끌어들이는 기초를 마련하는 이러한 필수적인 습관을 실천하며 살아간다.

책임을 회피하지 말고, 원한을 품지 마라

문제나 실패에 대한 책임을 지지 않으려는 사람들이 있다는 사실은 언제나 놀라운 일이다. 그들은 자신을 변명하기 위해 즉시 다른 사람들을 탓한다. 물론 스스로에게 책임을 지운다는 것은 자신의 실수와 마주해야 하는 것이기 때문에 괴롭게 느껴질 수밖에 없다. 하지만 일단 한 번 다른 사람을 탓하기 시작하면 그것은 쉽게 고치기 어려운 습관이 된다.

물론 어떤 일들은 정말로 다른 사람들의 잘못이기도 하다. 하지만 책임 회피는 항상 당신의 운을 갉아먹는다. 결국 당신은 실수를 다른 사람에게 떠넘기며 합리화하기 시작할 것이다. 예를 들어 당신이 일을 마치지 못할 경우 회의가 너무 많거나 직원들이 당신을 방해했기 때문이라고 탓할 수 있다. 또는 프로젝트가 완성될 때까지 다른 사람들에게 충분한 시간을 들여 원하는 결과물에 대해 설명하지 않았으면서 이후에 완성된 최종 결과물이 기준에 미치지 못한다며 다른 사람들을 탓할 수 있다.

스스로 책임지는 대신 다른 사람을 탓하게 되면 당신은 부정적인 인상을 남기게 된다. 사실상 당신은 "그건 내 잘못이 아니야. 나는 절대 잘못한 게 없어"라고 말하는 것과 같다. 아무도 변명하는 사람을 돕고 싶어 하지 않는다. 변명은 항상 투정처럼 들린다. 당신이 늘어놓은 변명이 당신을 보호하기 위한 것이 아닌 그저 상황에 대한 설명이라 하더라도 그것은 핑계로 들리기 마련이다.

변명은 패배자, 거짓말쟁이, 그리고 실패자들의 언어이지 승리자들의 언어가 아니다. 텔레비전에서 프로 운동선수들이 인터뷰를 할 때 그들은 절대 패배의 원인을 다른 사람에게 돌리지 않는다. 그들은 상대 팀이 공격적이고 강력했다고 칭찬할 수 있지만 절대 "내가 공을 더 많이 잡았더라면" 또는 "해가 너무 밝았다"라고 말하지 않는다. 그 이유는 실수나 실패에 대해 변명하는 것이 자멸의 길이라는 교육을 받았기 때문이다. 한번 변명을 시작하면 자신의 성과나 행동을 개선하기 위한 조치를 취하지 않게 된다.

> ☑ **변명하는 사람이 되지 않기 위한 훈련법**
>
> - 실수는 자연스러운 것이라는 걸 인정하고 실수로부터 배움을 얻기.
> - 일이 잘 풀리지 않았다면 다음번에는 무엇을 다르게 할지 적어보기.
> - 앞서 정리한 내용을 소리 내어 말하거나 녹음해서 다시 들어보기.
> - "그건 내 잘못이었어. 어떻게 해결할 수 있을지 생각해 보자"라고 소리 내어 말해보기.

책임감은 운을 불러온다

당신이 통제할 수 있는 문제에 대해 책임을 질수록 운은 더 좋아진다고 스스로에게 말해보자. 통제할 수 있는 일에 대한 책임을 받아들이는 것은 항상 고귀한 행동으로 간주된다. 책임감을 보이면 그 즉시 당신은 도움을 받을 자격이 있는, 좋은 인격의 소유자로 여겨진다. 사람들은 당신의 힘과 용기를 존경하게 될 것이다. 책임을 받아들이는 것은 당신이 정직하다는 것을 나타내기도 해서 사람들이 당신에게 기회를 제공하고 싶어 하게 만든다. 책임을 받아들이는 것이 당신을 조금 결점 있는 사람으로 보이게 하더라도 괜찮다. 약간의 불완전함이 있어야 도움을 받을 수 있다. 만약 실수에 대한 책임을 지는 것에 대해 의심이 든다면, 그 책임을 지는 것이 옳다. 그것으로 인해 항상 존경받게 될 것이다.

그런데 만약 실수가 명백히 다른 사람의 잘못이라면 어떻게 해야 할까? 그 사람에게 원한을 품어야 할까? 일부 사람들은 원한을 품는 것이 우리를 더 공격적이고 경쟁적으로 만들기 때문에 오히려 긍정적인 힘을 가졌다고 믿는다. 물론 그 말도 맞을 수 있다. 하지만 원한을 품는 것은 당신을 운 좋게 만들지 않고 오히려 운을 나쁘게 만든다. 당신에게 해를 끼쳤거나 해를 끼치려해서 그 사람에게 원한을 품는다면 결국 당신에게 돌아올 기회도 제한된다.

원한을 품고 있으면 스트레스와 분노가 쌓이고 결국 당신을 도울 수 있는 사람들의 눈에 당신의 이미지를 망치는 행동이 표출되는 것으로 이어진다. 적대적인 행동은 그 행동을 목격한 사람들에게나 그것을 들은 사람들에게 쉽게 잊히지 않는다. 장기적으로 봤을 때, 지나치게 감정적인 행동은 결코 긍정적으로 평가되지 않는다. 어쩌면 원하는 결과를 빨리 얻을 수는 있겠지만 많은 사람들이 당신을 두려워하게 만들 것이고, 다른 사람들에게 좋은 기회가 생겼을 때 그것을 당신과 공유하려 하지 않을 것이다.

원한은 처음에는 강렬한 사적인 감정으로 시작되지만 결국 소문이나 행동을 통해 표면으로 드러난다. 원한을 공공연하게 드러내는 순간 당신은 당신이 마실 우물에 독을 탄 것이나 마찬가지다. 그럼에도 사람들이 여전히 당신을 도울 수도 있다. 하지만 그들이 건네는 도움은 대게 선한 의도가 아니라 그저 당신이 원함을 품은 그 사람에게 더 화를 내고 나쁘게 구는 것을 보기 위한 부추김일 뿐이다. 원한을 버리도록 부정적인 생각을 제한하면, 긍정적인 사고를 통해 진정으로 당신에게 중요한 것들에 집중할 수 있게 된다. 결과적으로 솔직하고 긍정적인 사람이라는 이미지까지 만들어낼 수 있다.

> ☑ **원한을 버리는 습관의 비밀**
>
> - 당신에게 해를 끼친 사람들을 피하거나 무시하라. 상대가 당신을 방해하기 위해 한 모든 일이 사실은 당신을 더 강하게 만들고, 당신에게 득이 되는 자원이 풍부해지게 만들었다고 스스로에게 말하라.
> - 당신이 싫어하는 사람에 대해 공개적으로 이야기하지 마라. 당신의 원한은 더 커지고, 대외적인 이미지만 손상될 것이다.
> - 만약 그 사람에 대해 이야기해야 한다면, 긍정적으로 묘사하라. 그 사람을 비난하는 대신 "그 사람이 조금만 더 친절했으면 좋겠어요. 아마도 지금 스트레스를 크게 받고 있나 봐요"라고 하면 된다.

이렇게 원한을 묻어두거나 최소한 통제할 줄 알게 되면 당신은 더 긍정적으로 사고할 수 있게 된다. 다른 사람들에게 당신은 함께하고 싶은 사람으로 여겨질 것이며 그렇게 모인 사람들은 당신이 성공하도록 도울 것이다.

말에 진심을 담고, 험담은 피하라

진심 어린 칭찬은 항상 사람들을 기분 좋게 만들고 그 결과 사람들은 당신에 대해 좋은 감정을 갖게 된다. 어떤 사람들은 칭찬을 단순히 아첨으로, 즉 무언가를 얻기 위해 사람을 조종하거나 아부하는 시도로 생각한다. 하지만 칭찬과 아첨 사이에는 큰 차이가 있다. 칭찬은 진정성이 뒷받침되며 당신이 말하는 것을 진심으로 느끼고 있다면 사람들을 기분 좋게 만드는 것은 아무런 문제가 없다.

운이 좋은 사람들은 칭찬을 할 때 자신을 표현하는 데 매우 능숙하다. 그들의 칭찬은 항상 자연스럽게 느껴지는데 그들은 자신의 말에 진심이기 때문이다. 우리가 운이 좋은 사람이라고 생각하는 누군가가 우리에게 칭찬을 건넸을 때 우리는 그의 동기를 의심하지 않는다. 그 칭찬을 들으면 기분이 좋아지고, 그들이 원하는 것을 기꺼이 주고 싶어진다.

따라서 칭찬을 할 때의 첫 번째 단계는 당신이 말하는 것을 당신 스스로가 진심으로 믿는 것이다. 진심이 아니라면 차라리 아무 말도 하지 않는 것이 낫다. 두 번째 단계는 칭찬이 잘 받아들여질 때만 칭찬을 하는 것이다. 예를 들어 누군가의 체형을 칭찬하고 싶을 때, 정작 당신이 진심을 다해 정직하게 말할 수 있을지라도 그 사람이 과체중이라면 오히려 부정적인 인상을 줄 수 있다. 가장 강력한 칭찬은 겉으로 드러나지 않는 것을 칭찬하는 것이다. 이렇게 하면 당신의 칭찬은 개인적이고 진실하며 따뜻하게 받아들여질 것이다. 당신이 건넨 칭찬이 따뜻하게 받아들여지면 당신도 따뜻하게 받아들여지고 다른 사람들로부터 도움을 받을 가능성이 높아진다.

☑ **상대를 기분 좋게 만드는 칭찬들**

- 그 사람이 입은 옷에 대한 칭찬을 하라. 옷에는 개성과 성격이 반영되어 있고, 누구나 자신의 패션에 대해 완전한 자신감을 가지기는 어렵다. 같은 이유로 헤어스타일에 대한 칭찬도 좋다.
- 업무 능력에 대한 칭찬을 하라.
- 개인 소지품이나 가구, 예술 작품, 음악, 음식처럼 취향을 반영해 고른 것들을 칭찬하라.
- 그 사람이 가진 관대함에 대한 칭찬하라.

- 업무 습관, 보고서, 프레젠테이션 등 완벽하게 하기 위해 그 사람이 열심히 노력하는 것들에 대해 칭찬하라.

☑ 역효과를 내는 칭찬들

- 체중을 감량한 것에 대한 칭찬은 하지 않는 게 좋다. 너무 사적인 영역이고, 감량 전에는 상대가 뚱뚱하다고 생각했다고 전해질 수 있다.
- 결과가 나쁘게 난 일에 대해서는 칭찬하지 마라. 누구도 잊고 싶은 상황을 떠올리며 동정받고 싶어 하지 않는다.
- 공개적인 회의에서 동료에게 무례한 비난을 퍼붓는 것처럼, 누군가가 한 비열한 행동에 대해서는 칭찬하지 않아야 한다. 사람들은 대부분 그런 행동을 거북하게 여기고, 다시 떠올리고 싶어 하지도 않는다.
- 상대의 눈에 대한 칭찬은 영화에선 멋지게 들리지만 실제로는 가식처럼 보일 수도 있다.
- 유머 감각에 대한 칭찬도 조심해야 한다. "당신 진짜 웃기네요"

> 라고 말하면 사람들은 방어적으로 변할 수도 있다. "그거 재밌네요"라고 말하되, "당신 웃겨요"라고는 하지 마라.
> - 남자친구, 여자친구처럼 언젠가 이별할 수도 있을까 봐 걱정하는 것들에 대해서는 칭찬하지 않는 편이 좋다.

운이 좋은 사람들은 칭찬을 잘 전달하는 방법을 잘 알고 있다. 그들은 자신의 칭찬에 진정성이 담겨 있음을 강조할 줄 안다. 때로는 진심 어린 칭찬을 전달하는 것만으로는 충분하지 않기도 하다. 진정성을 강조하기 위해 칭찬에 마음을 담아 전달할 필요가 있다. 예를 들어 "이거 진심으로 말하는 건데, 당신은 일을 처리하는 데 있어 놀라울 정도로 뛰어나요. 정말이에요"라고 말하면, 상대방의 겸손을 극복하고 마음 깊이 다가갈 수 있다. 하지만 진정한 칭찬이 가식적으로 들리기 전에 멈추는 것이 중요하다.

당신의 칭찬이 진심으로 다른 사람을 감동시킬 때 그 사람은 당신에 대해 좋은 감정을 갖게 된다. 더 많은 사람들을 기분 좋게 만들수록 더 많은 기회를 끌어들일 가능성이 높아진다. 사람들은 자신을 기분 좋게 만드는 사람들을 돕고 싶어 한다. 그런 사람들은 특별하고, 심지어는 운이 좋은 사람으로 여겨지게 된다.

세상만사를 모두 아는 것처럼 행동하지 마라

아는 것을 뽐내지 않는 행동은 개발하기 어려운 습관 중 하나다. 이 책을 읽고 있다면, 당신은 분명히 똑똑한 사람일 테지만, 똑똑한 사람들은 자신의 지식을 과시하고 싶어 한다. 지식을 과시하는 것은 중독성이 있다. 자신의 탁월함에 너무 빠져서 다른 사람의 말을 듣지 않게 될 수 있다. 다른 목소리를 무시하고 당신의 방식만이 유일한 방식이라고 생각하게 된다.

모든 것을 아는 척하는 사람들은 두 가지 이유로 호감이 가지 않고 운이 나쁘다. 그런 사람들의 행동과 태도는 그들을 도울 수 있는 사람들과의 연결고리를 단절시키고, 스스로 자급자족하는 모습을 통해 타인에게 도움을 받을 수 있는 가능성을 제거한다. 즉, 너무 똑똑해서 오히려 불리한 상황이 되는 것이다. 그렇다면 모르는 것을 아는 척하는 습관은 어떻게 고쳐야 할까? 똑똑한 척하지 않고도 똑똑한 사람처럼 보이는 몇 가지 방법을 살펴보자.

▎ 발언 대신 질문을 하라

다른 사람에게 자신의 생각에 대해 뭔가를 설교하고 싶거나 그들이 꺼낸 이야기를 자신의 이야기로 이어가고 싶은 마음이 든다면 대신 질문을 하라. 내가 아는 한 운이 좋은 사람은 이것을 '왜 그렇죠 비법'이라고 부른다. 그는 자신의 의견을 말하고 싶은 충동이 들 때마다 대신

"그거 흥미롭네요······. 왜 그렇죠?"라고 질문한다.

▎답변을 듣는 훈련을 하라

편집자이자 작가로서 나는 많은 기자들을 알고 있다. 내가 아는 최고의 기자들은 훌륭한 청자들이다. 그들은 훌륭한 의견, 새로운 시각, 그리고 자신이 작업하고 있는 자료에 대한 통찰력을 얻기 위해 훈련을 받았다. 타인의 말을 잘 경청하기 위해 노력하는 한 가지 방법은 메모를 하는 것이다. 내가 아는 어느 운 좋은 사람은 상대의 말을 듣고 있는 동안 자신의 입술에 손가락을 대어 침묵을 유지해야 한다는 것을 상기시키는 방법을 사용한다. 과거에 모든 것을 아는 척했던 또 다른 운이 좋은 사람은 자신이 차 안에 있다고 상상함으로써 다른 사람이 말하는 내용에 집중한다고 말한다. 누군가가 말할 때, 그는 정신적으로 중립 상태로 전환하여, 마음을 수용 상태로 만든다.

▎대화를 마무리 짓는 마지막 말을 하려고 하지 마라

모든 것을 아는 척하는 사람들은 자신의 이야기로 다른 사람의 이야기를 덮으려는 경향이 있다. "그 이야기를 하니 생각나네요, 그때 제가······." 이렇게 꺼낸 일화들은 거의 환영받지 못한다. 비록 그 이야기가 훌륭할지라도 말이다. 당신은 항상 다른 사람의 이야기에 자신의 이야기를 덮으려는 것처럼 보이고 상대방이 이야기에서 느낀 기쁨을 가로막게 된다. 항상 마지막 말을 하거나 옳다고 주장하는 사람들은 함께 있거나 도와주고 싶은 마음이 들지 않는 사람으로 여겨진다. 다른 사람들이 말하는 것에 진정으로 관심을 가지게 되면 이는 황금빛 기회로 이어질 수 있는 정보를 얻게 될 것이다.

▎스스로를 유쾌하게 바라보라

자기 자신을 너무 진지하게 여긴다면 아무도 당신이 운이 좋다고 생각하지 않을 것이다. 모든 사람에게는 다른 사람을 웃게 만드는 기벽이나 습관이 있다는 사실을 받아들여야 한다. 이 사실을 받아들이면 다른 이들과 함께 웃을 수 있고 당신에게 던지는 가벼운 농담에 너무 상처받지 않게 된다. 내 운이 좋은 친구들은 사람들이 그들을 놀릴 때, 비록 종종 그 말이 아플지라도, 자신이 먼저 웃는다고 말한다. 심지어 스스로를 비하하는 농담을 덧붙여 포인트를 강조하고 감정이 상하지 않았음을 보여준다.

사람들이 당신을 가볍게 놀린다는 것은 그들이 당신을 부러워하거나 당신과 함께 있을 때 매우 편안하기 때문에 거침없이 대화를 주고받고 있다는 것을 의미한다. 이러한 말을 들으면 악의적인 공격이나 배신으로 간주하지 말고 칭찬으로 받아들여라. 만약 그것들을 공격으로 느끼게 된다면 당신이 스스로를 너무 심각하게 받아들이고 있을 가능성이 있다.

가지지 못한 것을 추구하면서 이미 가진 것에 감사하라

우리는 삶을 자신의 뜻대로 만들기 위해 노력하는 과정에서 이미 우리에게 일어난 많은 훌륭한 일들을 잊어버리기 쉽다. 원하는 것을 얻지 못해 화를 내기보다는 이미 가진 것에 감사하는 것이 인간의 본성이다. 내가 아는 한 여성이 있다. 그녀는 까다로운 상사 밑에서 일했지만 항상 밝은 태도를 유지했다. 그녀는 늘 미소를 짓고 남을 기꺼이 도왔으며 한 번도 화를 내지 않았고 부정적인 기분에 빠져 있는 것처럼 보이지 않았다.

어느 날 나는 그녀에게 어떻게 항상 그렇게 좋은 기분을 유지할 수 있는지 물어보았다. 그녀는 이렇게 말했다.

"오, 여기서 하는 일은 다 쉬워요. 제 아들이 최근에 병원에서 화학요법을 받았어요. 그런 일이 일어나면 다른 모든 것들이 정말 사소해 보이죠. 스트레스를 받거나 힘들어 보이는 일들 대부분이 사실 그렇게 어렵지 않아요. 대부분은 그다음 날이나 다음 주에 사라져요."

행운을 개선하려 할 때 지금까지 당신이 이룬 것을 깊이 생각하고 그것에 감사해야 한다. 이는 꿈을 이루려는 노력을 멈추라는 의미는 아니다. 하지만 당신이 이미 많은 훌륭한 것을 가지고 있으며 하룻밤 사이에 인생이 훨씬 더 나빠질 수 있다는 사실을 인식한다면, 삶과 목표에 대한 태도가 달라질 것이다. 건강, 가정, 가족의 사랑, 그리고 당신의 재능과 기술에 감사한다면, 불운에 괴로워하지 않게 되며 일이 뜻대로 되지 않을 때도 쉽게 포기하지 않을 것이다. 대신 당신의 행운의 생생한 패턴을 인식하고 그것을 더 많이 끌어들이는 데 집중할 수 있다.

당신의 삶을 새로운 시각으로 바라보는 한 가지 방법은 〈뉴욕 타임스〉나 다른 전국 신문의 해외 기사를 읽는 것이다. 아프리카나 동유럽에서 벌어지는 무고한 사람들의 학살과 파괴에 대해 읽고 나서, 가게에서 줄을 서서 기다려야 한다고 괴로워하거나 직장에서 실수했다고 우울해할 수 있는 사람은 없을 것이다. 당신에게 닥친 어려움을 그보다 삶이 훨씬 더 어려운 사람들의 것과 비교할 때, 당신의 삶은 그리 비참하게 느껴지지 않을 것이다.

☑ 가진 것에 감사하기 연습법

- 당신의 삶이 멋진 인생이라는 것을 깨달아라. 내일 아침에 눈을 떴을 때 지금 당신이 가진 모든 것이 사라졌다고 상상해 보라. 건강, 재능, 기술, 직업, 가족 등 모든 것이 말이다. 그때 당신의 첫 번째 생각은 그것들을 모두 되돌리고 싶다는 것일 것이다. 이제, 그 모든 것을 지금도 가지고 있다는 사실을 기억하라.
- 당신이 95세라고 상상해 보라. 지난날을 돌아볼 때 현재 당신의

> 나이에 대해서는 어떤 점을 감사하게 여기게 될까? 그리고 어떤 점들을 더 활용했으면 좋았을까?
> - 당신보다 운이 덜 좋은 친구들을 생각해 보라. 사랑하는 사람, 당신만의 특별한 속성, 창의적인 정신 등 다른 사람들보다 더 많이 가진 것들에 대해 감사함을 느껴보자.
> - 만약 자녀가 있다면 아이들을 더 자세히 살펴보라. 아이들이 당신에게 가져다주는 기쁨을 생각해 보는 것이다. 당신이 지금보다 더 나이가 들고 머리가 희끗희끗해지면 각자의 삶을 사는 아이들이 더 자주 연락을 해주길 바랄 것이다. 또한 아이들이 지금처럼 천진난만한 어린 나이로 돌아간다면 얼마나 좋을지 소망할 것이다.

운이 좋은 사람들은 항상 자신들의 현재 삶을 자신보다 운이 덜 좋은 다른 사람들의 삶과 비교하며 생각한다. 이는 스스로가 얼마나 행복하고 운이 좋은지를 즉시 깨닫게 해준다. 당신이 얼마나 운 좋은 사람인지를 깨달을 때, 당신이 하고 있는 일과 가고 있는 길에 대해 훨씬 더 긍정적으로 느끼게 될 것이다. 당신이 더 긍정적인 사람으로 보일수록 더 많은 사람들이 당신이 원하는 것을 얻도록 돕고 싶어 할 것이다. 그것은 아주 자연스러운 일이다.

단정한 인상은 운을 부른다

운이 좋아 보이는 것은 멋지게 차려입거나 비싼 옷을 입거나 유행을 따르는 것이 아니다. 운이 좋아 보이는 것은 깔끔함에 관한 것이다.

당신이 얼마나 깔끔해 보이는가는 생각보다 훨씬 중요하다. 어느 회사에서 정장 대신 캐주얼한 복장으로 출근하는 걸 허용하는 날을 만들었는데, 사람들이 자신의 개성을 드러내는 멋진 기회가 되었다. 하지만 사람들은 한번 옷을 편하게 입으니 캐주얼한 복장을 허용하는 날이 아닌 데도 점점 더 편안한 옷만 입게 되었다. 심지어 금요일이면 직원들의 옷차림은 거의 늘어지는 주말 오후 같았다. 깔끔한 슬랙스 바지는 편한 면바지로 바뀌고, 그다음에는 깔끔한 청바지로, 결국에는 낡은 청바지로 변했다. 빳빳한 셔츠는 넉넉한 블라우스가 되었다가 결국 스웨터로 변하기도 했다. 깔끔한 차림으로 눈에 띄는 것이 지금처럼 쉬웠던 적은 없다.

단정하고 잘 정돈된 모습이 중요한 이유는 자존심이나 자아 존중감 때문이 아니다. 단정한 모습이 다른 사람들에게 좋은 느낌을 주기 때문이다. 깔끔한 모습을 위해 시간을 들였을 때 당신은 주변 사람들에 대한 존중을 표현하게 된다. 옷이 가진 색상과 질서를 통해 주변 분위기를 개선하면, 사람들은 당신에 대해서 긍정적으로 생각하는 것은 물론이고 기분까지 좋아지게 된다.

운이 좋아 보이는 것은 개인의 스타일에 관한 것이기도 하다. 회사의 오너나 억만장자가 아닌 이상, 집에서 입는 후줄근한 옷을 입고 다니는 사람은 운 좋은 사람처럼 보일 수 없다. 다른 사람들이 당신에게 커리어에 도움이 될 만한 기회를 제공하거나 이성과의 만남을 주선해 주길 원한다면 그들이 자랑스럽게 당신을 소개할 수 있도록 눈에 띄고 세련된 모습을 갖추어야 한다.

나는 정치계와 문화계의 엘리트들을 위해 화려한 파티를 여는 한 저명한 여성을 알고 있다. 그녀는 자신의 집을 자랑하기 위해 파티를 여는 게 아니라고 내게 말했다. 그저 파티에 참석한 손님들이 특별하고 멋진 시간을 보낼 수 있도록 모든 것이 완벽하길 원한다고 한다. 오히려 손님들이 집을 떠나면서 그녀의 화려한 집에 대해 이야기하고 있으면 무언가 잘못되었음을 느낀다고 한다. 그녀는 손님들이 떠나면서 "정말 멋진 시간이었어요. 음식도 정말 맛있고, 파티에서 만난 사람들도 너무 멋졌어요. 파티에 함께하게 돼서 너무 즐거웠어요"라고 말하길 원한다.

운이 좋아 보이는 것은 그와 매우 유사한 일이다. 깔끔하고 색감 있게 옷을 입는 목적은 사람들이 당신이 얼마나 멋진 스타일을 가지고 있는지나 얼마나 많은 돈을 가지고 있는지를 보여주기 위한 것이 아니다. 그것은 사람들이 당신을 볼 때 기분이 좋아지게 하기 위함이다. 색상과 조화는 사람들에게 심리적으로 긍정적인 영향을 미친다. 당신이 잘 정돈되고 매력적으로 옷을 입으면 다른 사람들은 당신에게 따뜻한 감정을 느끼게 되고, 그들의 감각이 긍정적인 방향으로 자극된다.

기회를 얻기 위해 어떻게 옷을 입어야 하는지 알아보고자 나는 운이 좋은 친구들을 대상으로 설문조사를 했다. 그들이 누군가에게 기회를 주거나 거절하는 상황에서 가장 중요하게 생각하는 상대의 옷차림에 대해 물었다. 그들이 내게 말해준 것들은 다음과 같다.

> ☑ **사람의 마음을 얻는 좋은 옷차림 습관**
>
> - 머리카락이 잘 정돈되어 있는지 확인하라. 머리 관리는 당신의 업무 습관과 당신이 가진 야망에 대해 많은 것을 말해준다.
> - 신발에 광택이 나는지 확인하라. 반짝이는 신발만큼 운 좋은 사람처럼 보이게 하는 것은 없다.
> - 셔츠는 깨끗하게 세탁하고 빳빳하게 다림질해야 하며, 블라우스는 드라이클리닝을 해야 한다. 세련된 액세서리를 착용하는 것도 중요하다. 셔츠, 블라우스, 신발, 벨트가 깔끔하다면 당신이 입고 있는 정장은 중요하지 않다.
> - 안경테는 패션 감각을 드러내는 게 아니라, 당신의 지성을 나타내는 아이템이다.

> ☑ **당신의 진가를 가리는 나쁜 옷차림 습관**
>
> - 풀어지기 쉬운 금요일이든 날씨가 나쁜 날이든 옷차림을 소홀히 하지 마라. 깔끔한 복장은 날씨가 안 좋을 때도 사람들에게 좋은 인상을 줄 것이다.
> - 나이보다 더 젊어 보이려는 옷차림을 하지 마라.
> - 요란한 넥타이나 큰 귀걸이는 하지 않는 게 좋다.
> - 지나치게 트렌디하거나 레트로 풍인 옷을 입지 마라. 과도한 스타일은 당신의 성격과 지성이 가진 힘을 산만하게 한다.

인내하라

운이 좋은 사람들은 결코 안주하지 않는다. 휴식을 취할 때도 있지만 항상 움직이며 기회나 인맥을 찾는다. 운이 좋은 사람들은 항상 자신을 발전시키려고 노력하며, 마감 기한을 중요하게 생각한다. 그러나 언제 쉬어야 하는지도 잘 알고 있다.

내 친구 중 한 명은 회사에서 자신과 같은 직책으로 새로 고용한 사람이 자신보다 더 적은 경력을 가졌다는 사실을 알고 크게 실망했다.

상사는 부서에 젊은 피가 필요하다고 생각했다고 말했다. 그 사람이 채용되자마자 상사는 그를 칭찬하기 시작했고 이는 다른 직원들의 불만을 만들어냈다. 내 친구는 상사가 잘못 판단했다고 생각했다. 그는 새로운 직원이 몇 가지 큰 성격 결함이 있다는 것을 즉시 알아차렸다. 첫째, 그는 정치적으로 매우 현명하지 못했다. 둘째, 그는 일을 효율적으로 처리하지 못했다. 셋째, 그는 자만심이 강했으며, 이는 결국 상사와 충돌하게 될 것이었다.

내 친구는 두 가지 선택지가 있다고 말했다. 그 사람과 정면으로 맞서 회의에서 그에게 계속 도전적으로 대하고 주요 경쟁 관계를 형성할 수도 있었고, 아니면 그를 도우면서 소란을 피우지 않을 수도 있었다. 그는 두 가지 선택 모두 불편하다고 느꼈기 때문에 나는 중간 길을 제안했다. 나는 친구에게 그 사람이 실수를 저지를 때까지 기다리라고 조언했다. 내가 취미로 낚시를 즐기는 사람은 아니지만, 때로는 물고기를 지치게 할 때까지 기다렸다가 천천히 낚아 올리는 것도 물고기를 잡는 방법이 된다는 건 알았기 때문이다. 내가 조언한 것은 두 가지였다. 하나는 그 사람이 업무적으로 뛰어나다면 당신은 그의 친구로서 함께 성공할 것이라는 사실이고, 나머지 하나는 만약 그가 그렇지 못한다면 결국 실수를 저지르고 그 실수는 그에게 치명적인 결과를 낳을 거라는 거였다.

그래서 내 친구는 그를 지원하기로 했고 다른 사람들에게도 자신이 도와주고 있음을 알렸다. 결국 그 사람이 해고되었을 때 내 친구는 승진했다. 회사 사람들은 내 친구가 운 좋게 살아남았다고 생각했다. 그러나 그가 내게 말해준 비결은 친절하게 지원을 제공하면서도 눈에 띄지 않게 기다리는 것이었다. 만약 그가 공개적으로 화를 내거나 그를 방해했다면, 능력이 부족한 상대 또한 해고를 면하는 건 아니었겠지만 내 친구가 그 원인으로 보였을 것이고, 그가 이기적인 동기 때문에 새로운 직원을 방해한다는 인식을 남겼을 것이다.

> ### ☑ 시간을 내 편으로 만들어 경쟁자를 이기는 비결
>
> - 경쟁자의 결점을 파악하라.
> - 다른 사람들이 그 결점을 인식하는지 지켜보라.
> - 경쟁자를 지원하라는 요청이 있으면 기꺼이 그 일을 하라.
> - 절대로 경쟁자를 헐뜯지 마라.
> - 만약 경쟁자가 성공하면 그와 동맹이 돼라. 만약 그가 실패하면 당신의 가치는 팀 플레이어로서 더욱 높아질 것이다. 어느 쪽이든 당신은 원하는 것을 얻으면서 운이 좋은 사람으로 보이게 될 것이다.

질투심을 반드시 극복하라

　인간이 느끼는 가장 파괴적인 감정 중 하나는 질투다. 질투는 우리를 쓰라리게 만들며 긍정적인 에너지를 약화시키고 운과 기회를 망치는 실수를 하게 만든다. 당신이 질투심이 많은 사람으로 보이기 시작하면 더 이상 운이 좋은 사람으로 여겨질 수 없다. 운이 나쁜 사람들만이 다른 사람들의 행운에 대해 쓰라려하고 자질구레한 감정을 느낀다.

　어떤 이들은 질투가 목표 달성을 위한 원동력이라고 생각한다. 질투가 없다면 성공을 위한 의욕도 없을 것이라고 믿는다. 나는 다르게 생각한다. 질투는 종종 우리가 도달할 수 없는 목표를 설정하게 만들고 잘못된 사람들과 경쟁하게 하여 실패와 자기혐오에 빠지게 한다.

　사랑에 있어 우리는 종종 우리가 원하던 남자나 여자가 다른 사람과 함께 있을 때 질투를 느낀다. 직장에서도 우리는 상사나 매니저와 자연스럽고 친밀한 관계를 맺고 있는 사람을 질투할 수 있다. 우리 모두 그것을 원하기 때문이다. 사람들은 다른 사람들이 가진 고급 승용차나 커다란 집, 인생을 바꿀 기회를 원한다. 그것들이 자신을 행복하게 만들 것이라고 생각하기 때문이다. 그러한 욕망은 긍정적일 수 있지만 그것에 사로잡혀 눈이 멀지 않는 한에만 그렇다. 그러나 질투는 너무 자주 우리가 원하는 것을 가진 사람들을 헐뜯게 만들고, 우리를 작은 사람처럼 보이게 하며, 운이 나빠 보이게 만든다. 질투는 운을 부식시키는 산성 같은 감정이다.

> ☑ 행운을 파괴하는 질투심을 없애기 위해 스스로에게
> 말해야 할 것들
>
> - 나는 오직 나 자신과 경쟁하고 있다.
> - 결국 나는 내가 원하는 것을 가질 것이다.
> - 다른 사람이 가진 것 중 내가 원하는 것이 있을 때, 실제로 그것은 내가 생각하는 것만큼 좋지 않을지도 모른다. 그건 아무도 모른다.
> - 내가 이미 가진 멋진 것들 중 다른 사람들이 가지고 싶어 하는 것은 무엇인가?

우리에겐 내일이 있다

인생이 당신의 뜻대로 되지 않을 때 그날을 그냥 힘든 하루로 여기고 넘어가라. 그렇게 해야 한다. 그렇지 않으면 미쳐버릴 수도 있다. 어느 날 벌어진 어떤 일이 얼마나 나쁘게 보이든 다음 날이 되면 거의 항상 더 나아진다. 지금 해결할 수 없는 문제도 조금의 다른 관점과 수면이 있으면 해결될 수 있다.

나는 하루에 서너 개의 기사를 편집해야 하는 날이 있다. 많은 기사들은 재구성이 필요하고 눈길을 사로잡을 새로운 첫 단락이 필요하다. 때로는 해결책이 바로 떠오르지만 다른 때는 화면을 바라보며 제대로 된 문장조차 구성할 수 있을지 고민한다. 그런 느낌이 들 때면 나는 그 기사를 닫고 다음으로 넘어간다. 흥미롭게도 다음 날 그 문서를 다시 열어보면 한 시간이 걸려도 해결하지 못했던 문제들이 몇 분 만에 해결되는 경우가 많다.

모두가 경험했듯이 셔츠 단추가 떨어지거나 스타킹이 찢어지거나 타이밍이 전혀 맞지 않는 날들이 있다. 이러한 실수들은 종종 연달아 일어나지만 곧 우리는 균형을 회복하며 자연스레 해결된다.

작은 문제들이 저절로 해결될 것이라고 한 번 가정하면 우리는 그것들을 즉시 해결하기 위해 시간을 낭비하지 않게 된다. 내가 아는 가장 성공하고 운이 좋은 사람들은 이 개념을 잘 이해하고 있다. 그들은 즉시 해결할 수 없는 문제에 대해 고민하지 않는다. 예를 들어 직원들 사이에 갈등이 생기는 등 큰 관리 문제에 직면할 때, 그들은 즉시 행동하지 않는다. 먼저 감정이 식을 시간을 준다. 또는 "바로 처리할게요"라고 말하고 약간의 시간을 두어 감정적인 열기가 식도록 한다.

문제를 해결할 시간을 주는 것은 스트레스를 줄이는 데도 도움이 된다. 보드룸 출판사의 회장인 마틴 에델스턴은 이 부분에서 대가다. 그가 90명의 직원을 관리하는 모습을 지켜보는 것은 정말 놀라운 일이다. 그는 매일 중요한 인사 및 사업에 관한 결정을 내려야 하지만 잘못된 결정은 거의 내리지 않는다. 그의 비결이 뭐냐고? 바로 문제가 민감할수록 더 많은 시간을 들여 문제를 모든 각도에서 신중하게 생각하고 관련된 모든 사람들이 이완되도록 하는 것이다. 충분히 떨어져서 편안하게 모든 상황을 고려해야 좋은 판단을 내리고 확고한 결정을 내릴 수 있다.

☑ 성공한 사람들이 난관에서 빠져나오는 비법

- 어떤 문제도 즉시 해결되어야 할 만큼 중요하지 않다고 스스로에게 말하라. 사람들이 급한 일이라고 말하고 있기 때문에 단지 그렇게 보일 뿐이다.
- 상황에 대해 잘 알아보고 모든 단점과 장점을 고려하라. 필요한 경우 메모를 하며 정리하라.
- 이완하는 법을 배워라. 긴장은 스트레스의 주요 원인이다. 상황이 어려워질 때 속도를 늦추고 깊이 숨을 쉬고 결정을 미루라고 스스로에게 말하면, 많은 문제들이 저절로 해결된다는 것을 알게 될 것이다. 당신이 가진 운 좋은 사람이라는 이미지를 훼손하지 않으면서도 말이다.

어려움을 웃어넘기고 모든 문제를 해결 가능한 것으로 생각하는 사고방식을 가지면 나뿐만 아니라 다른 사람들까지 이완시킬 수 있고, 안정을 찾은 사람들은 당신에 대해 좋은 감정을 가지게 된다. 그들이 이완될수록 당신을 평가하는 수준이 올라간다. 당신은 더 강하고 지혜롭고 운이 좋은 사람처럼 보일 것이다.

인맥을 위해 대단한 투자를 해야 할까?

"행운이란 자기 스스로 운이 좋다고 믿는 것이다."

_《욕망이라는 이름의 전차》의 저자, 테네시 윌리엄스Tennessee Williams

사고방식을 바꾸기 시작했다면 다음 단계는 자신의 꿈과 그 꿈을 실현하는 데 도움을 줄 수 있는 사람들을 식별하는 것이다. 많은 사람들이 명확한 계획 없이 행운을 만들려고 한다. 그들은 단지 기회가 다가오기를 기다렸다가 그것을 잡으려고 한다. 그러나 기회의 흐름을 관리하는 더 효과적인 방법은 자신이 원하는 것을 정확히 인지하고 그 목표를 이루는 데 도와줄 수 있는 사람들을 식별하는 것이다. 내 개인적인 생각이지만, 장기 목표를 설정하는 것은 무의미하다고 생각한다. 대부분의 사람들은 다가오는 주말에 무엇을 할지조차 모르는데 5년 후의 일을 어떻게 알 수 있겠는가?

그러나 적어도 다음 해에 무엇을 성취하고 싶은지에 대한 어느 정도의 감각은 가져야 한다. 예를 들어 나는 항상 작가로서 성장하려고 노력하기 때문에 매년 최소한 하나의 큰 지적 도전을 설정한다. 더 높은 연봉이나 더 많은 고객, 혹은 더 창의적이고 도전적인 직업처럼 자신이 원하는 것을 구체적으로 인지하고나면 그 목표를 이루는 데 도와줄 수 있는 사람들을 신중하게 골라야 한다.

하나의 목표를 설정하기

현실 세계에서 대부분의 사람들은 한 번에 하나의 주요 목표를 달성하기 위해 노력할 수 있다. 그 목표가 직업을 바꾸는 것이든 직장에서의 진급이든 혹은 더 많은 여유 시간을 확보하는 것이든, 먼저 자신이 원하는 것을 명확히 해야만 그 목표를 이루는 데 도움을 줄 수 있는 사람들을 찾을 수 있다.

우선 목표 설정을 시작하기 전에 자신에게 깊이 있는 질문을 던져야 한다. 새로운 직장을 찾고 있다면 현재의 직장에서 할 수 없는 어떤 일을 새로운 직장에서 하고 싶은지 고민해야 한다. 당신이 가진 경력에서 노려야 할 그다음 단계는 무엇일까? 직장 내에서 더 큰 역할을 갖는 것일 수도 있고 당신의 자질이 더 잘 인정받을 수 있는 환경일 수도 있다. 더 카리스마 있는 리더들과 함께 일하는 것이나 또는 더 큰 리스크를 감수하는 회사와 함께하는 것일 수도 있다.

현재의 직장에서 더 많은 책임을 원한다면 무엇을 하고 싶고 무엇을 하고 싶지 않은지 생각해 보자. 당신에게 생길 추가적인 업무는 현재보다 급여를 더 높일 수 있는 가치가 있을까? 혹은 지금보다 많은 소득을 얻길 원한다면 지금의 직무 외에 추가로 프리랜서 일을 더 하는 게 나을까?

좋은 운을 만들고 싶다면 자신이 원하는 것을 글로 정리해야 한다. 운을 만드는 예술은 자신에게 솔직한 질문을 던지고 목표에 헌신하는 데 있다. 자신이 이루고자 하는 것에 대해 명확한 아이디어가 없다면 스스로에게 좋은 운을 창출할 수 없다.

기회의 문지기를 식별하라

기회의 문지기는 당신이 어렴풋이 아는 사람들 중 당신이 만나고 싶은 사람들과 연결될 가능성이 있는 네트워크에 연결된 사람이다. 이 사람은 당신의 삶에 더 많은 행운이 깃들게 만들 수 있지만, 그러기 위해서는 당신이 기회를 받을 만한 가치가 있는 사람이라는 것과 기회를 받았을 때 그것을 어떻게 활용할지를 정확히 알고 있다는 것을 보여주어야만 한다.

당신이 아는 사람들 중에서 당신을 사교 모임에 초대할 수 있거나 다른 중요한 사람들을 소개시켜 줄 수 있는 사람들을 떠올려 보자. 이들은 편지나 전화 연락 등으로 가까운 관계를 유지해야 하는 사람들이다. 이들을 벽난로 속의 붉은 불씨로 생각해야 한다. 불씨가 꺼지지 않길 원한다면 때때로 불씨를 뒤적이며 불을 지펴줘야 한다.

상대방과의 연락을 유지하는 것을 아첨으로 오해해서는 안 된다. 많은 사람들이 자신에게 도움을 줄 수 있는 중요한 인물들에게 연락하는 것을 주저하는 이유는, 그것이 부탁을 구하는 것처럼 보일까 봐 두려워하기 때문이다. 하지만 이러한 두려움을 극복해야 한다. 행운, 성공, 행복은 양방향으로 작동하는 개방된 의사소통 라인이 필요하다. 기회의 문지기들은 이것이 세상이 돌아가는 방식이라는 것을 이해하며, 당신이 올바른 인상을 남기기만 한다면 기꺼이 당신을 도울 것이다.

이렇게 당신에게 큰 도움이 될 기회의 문지기를 찾고 싶다면 당신만의 네트워크를 구성해야 한다. 아래로 행운의 네트워크를 구성하는 3단계 과정을 살펴보자.

나만의 드림팀 만들기

당신의 분야에서 영향력 있는 인물 중에서 조금이라도 친분이 있는 사람들을 모두 검토한다. 그들의 이름과 전화번호, 팩스 번호 등의 연락처를 기록해 둔다. 최근에 연락을 자주 하지 않았다 할지라도 당신에게 필요해 보이는 사람이라면 모두 적는다. 가장 큰 기회는 예상치 못한 사람에서 오기도 한다.

▌전화로 연락할 사람과 메일로 연락할 사람 구분하기

기본 원칙은 지난 3개월 이내에 대화하거나 만난 적이 있는 사람들에게만 직접 전화를 하는 것이다. 나머지 사람들에게는 먼저 메일 등 간접적으로 연락을 보낸 후에 통화를 하는 게 좋다.

▌네트워크 파일 만들기

시작하기 전에 기초 작업을 마련해 두는 것이 좋다. 당신에게 도움이 될 만한 지인들과 그들이 추천하는 새로운 사람들과의 연락을 유지하려면 매우 체계적으로 움직여야 한다. 새로 알게 된 사람들이 늘어나기 시작하면, 새로운 사람들과의 연락을 유지하면서 동시에 소개해 준 사람에게 감사 인사를 잊지 않도록 하는 시스템이 필요하다. 감사 인사를 잊으면 이후에는 다시 도움을 받을 가능성이 줄어든다.

각각의 연락처를 정리해 둔 네트워크 파일은 컴퓨터에 저장해 두고 언제든 연락할 수 있도록 준비를 갖춰 두자.

원하는 것을 요청하는 방법은 따로 있다

최신 리스트에 있는 대부분의 사람들에게 메일을 보낼 계획이라면, 메일을 통해 그들에게 당신의 상황이나 소식을 전하고, 당신이 원하는 것이 무엇인지 넌지시 전달할 수 있다. 경우에 따라 점심 약속을 잡는 내용도 포함해야 한다. 당신이 건네는 간결하고 예의 바른 자세로 소통을 시도한다면 대부분의 상대는 당신을 돕고자 할 것이다.

운이 좋은 사람들은 자신이 필요로 하는 사람들에게 다음과 같은 방법으로 편지를 쓴다.

▎ 진심 어린 칭찬으로 편지를 시작하라

누구나 자신의 좋은 일이 인정받는 것을 좋아한다. 특히 행운을 가져다 주는 기회의 문지기들은 더욱 그렇다.

▎ 긍정적이고 흥미로운 어조를 유지하라

편지의 목적은 상대방에게 당신의 존재를 상기시키고, 당신이 얼마나 행복하고 흥미로운 태도로 일을 하고 있는지에 대한 인상을 전달하는 것이다. 여기에 나쁜 소식은 왠만하면 쓰지 않는 편이 좋다. 부정적인 소식은 관계를 어렵게 하고 기회 나누기를 꺼리게 만든다.

▎ 마지막 줄에서는 만남을 제안하라

편지를 마무리하며 가볍게 만나 직접 대화를 나누자는 말을 슬며시 건넨다. 오전이나 점심 때가 긍정적인 인상을 주기에 가장 적합하다. 만약 상대방이 이 만남에서 깊은 인상을 받는다면 기대했던 것보다 더 많은 기회를 얻을 가능성이 크다.

다만 상대방이 즉시 당신에게 기회를 제공할 것을 기대해서는 안 된다. 직접적으로 요청하는 것도 피하는 편이 좋다. 대신 작은 목표를 하나 설정하면 된다. 당신에게 도움을 줄 수 있는 몇 명의 사람들의 연락처를 알려달라고 요청하는 것이다. 그 사람들이 당신에게 정말 도움을 주었다면 반드시 그를 소개해 준 사람에게 알려주어야 한다. 자신이 소개해 준 사람이 당신에게 큰 도움이 되었다는 소식을 들으면 그 사람은 아마도 당신에게 또 다른 도움을 줄 수 있는 다른 사람이나 추가적인 지원을 더 제공할 가능성이 높다.

요청이 받아들여지는 최고의 타이밍

대부분의 사람들은 점심 약속을 통한 만남에서 너무 성급하게 도움을 요청하는 실수를 범한다. 하지만 사람과 대면해 함께하는 시간에는 주로 관계를 구축하고 당신이 지금 일을 잘 해내고 있는 것들을 알리는 데 사용하는 편이 훨씬 더 효과적이다. 이 짧은 만남은 마치 예술 작업과도 같다. 결과물의 수준을 효과적으로 높이기 위해서는 우선 관계가 따뜻해질 시간을 주어야 한다.

당신에게 행운의 기회를 가져다 줄 수 있는 사람들의 이름을 요청할 가장 좋은 시기는 커피를 주문한 후나, 다른 경우에는 만남 이후 하루 정도 지나서 전화로 요청하는 것이 더 좋을 때도 있다. 여기서 전략은 당신이 행운을 가진 사람이라는 인상을 주고, 모든 일이 잘 진행되고 있다는 느낌을 주는 데 충분한 시간을 확보하는 것이다. 당신의 요청은 단지 더 많은 행운을 얻기 위한 것이지 궁지에서 벗어나기 위한 것이 아니라는 점을 명확히 해야 한다.

상대를 너무 일찍 압박하면 그 사람은 왜 당신이 그렇게 급하고 불안해 보이는지 걱정할 수밖에 없다. 조급함 때문에 계획이 실패하는 것이다. 반신반의할 때는 여유를 가지고 편안함을 유지해야 한다. 당신의 유일한 목표는 상대방에게 좋은 인상을 남기는 것이다.

단 한 번의 점심 식사로 당신에게 필요한 것을 성취하는 비법은 다음과 같다.

▌상대방에 대해 이야기하고, 자신에 대해 이야기하지 마라

당신이 하고 있는 일을 상대에게 말한 후에는 대화를 그 사람에게로 돌리고 계속 유지해야 한다. 그 사람이 자신에 대해 이야기하도록 두는 것이다. 주의 깊게 들으며 좋은 질문을 던지는 것도 필요하다. 기회를 만드는 대화법에서 가장 중요한 규칙은, 말하지 않는 사람이 항상 훌륭한 대화자로 여겨진다는 것이다.

▌문지기에게 어려운 문제를 어떻게 처리하는지 물어보라

누군가 우리에게 조언해 주기를 요청하면 즉시 기분이 좋아질 수밖에 없다. 전문가로 인정받는다는 것은 누구에게나 기쁜 일이고, 누군가가 자신이 가진 지혜와 문제 해결 능력에 관심을 갖고 있다고 생각하면 만족스러운 기분이 들 수밖에 없기 때문이다. 이러한 질문을 던짐으로써 상대를 멘토의 자리에 올려두게 된다면 이로써 그 사람에게 도움을 요청할 기반이 마련된다.

▎어떻게 지내느냐는 질문이 나올 때 도움을 요청하라

이 질문은 일반적으로 식사가 끝나갈 즈음 서로가 편안해졌을 때 나오곤 한다. 상대가 "요즘 뭐하고 지내세요?"라고 물으면 이는 당신의 목표에 대해 자연스레 말을 꺼내고 거기에 도움을 줄 수 있는 사람들의 연락처를 요청할 완벽한 흐름이 된다. 그가 건너건너 아는 사람들의 연락처를 요청하면 당신은 원하는 것을 얻을 가능성이 더 높아진다. 만약 상대가 연결해 준 이에게 도움을 요청했다가 혹여나 당신이 실수하거나 좋은 인상을 남기지 못했을 경우에 상대가 지게 될 리스크가 비교적 적기 때문이다.

전화 한 통으로 기회를 만드는 방법

중요한 사람들에게 연락할 최적의 시간은 이른 아침이다. 그 시간에는 대부분의 사람들이 전화를 받을 수 있는 경우가 많고, 당신의 말을 듣고 도와줄 가능성도 더 크다. 그래서 하루가 본격적으로 시작되기 전에 연락을 취하는 것이 좋다. 그 사람이 직장에서 요직을 맡고 있다면 이른 아침 시간을 넘겨 연락을 시도했을 때 보통 음성 메시지로 넘어가거나 비서에게 연락이 가게 될 가능성이 있다.

전화로 행운을 끌어들이기 위해서는 당신의 말에 자신감이 깃들어 있어야 한다. 하지만 동시에 천천히 말하는 것도 중요하다. 많은 사람들이 긴장해서 너무 빠르게 말하는 실수를 한다. 빠르게 말하면 듣는 사람이 내용을 따라가기가 어렵고, 속사포처럼 말하는 사람들은 사기꾼이나 이익만 좇는 사람처럼 보이기 때문이다. 그러니 스스로에 대한 자신감이 차 있는 운 좋은 사람처럼 보이려면 천천히 말하는 연습을 해야 한다. 미국의 유명한 동기부여 강사인 지그 지글러Zig Ziglar는 친구들과 통화할 때 천천히 말하는 연습을 하라고 조언하기도 했다. 차분하고 느긋한 속도로 말하면 전달하고자 하는 내용이 더 잘 전달될 것이다.

'두 사람 법칙' 적용하기

이 기술은 내가 빠르게 많은 기회를 만들 때 자주 사용하는 방법이다. 당신이 만난 상대가 두 명 이상의 이름을 알려주면 그 사람들에게 연락하여 각각 최소 두 명의 이름을 더 얻어내는 방법이다. 그런 다음 그 연락처들로부터 다시 두 명씩의 이름을 얻고 그렇게 계속 반복한다. 최소한 스무 명의 새로운 이름과 전화번호 목록이 생기면 그들에게 전화를 걸어 미팅이나 점심 약속을 잡으면 된다. 이 과정에서 감사 인사를 빠뜨리지 않는 것이 중요하다. 그렇지 않으면 필요한 것만 챙기는 사람이라는 나쁜 인상을 남기게 되어 행운이 따라오지 않을 수도 있다.

이 새로운 사람들이 당신을 도울지, 얼마나 많은 시간과 노력을 기울여 줄지는 당신이 얼마나 행운을 가진 사람처럼 보이는지에 달려 있다. 행운은 행운을 부르는 사람을 좋아한다. 따라서 당신이 처음 만나는 중요한 사람들에게 얼마나 행운을 가진 사람처럼 보이는지에 따라 기회의 질이 결정된다.

좋은 타이밍을 위한 시간 관리

얼마나 많은 행운을 만들 수 있는지는 시간 관리를 얼마나 잘하느냐에 달려 있다. 만약 중요한 사람들과 만날 시간이 없어 그들의 경험에서 배움을 얻지도 못하고 도움을 받을 수 있는 정보를 얻지도 못한다면 결국 행운은 오지 않을 것이다. 전화에 응답하지 못하고 중요한 회사 문제를 해결하지 못하며 업무 관련 점심 약속에도 나가지 못하게 되면 기회는 점점 줄어들다가 결국 당신의 눈에 띄지 않게 지나가 버리고 만다.

행운과 시간은 밀접하게 관련되어 있다. 항상 한쪽 눈으로는 기회를, 다른 쪽 눈으로는 시계를 보는 사람들은 기회를 창출하고 추적할 자유를 가진다. 항상 책상에만 앉아 있으면 행운이 따르지 않는다. 물론 승진할 수도 있겠지만 사무실을 돌아다니며 동료들과 대화하고 중요한 회의에 매번 참석한 또 다른 운 좋은 사람들보다는 늦게 될 가능성이 크다.

내가 아는 한 사람은 지난 5년 동안 세 개의 직업을 거치며 점점 더 높은 급여를 받았고, 그러는 동안에도 매일 12시 30분부터 3시까지 식당에서 점심을 먹었다. 그녀를 아는 사람들은 그녀가 그렇게 오랫동안 점심을 먹으면서 어떻게 모든 일을 처리할 수 있었는지 항상 궁금해했다. 그녀가 자질구레한 일에 신경 쓰지 않아도 되는 건지, 메모를 작성하고 직원들을 관리하며 일상적인 사무 문제를 해결할 필요가 없는 건지에 대해 의문을 가졌다. 도대체 어떻게 그렇게 긴 점심 시간을 가질 수 있는지 궁금해졌다.

내가 그녀에게 점심시간에 대해 물었을 때 그녀는, 그러니까 이 현명한 경영자는 자신이 일상의 자질구레한 일들을 해결할 수 있는 뛰어난 사람들을 고용하고 그들에게 책임을 위임한 후 뒤로 물러났으며, 마지막 순간에만 개입하지만 그때조차도 미세 조정만 한다고 말했다. 물론 일이 자신의 기준에 맞지 않을 때는 자신이 고용한 최고 관리자들을 엄격하게 다뤘다.

"내 일은 내 직원들 모두를 슈퍼스타로 만드는 게 아니에요. 뛰어난 사람들은 스스로 두각을 나타내죠. 나는 단지 내가 사무실 밖으로 나가서 비즈니스 관계를 형성하고 새로운 아이디어와 해결책을 받아들일 수 있도록 충분히 능력 있는 관리자들을 내부에 배치하면 돼요."

그렇다면 우리를 책상에서 일어날 수 없게 붙잡아 두는 수많은 전화들은 과연 어떻게 처리할까?

"나는 내가 받을 수 있는 전화에만 응답해요. 그리고 절대 즉시 응답하지도 않죠. 빠르게 응답을 준다는 건 즉각적으로 접촉할 수 있는 사람이라는 뜻인데, 저는 사람들이 절 그렇게 생각하길 원하지 않거든요. 그래서 덜 중요한 전화는 대부분 오후 서너 시쯤에 회신해요. 그때는 대부분의 사람들이 회의에 들어가 있을 시간이거든요. 중요한 건 제 시간을 확보해서 사무실 안팎에서 시야를 넓히는 거예요."

그녀의 말을 곡해해선 안된다. 그녀가 이렇게 확보한 점심시간은 단순한 식사 시간이 아니다. 새로운 인맥을 만들고 새 아이디어를 얻으며 그녀가 속한 업계에 막대한 영향력을 가질 수 있는 기회가 되는 시간이다. 그녀가 외부에서 많은 시간을 보내는 덕분에 그녀를 아는 대부분의 지인들은 그녀가 운이 좋은 사람이라고 생각한다. 왜냐하면, 그녀가 그렇게 보이게끔 만들었기 때문이다.

"제 일은 밖에 나가서 우리 회사를 대표하는 거예요. 제 이미지가 곧 회사의 이미지가 되죠. 저는 운이 없는 사람처럼 보일 수 없어요. 우리 회사도 마찬가지고요."

이 행운의 경영자는 주어진 시간을 최대한 활용하는 방법에 대해 다음과 같은 조언을 주었다.

> ### ☑ 성공하는 사람들의 시간 관리법
>
> - 모든 일을 단순화하라. 창의적으로 사고할 시간이나 외부에 당신을 드러낼 수 있는 시간을 잡아먹는 작업들은 없애거나 다른 사람에게 넘겨라.
> - 이미 읽은 자료는 모아두지 말고 버려라. 모든 건 대체 가능하다.
> - 회의를 진행하는 날짜와 시간을 연간 일정으로 고정하라. 회의 시간을 미리 확정해 두면 외부 사람들과의 중요 일정을 위한 시간을 확보하기 쉽다.
> - 직원들에게 위급한 일에 대응하는 법을 가르치고 일이 생길 경우 그들 선에서 해결하게 하라. 신경 쓰고 싶지 않은 일을 대신할 똑똑한 사람을 고용해야 하며, 정밀하고 세부 사항에 강하며 책임감이 강한 사람을 찾아야 한다.

만약 일상적인 작업을 대신해 줄 사람을 고용할 수 없는 위치에 있다면 당신이 가장 좋아하는 일에 집중하고 방해가 되는 책임이나 프로젝트는 의도적으로 피하는 것도 방법이다. 성공을 원하는 많은 이들이 모든 일을 잘하려고 노력하는 실수를 저지른다. 그러나 당신의 강점을 지속적으로 연마하고 약점을 잊어버린다면 행운을 만들 가능성이 훨씬 더 커진다. 물론 그 약점이 당신이 가장 좋아하는 일과 관련이 없을 때 얘기다. 누구든 모든 것을 잘 해낼 수는 없다는 것을 기억하자. 약점을 더 이상 신경 쓰지 않음으로써, 다음 움직임을 생각하고 새로운 기회를 마련할 수 있는 시간을 창출할 수 있다.

시간 효율성 테스트

대부분의 사람들은 자신이 효율적이라고 생각한다. 하지만 정말로 효율적인지 평가해야 하며, 이를 통해 단순한 작업이 시간을 잡아먹지 않도록 해야 한다. 그래야 행운이 찾아왔을 때 이를 탐색할 시간을 마련할 수 있다. 당신의 업무 방식을 효율적으로 바꾸고 싶다면 책상 앞에 앉아 아래의 질문을 살펴보며 문제를 해결해 보자.

① **지금 당신의 업무 책상 위에 무엇이 있는가?**
만약 두 개 이상의 서류 더미가 있다면 당신은 뭔가 잘못하고 있는 것이다. 쌓여 있는 서류를 두 개의 더미로 분리해라. 오른쪽 더미에는 오늘 바로 처리해야 할 서류를 두고, 왼쪽 더미는 보험 청구 서류나 케이블 회사에 연락해야 하는 일 등 사적인 것들을 정리한다. 그리고 그 외의 모든 것들은 파일에 넣어 정리하거나 버려라.

② 그 서류 중에서 가장 중요한 것은 무엇인가?

혹시 그 서류 더미에 이미 며칠 전에 처리했어야 할 중요한 프로젝트 자료가 껴 있는 건 아닌가? 매일 밤 퇴근하기 전에 서류를 정리하여 가장 긴급한 항목이 맨 위에 오도록 해야 한다.

③ 내일 모레 당신이 무슨 작업을 하고 있을지 아는가?

만약 모른다면 당신은 일정을 잘 관리하지 못하고 있는 것이다. 삶을 단순화해야 한다. 대부분의 사람들은 일정을 관리하기 위해 불편한 전자기기를 사용하거나, 달랑거리는 링 바인더와 가죽 커버로 덮인 일정표를 사용하기도 한다. 나는 내가 해야 할 일정을 매주 정확히 인지하고 있고 회의를 놓치는 일도 없는데, 11.95달러짜리 가벼운 월별 스케줄 표를 사용한다. 이 스케줄 표는 표지도 잘 구부러지고 가방에도 쏙 넣을 수 있는 크기다. 밤이나 출근할 때 스케줄 표를 살펴보며 그날의 회의와 해야 할 일뿐만 아니라 앞으로의 일정도 살펴본다.

④ 해야 할 일들에 얼마나 많은 시간을 쓸 계획인가?

어떤 사람들은 해야 할 일들에 너무 몰입한 나머지 그날 해야 할 다섯 가지 일 중 두 가지 작업만 처리하고 끝나는 경우가 있다. 나는 하루를 30분 단위로 나누고 어떤 일이 30분 이상 걸리면 다음 날로 미룬다. 다섯 가지 항목 모두에서 진전을 이루는 것이 그중 하나만 완료하는 것보다 훨씬 낫다.

⑤ 그 많은 잡동사니가 정말 필요한가?

나는 종종 누군가의 사무실에 들어갈 때 그곳이 중고 서점처럼 보여 놀랄 때가 있다. 많은 책과 잡동사니는 혼란스러움과 실수, 혹은 서류가 분실될 위험을 의미한다. 당신의 환경이 정신 사납고 혼란스럽다면 행운이 따르기는 어려울 것이다.

이 혼돈을 정리하고 싶다면 지난 1년 동안 열어보지 않은 책은 치워야 하고, 남아 있는 책은 깔끔하고 정돈된 상태로 유지해야 한다. 지난 한 주 동안 보지 않은 서류는 버리거나 파일에 보관해 두고 필요할 때 다시 찾아보면 된다. 또한 책상과 게시판에 쌓여 있는 모든 잡동사니들도 당신에게 필요한 물건이 아니다. 정신적 혼란과 실수를 초래하는 요소를 최소화하자.

⑥ 하루 중 어느 시간에 전화 응답을 하는가?

하루 중 어느 때든 다 전화를 받으면 아무 일도 할 수 없다. 당신에게 온 연락에 답신을 하기 가장 좋은 시간은 오후다. 왜냐하면 아침 시간은 두뇌를 많이 쓰는 작업에 할애해야 하기 때문이다. 나는 약 50명의 프리랜서 작가들과 일을 하고 있고 마케팅 담당자와 출판사 편집자, 그리고 내 뉴스레터에 정기적으로 출연하는 전문가들이나 출연을 원하는 사람들로부터 수십 통의 전화를 받는다. 하지만 그중 긴급하지 않은 연락에는 거의 하루이틀 후에 다시 회신한다. 비상 상황이 아닌 한 너무 쉽게 연락할 수 있는 사람이라는 인상을 주고 싶지는 않다. 당신이 너무 바빠 연락하기 어려운 사람이라고 생각하면 사람들은 그 일이 아주 중요할 때만 당신에게 전화를 건다.

쾌적한 사무실은 운을 불러온다

깔끔한 사무실이 중요한 이유는 두 가지다. 첫째, 정리가 잘 되어 있으면 효율적으로 일을 할 수 있고, 효율성은 시간을 관리해 더 많은 행운을 만들어내는 열쇠가 된다. 둘째, 깨끗한 사무실은 방문하는 사람들에게 좋은 인상을 준다. 어수선한 사무실은 방문자들이 당신과 당신의 일을 덜 존중하게 만든다.

당신의 사무 공간을 병원의 수술실이라고 생각해 보자. 청결하고 정돈되어 있으며 스마트한 공간이어야 한다. 오늘날의 첨단 기술로 가득 찬 사무실에서는 정보, 서류, 프로젝트 등이 쉽게 공간을 어지럽힐 수 있다. 그럼에도 당신의 공간은 조직적이고 효율적으로 보여야 한다. 그렇지 않으면 당신이 일을 너무 많이 하거나 똑똑하게 일하지 못하고 있다는 인상을 줄 수 있다. 책들은 선반에 가지런히 정렬하고 책들이 선반 끝에 일렬로 맞춰지도록 하라. 각 선반을 벽에서 벽까지 채워서 틈이 없고 책이 기울어지지 않도록 하라. 책상은 매일 퇴근하기 전에 깔끔하게 정돈해야 한다. 사무실을 떠날 때마다 책상 위의 서류 더미를 재정리하는 것, 당신의 행운은 거기에 달려 있다.

몰아치는 업무와 방해꾼 따돌리기

나는 지금까지 내가 해야 할 일을 따라잡기가 어렵다고 느껴본 적은 없었다. 우선 나에게 일이 할당되면, 가능한한 빨리 일의 우선 순위를 정해야 한다. 무엇이든 들어오는 즉시 처리하고 지연되지 않도록 정리한다. 시간이 더 필요한 일이라면 집에 가져가거나 5분 더 투자해서 처리한다.

당신의 집중을 방해하는 요소들 또한 행운을 방해하는 적이다. 일을 끝내지 못하면 기회를 창출하고 활용할 여유가 없어진다. 내가 아는 어떤 사람은 오후에 전화 업무를 할 때 자리에 서서 일을 한다. 이렇게 하면 사람들이 그의 사무실에 들어오는 것을 막을 수 있기 때문이다. 또 손님용 의자에 일부러 서류를 쌓아 두어서 불필요한 방문객이 들르는 걸 막는 사람도 있다. 행운이 따르는 사람들은 다른 사람들의 방해를 받을 때 가만히 기다리고만 있지 않는다. 머릿속에 제한 시간을 두거나 아예 고개를 파묻고 작업에서 눈을 떼지 않는다. 심지어 사람들이 자신에 사무실에 들어오면 자기가 먼저 사무실을 나가버리는 경우도 있다. 내가 아는 한 뮤추얼 펀드 매니저는 이렇게 말했다.

"제가 만나야 할 사람이 있다면 제가 직접 찾아가 만나요. 만약 누가 절 찾아와 방해하면 저는 그 사람을 뜨거운 감자라고 상상하고 재빨리 처리해 던져버리죠."

2부

'우연'이라는 이름에 가려진 게임의 룰

"기회는 제 발로 찾아오지 않는다.
당신이 두드리면, 기회가 문을 열어준다."
_작자 미상

어떻게 일부 사람들은 그렇게 자주, 훌륭한 기회를 끌어당길 수 있을까? 이제 우리는 행운이 따르는 사람들이 스스로에게 행운이 있다고 생각하며, 자신이 원하는 것을 얻을 수 있도록 도와줄 사람들을 적극적으로 찾아 나선다는 것을 알고 있다. 하지만 자신이 행운아라고 믿고 기회를 가진 사람들과 가까워지고 시간을 잘 관리하는 것만으로 행운이 곧장 찾아오는 것은 아니다.

진정으로 행운이 따르는 사람들을 차별화하는 것은 바로 행동이다. 행운을 가진 사람들은 타인으로 하여금 그들을 돕도록 만드는 행동을 한다. 이들의 특별한 행동은 기회를 제공할 수 있는 사람들로 하여금 상대가 기회를 받을 만한 자격이 있다고 믿게 만들며, 기회를 얻었을 때 그것을 어떻게 활용할지 잘 알고 있다는 확신을 심어준다.

내가 연구한 모든 행운을 가진 사람들은 유사한 방식으로 행동한다. 이로 인해 행운의 기회를 얻을 수 있는 유력한 후보자가 된다. 그들이 운을 만들어내는 행동은 일곱 가지 다른 전략으로 나눌 수 있다. 이 행동 기술 중 한두 가지만 마스터해도 당신은 행운을 끌어들일 수 있다. 이 행동 기술을 익히다보면 결국 자연스럽게 느껴지는 날이 온다. 마치 무용수가 공연 중 몇 걸음을 걸어야 하는지 본능적으로 알고, 야구 경기 중 내야수에게 땅볼이 왔을 때 어디로 공을 던져야 할지 반사적으로 아는 것처럼 말이다.

행운을 만드는 일곱 가지 행동 기술은 각각 고유하지만 모두 한 가지 공통점을 가지고 있다. 완벽하게 실행되면 이 행동들은 당신이 타인보다 두드러지는 사람이라는 인상을 남기고, 황금 같은 기회를 제공할 수 있는 사람들에게 당신의 존재를 각인시킨다. 당신이 더 설득력 있게 행동할수록 인생은 더 쉬워진다. 왜냐하면 예상치 못한 더 많은 유익한 기회들이 스스로 찾아오기 때문이다.

기억하라. 대부분의 멋진 기회들은 이유 없이 우리를 찾아오지 않는다. 그것들은 행운을 만드는 자에게 이끌리듯 찾아온다. 다음의 전략들을 연습하기 시작하면, 그 즉시 당신에게 수많은 행운의 기회들이 찾아올 것이다.

게임의 룰 1:
당신의 피와 땀을 숨겨라

"성공의 열쇠가 열심히 일하는 것이라면,
난 차라리 자물쇠를 따겠다."

_미국의 희극 배우, 헤니 영맨 Henny Youngman

아마도 미국은 어려운 일을 쉽게 보이게 만드는 사람들을 존경하고 보상하는 유일한 나라일 것이다. 다른 문화에서는 왕족이나 상류층만이 인생의 도전들을 여유롭게 대하는 것이 허용된다. 그 외의 사람들은 열심히 일하며 노력을 드러내는 것이 당연하게 여겨진다. 그러나 미국에서는 열심히 일하면서도 열심히 하지 않은 것처럼 행동하는 사람들이 존경받는다.

이 태도는 우리가 프로 운동선수나 연예인을 바라보는 방식에서 가장 뚜렷하게 나타난다. 메이저리그 야구 선수가 완벽한 경기를 해내면서도 그 노력에 대한 고통이나 스트레스를 전혀 드러내지 않을 때 우리는 놀라워한다. 슈퍼볼 경기의 마지막 순간에 연속해서 패스를 성공하고 승리를 결정짓는 터치다운을 기록한 쿼터백을 우리는 사랑한다. 무하마드 알리는 뛰어난 권투 선수였으며 20세기의 최고의 운동선수라고 할 수 있다. 그러나 그가 전 세계적인 사랑을 받은 이유는 열심히 훈련하고 치열한 격투 끝에 경기에서 승리를 거머쥐었기 때문이 아니다. 오히려 권투가 쉬운 것처럼 보이게 만들었기 때문이다. 무하마드 알리는 그의 경기를 보는 사람들에게 15라운드 동안 지치지 않고 날아다니며 상대를 손쉽게 제압할 수 있을 것 같은 느낌을 주었다.

어려운 일을 쉽게 해내는 이들에 대한 사람들의 존경심은 일상적인 상황에서도 확장된다. 우리는 50명의 직원들을 능숙하게 관리하면서도 전혀 스트레스를 받지 않는 것처럼 보이는 관리자를 존경할 수밖에 없다. 또한 항상 좋은 직장을 쉽게 찾아내는 것처럼 보이는 친구에게도 존경심이 든다. 그들이 이룬 것이 사실은 어려운 일이라는 것을 알기 때문에 존경하고, 자신의 피와 땀을 흘려 노력했음을 표면적으로 드러내지 않기 때문에 더 우상화하게 된다. 물론 우리의 주변에는 결과적으로 일을 잘 해냈더라도 그 과정을 힘겹고 버겁게 버틴 것처럼 보이는 사람들도 있다. 그들 또한 존경스럽지만, 진정으로 응원하기는 어렵다.

고군분투하는 것만이 성공의 길은 아니다. 사람들은 명성과 부가 쉽게 얻을 수 있는 것이라는 믿음을 누군가 증명해 주길 원한다. 그래서 고군분투하며 얼마나 열심히 일하고 있는지를 드러내는 사람들을 불편하게 여기기도 한다. 그들이 겪는 불안과 고통은 주변인들에게도 전염되기 때문이다. 자신을 갉아먹지 않고도 편안함과 행복을 얻는 것, 그

것이 궁극적인 목표다.

성공하기 위해서는 자신이 하는 일에 능숙해야 한다. 그러나 행운을 얻기 위해서는 매력이 필요하다. 무대에서는 너무나 쉽게 역할과 한 몸이 된 것처럼 보이는 배우들이 가장 많은 박수를 받는다. 연기가 아주 완벽하지는 않을지라도 태도가 올바르다면 관객은 항상 그들의 편에 서게 된다. 나는 브로드웨이의 뮤지컬 〈포럼에 가는 길에 벌어진 재미있는 일A Funny Thing Happened on the Way to the Forum〉에서 우피 골드버그Whoopi Goldberg의 마지막 공연을 보았다. 그녀는 여러 차례 큰 실수를 했지만 실수를 웃어넘기며 관객들을 사로잡았다. 그녀는 브로드웨이 경험이 부족했음에도 불구하고 그 상황을 즐기고 있었다. 만약 골드버그가 자신의 한계에 분노하거나 좌절하거나 당황했더라면 그녀는 관객의 사랑과 존경을 잃었을 것이다.

인생을 어렵게 사는 것처럼 보이면 그걸 지켜보는 사람들과 당신 사이에는 가까워질 수 없는 심리적 간극이 생긴다. 브로드웨이 배우이자 가수인 레베카 루커Rebecca Luker는 뮤지컬 〈쇼 보트Show Boat〉로 미국의 뮤지컬·연극계에서 가장 권위 있는 상인 토니상 후보에 올랐으며 〈사운드 오브 뮤직The Sound of Music〉 공연에서 주인공 마리아 역을 맡기도 했다. 그녀는 무대 뒤에서 내게 이런 말을 한 적이 있다. 관객의 마음을 사로잡는 건 공연을 훌륭히 끝마치는 것만큼이나 중요하다고 말이다.

"어떤 날엔 관객들에게서 적대감이 느껴질 때도 있어요. 피곤한 한 주를 보냈거나 공연장 좌석이 불편했거나, 그저 기분이 안 좋았을 수도 있죠. 관객들의 그런 적대감을 감지하면, 저는 그들을 매혹시키고 사로잡기 위해 더 노력해요. 단순히 노래를 더 크게 부른다거나 무대에서 더 빠르게 뛰어다니는 걸 말하는 게 아니에요. 제가 마리아 역을 온몸으로 즐기고 있다는 걸 전달하는 거죠. 그러면 관객들의 적대심은 누그러들고, 언제나 제 편이 돼요."

인생의 기습을 웃어넘겨라

원하는 것을 얻기 위해서는 주어진 기한을 잘 맞추고 책임감 있게 행동하며 높은 퀄리티의 작업을 해내고 위험을 감수해야 한다. 그 과정에서 실망, 거절, 실패를 경험하기도 한다. 이러한 좌절은 신경을 곤두세우게 만든다. 일이 잘못되거나 기대했던 대로 되지 않을 때 화가 나고 창피함을 느끼는 것은 인간의 본성이다. 자신의 부족함을 상기시키는 것을 좋아하는 사람은 없다.

그럼에도 불구하고 어떤 사람들은 인생에 닥치는 기습을 웃어넘기는 것처럼 보인다. 자신의 일에 진지한 태도로 임하지만 그렇다고 좌절에 너무 심각하게 영향을 받는 것처럼 보이지도 않는다. 적어도 표면적으로는 말이다. 물론 그들도 실망하고 부끄러움을 느낀다. 하지만 그런 감정들이 사고를 마비시키는 시간은 상대적으로 짧다. 인생의 가장 힘든 순간을 움츠러들지 않고 받아들일 수 있을 때 인생을 수월하게 사는 것처럼 보이게 된다. 그리고 인생을 수월하게 사는 것처럼 보이면 사람들은 당신을 운이 좋은 사람이라고 생각한다. 당신이 한번 운 좋은 사람이라고 여겨지면 사람들은 당신이 성공하기를 원하게 된다.

쉽게 사는 것처럼 보이는 사람들이 운이 좋아 보이는 이유는 무엇일까? 대부분의 사람들은 속으로 자신이 근본적으로 어느 정도 부족하다고 믿기 때문이다. 인간은 불안과 자기 의심의 덩어리다. 우리는 모두 어느 정도 가면 증후군에 시달리는데, 이는 우리가 사실 지금 하고 있는 일을 할 자격이 충분하지 않은 사람이라는 비밀스러운 믿음에서 온다. 그래서 언젠가는 가식이 들통나고 폭로될까 봐 두려워한다. 우리 눈에 완벽해 보이는 패션 모델조차 자신에게 있는 결함을 걱정하거나 스스로 다른 모델보다 덜 아름답다고 생각한다. 훌륭한 음악가도 다른 연주자처럼 연주하고 싶어 한다. 최고의 주가를 달리는 유명한 영화배우들조차 불안감에 시달린다.

모든 사람들은 때때로 자신의 재능과 능력에 대해 의문을 품는다. 우리는 두려움과 약점을 가지고 있고 어린 시절부터 안고 온 어떤 취약점을 평생 동안 숨기며 살아간다. 아무리 큰 성공을 얻어도 자신이 이룬 것들을 가질 자격이 정말로 있는 것인지 믿지 못하는 사람들이 많다. 그래서 실수나 모욕, 실패 같은 좌절에 전혀 동요하지 않는 것처럼 보이는 사람들을 존경하게 될 수밖에 없다.

감정적인 공격을 웃어넘기는 법을 배운다면 당신은 두려움 없는 사람으로 비치고, 사람들은 당신이 특별한 능력을 가지고 있다고 믿게 된다. 또한 기회를 제공해 줄 가능성이 있는 사람들은 당신에게 더 많은 기회를 주고 싶어 하게 될 것이다. 인생을 수월하게 사는 것처럼 보이는 기술 중 하나는 행운의 최대 적인 긴장과 자기 의심을 통제하는 능력이다. 당신이 긴장했다는 것을 알아채면 사람들은 당신에 대한 신뢰를 잃게 되며, 자기 의심을 드러낼 경우에는 당신이 더 이상 상황을 통제하지 못하는 것처럼 보이게 된다. 사람들은 본능적으로 당신에게서 멀어지게 될 것이다.

내가 아는 가장 여유로운 사람 중 하나는 NBC 〈투데이〉의 공동 진행자인 매트 라우어Matt Lauer다. 그의 편안하고 태평한 태도는 그가 위압적인 유명 인사나 정치인들과의 인터뷰를 여유 있게 해낸다고 믿게 만든다. 그가 진행하는 프로그램의 시청률이 높은 이유는 매트 라우어의 지적이면서도 동시에 편안한 모습이 그가 인터뷰를 너무나도 쉽게 하고 있는 것처럼 보이게 만들기 때문이다.

매트 라우어는 긴장된 상황에서도 여유를 유지하는 비결을 몇 가지 알려주었다.

▎긴장되는 상황에 대비하라

"힐러리 클린턴이든 존 그리샴이든, 내가 전날 밤 충분히 준비하지 않았다면 인터뷰 과정에서 긴장하지 않을 수 없어요. 대부분의 사람들은 미지의 상황을 두려워하고 긴장할 수밖에 없지만 그건 철저한 준비를 통해 통제할 수 있죠. 누군가에 대해 더 잘 알수록 저는 더 편안해져요. 하지만 너무 과도한 준비는 좋지 않아요. 너무 많은 것을 암기하려고 하면 기억하던 것도 전부 잊어버릴 수 있거든요. 저는 게스트들과 의미 있는 대화를 나눌 수 있을 만큼만 준비하고 그들의 말을 신중하게 듣는 데 더 관심을 가집니다. 그 사람들과의 유대감을 형성하는 데 더 주의를 두죠."

▎처음 만나는 사람들을 당신의 쇼에 나오는 게스트라고 상상하라

"실수했다고 통제권을 잃을 수는 없어요. 내가 〈투데이〉에서 자신감을 가질 수 있는 이유 중 하나는 그 프로그램이 나와 내 파트너 케이티 쿠릭Katie Couric이 주도하는 프로그램이라는 생각 때문이에요. 저희는 그렇게 생각하고 있어요. 누군가 당신이 진행하는 쇼에 게스트로 나온다고 생각하면 자연스럽게 편안함을 느낄 거예요. 그 사람이 당신을 만나기 위해 당신의 영역에 들어온 거니까요. 저는 게스트가 저희 집 거실에 왔다고 상상하는데, 이런 상상은 그 즉시 몸과 마음을 편안하게 만들죠. 이런 사고방식은 상대가 누구든 어떤 상황이든 사용할 수 있어요."

▎당신의 실수가 5초짜리라고 생각하라

"누군가를 인터뷰하는 제 직업 특성상 실수 한 번으로 괴로워하다가 오랫동안 그 생각에 빠져 있게 되면 다음 인터뷰에서 또 다른 실수를 저지르게 될 가능성이 커요. 그래서 시청자의 마음으로 그 상황을 바라볼 줄 알아야 하죠. 저에겐 5분짜리 재앙처럼 느껴지더라도 사실

시청자들에게는 5초만에 지나가는 가벼운 실수일 때가 많아요. 실수를 한 스스로에게 계속 화가 난다면, 이 생각을 떠올려야 해요. 그 실수를 기억하고 신경 쓰는 건 오직 나뿐이라고요. 인생은 완벽하지 않아요. 자신이 완벽할 수 없다는 걸 계속해서 스스로에게 말해야 해요.

자신이 저지른 실수 때문에 감정을 소진하지 않는 한 가지 방법은 실수를 덮어버리려고 하지 않는 거예요. 실수를 저질렀다면 그걸 인정할 용기가 있어야 하죠. 실수 한 번 했다고 사람들이 당신을 비난하지는 않아요. 물론 같은 실수를 또 저지른다면 그럴 수 있겠지만, 그 부끄러운 순간만큼 당신에게 큰 가르침을 주는 건 없어요."

자신감과 자만의 경계선

내가 알고 있는 많은 행운이 따르는 사람들, 즉 인생을 수월하게 사는 것처럼 보이게 하는 사람들을 생각해 보면 자신의 성공을 본인이 가진 천재성 덕분이라고 여기는 일이 거의 없다는 것을 알게 된다. 사실 그들은 겸손히 스스로를 한 단계 낮추기 위해 애쓴다. 그래서 그들이 사람들에게 인기가 많은 것이다. 만약 그들이 인생이 얼마나 쉬운지 떠벌리고 다닌다면 아무도 그들을 돕고 싶어 하지 않을 것이다. 도움을 필요로 하지 않는다고 주장하는 사람을 돕고 싶어 하는 사람은 아무도 없기 때문이다.

스스로를 과시하는 것은 자만에 빠진 사람처럼 보이게 하기도 하며 그 자만의 대가는 매우 크다. 자만은 포식자들을 불러들이고 당신의 실패를 바라는 사람들의 표적이 된다. 나무에 너무 높이 오르게 되면 당신이 추락하는 것을 보고 싶어 하는 사람들이 많아질 것이다. 나는 사람들이 누군가에게 어느 정도까지는 행운을 빌어주다가도, 어느 순간부터는 그 사람의 실패를 적극적으로 바라게 된다는 것을 배웠다. 인생을 너무 쉽게 보이게 만들면 다른 사람들의 열등감을 불러일으키는 피뢰침이 된다. 그 결과, 사람들은 당신의 결점을 찾으려 한다.

내가 아는 재능 많고 지적인 사람들이 그들의 성취를 너무 쉽게 보이게 만든 탓에 훌륭한 기회를 놓쳤다. 그들은 똑똑했지만 스스로를 과대평가하여 그들을 도와줄 수 있었던 사람들을 겁먹게 하거나 적으로 돌렸다. 존경이 아닌 질투와 반감을 불러일으킨 것이다.

중요한 것은 자신감과 자만의 경계가 어디에 있는지를 아는 것이다. 인생을 쉽게 보이게 하되 이를 과시하지 않으려면, 현재 자신이 가진 것에 대해 크게 감사하는 마음과 아직 갖지 못한 것에 대한 소중함을 느끼는 마음이 필요하다. 당신이 이룬 모든 것이 언제든 사라질 수 있다는 사실을 인식하면 자기 가치를 과대평가하는 것을 막을 수 있고, 당신이 원하는 것을 줄 수 있거나 어려운 상황에서 당신을 도와줄 수 있는 사람들 앞에서 당신의 행운을 과시하지 않게 될 것이다.

좌절을 견뎌내고 우연한 기회를 기다려라

매트 라우어는 인생을 쉽게 보이게 하려는 노력이 원하는 행운을 가져오지 못할 때 잠시 물러서서 인생이 제 갈 길을 가도록 내버려 두라고 말한다. 위기 상황에서 여유롭게 보이는 것이 기회를 끌어당길 가능성을 높이긴 하지만 여전히 기회가 당신을 피해 갈 때가 있을 것이다. 모든 방법을 시도했음에도 원하는 것을 얻지 못할 때는 잠시 휴식을 취하고 그대로 두어야 한다. 실망에 굴복하고 꿈을 포기하는 대신 스스로에게 이렇게 말해보자. 나는 결국 원하는 것을 얻을 수 있고, 다만 시간이 조금 더 걸리는 거라고 말이다. 라우어는 이 시간에 대해 이렇게 말했다.

"제가 NBC에 일자리를 얻기 전이었어요. 그때의 저는 행운을 만들 수 있는 사람이 전혀 아니었어요. 커리어를 만들 수 없었죠. 무엇이 잘못된 것인지도 알지 못했어요. 아주 이상한 상황이었어요. 내가 전국 여기저기에서 쇼 프로그램의 진행자로 고용될 때마다 프로그램 관계자들의 반응은 긍정적이었지만 시청률은 저조했거든요. 결국 6개월 후에 저는 해고 통지를 받았어요. 그 프로그램의 포맷에 적합한 사람이 아니어서요. 어떤 쇼에서는 제가 너무 어려서 문제였고 다른 쇼에서는 제가 너무 공격적이라 문제가 됐어요. 그다음에는 제가 너무 도시적이라 맞지 않는다더군요. 항상 뭔가 하나씩 안 맞는 구석이 있었어요.

그래서 1980년대 후반부터 1990년대 초까지 상황이 정말 나빠졌을 때, 그러니까 다섯 개의 프로그램에서 연속으로 하차하게 되었을 때, 저는 이 일에서 물러났어요. 그 후로 1년 반 동안 실업자로 지냈죠. 심지어 뉴욕시에 있던 아파트까지 포기해야 했어요. 월세를 감당할 수가 없었거든요. 교외 지역에 있는 작은 시골집에 앉아서 전화가 울리기를 기다리며 제 자신을 수없이 분석하고 평가했어요. 어쩌다가 저를 찾는 연락이 와도 대개 그 제안들은 형편 없었어요. 대형 방송국의 인기 없는 프로그램들이었죠. 은행 잔고는 점점 바닥을 보였고, 결국 방송계를 포기하고 다른 일을 찾아야 한다고 마음먹었어요.

어느 날 아침에 개를 데리고 커피와 신문을 사러 가는데 길가에 직원 모집 공고가 붙은 조경 업체 트럭을 봤어요. 거기에 나와 있는 번호를 적어 두고 그날 아침에 바로 전화를 걸었죠. 자동 응답기로 연결되길래 제 이름과 연락처를 남겨 놨고 한 3시간 후에 전화가 왔어요. 저는 조경 업체에서 가지 치는 일을 새로 시작할 마음의 준비까지 마친 상태였는데, 전화를 건 사람은 뉴욕시 로컬 발송국인 WNBC 총책임자의 비서였어요.

그녀는 면접 일정을 잡기 위해 전화를 걸었다더군요. 경영진이 제가 찍었던 데모 테이프 영상을 봤고 아침 뉴스 앵커로 절 채택하고 싶어 한다고요. 정말 운이 좋았다고밖에 말할 수 없어요. 그 테이프는 1년 전에 방송국 총책임자가 한 회의에서 다른 사람에게 전달받은 거였다고 해요. 저는 그런 일이 있었는 줄도 몰랐어요. 한 달이 지나고, 저는 카메라 앞에 다시 서게 되었어요. 전국에서 가장 인기 있는 프로그램으로 말이죠.

실업자로 지내던 1년 반은 저에게 힘든 시간이었어요. 대학을 졸업하고 난 후로 네 번째 직장을 다닐 때까지 전 한 번도 입사 지원서를 내본 적이 없었어요. 항상 누군가 먼저 일자리를 제안했거든요. 그렇게 처음에는 기회가 알아서 제게 찾아왔어요. 하지만 기회는 곧 제 손에서 멀어졌고, 제겐 아무것도 남지 않았죠. 그래서 제가 WNBC 방송국에서 일을 시작했을 때 새벽 6시 뉴스와 오후 5시에 하는 〈5시의 생방송 Live at Five〉 뉴스 프로그램을 진행했는데, 하루의 시작부터 끝까지 일을 하게 된 사실이 기뻤어요. 열심히 일하면서도 여유 있는 태도를 보였더니 NBC 〈투데이〉에서도 저에게 관심을 보인 거죠.

그때의 경험은 제가 가진 모든 것이 한순간에 사라질 수도 있다는 교훈을 가르쳐 주었어요. 친구들이 제게 가장 많이 하는 비판 중 하나는 제가 이뤄낸 걸 즐길 줄 모른다는 거예요. 저도 그러고 싶지만, 저 스스로 성공을 인정하기는 어려워요. 제 양아버지는 '일자리를 구하기 위해 노력해 본 적이 없다면 진정한 노동자라고 할 수 없다'고 항상 말하세요.

매일 아침 전 제게 주어진 것들에 대해 진심으로 감사하며 하루를 시작해요. 저를 지지해 주는 가족들이 있으니 전 행운아죠. 만약 제가 언제나 주인공인 것처럼 안하무인하게 군다면 가족들은 바로 제가 정신 차릴 수 있도록 한 대 때려주겠죠. 저는 사람들을 정말 좋아해요. 제가 겪은 어려운 순간들은 고난의 시간을 겪고 있는 다른 이들에 대한 존경심을 키워주었어요. 그래서 우리 프로그램의 총책임자뿐만 아니라 세트장의 전기 설비 작업자들과도 잘 지내기 위해 항상 노력해요."

자만에 빠지지 않고 여유를 드러내기

당신이 일을 쉽게 해내는 것처럼 보이게 하고 사람들이 당신의 성공을 편안하게 받아들일 수 있도록 만든다면 당신은 운 좋은 사람으로 여겨질 가능성을 높일 수 있다. 사람들이 느끼는 편안함이 클수록 그들은 당신에게 끌리게 되고 당신이 원하는 것을 기꺼이 주고 싶어지게 된다.

자만에 빠지지 않고도 인생을 수월하게 사는 것처럼 보이게 만드는 방법은 아래와 같다.

▍당신 자신을 즐겨라

매트 라우어는 누군가에게 자연스럽게 행동하는 법을 가르치는 것은 불가능하다고 믿는다. 하지만 자신이 누구인지 솔직하게 드러냄으로써 사람들을 편안하게 만들 수는 있다. 거기에는 상당한 자신감이 필요하다. 자신감을 높이는 것은 생각보다 쉽다. 자신감은 태어날 때부터 주어지는 특별한 능력이 아니다. 단지 자신의 강점과 특성을 인식하고, 외부의 비판 때문에 당신이 편안함을 느끼는 상태에서 멀어지지 않도록 만드는 기술일 뿐이다.

사람은 스스로 편안함을 느낄 때만 자신의 기술과 재능에 자신감을 가질 수 있고 자신을 향한 부정적인 시선을 무시할 수 있다. 스스로 일을 잘 해내고 있다고 느끼는 순간 긴장이 풀리고 삶을 순조롭게 살고 있다는 인상을 주게 된다. 하지만 자신에게 쏟아지는 피드백과 비판에 쩔쩔 매기 시작하면 그 부정적인 생각들을 스스로 믿기 시작할 것이다. 결국 자기 본연의 모습이 아닌 다른 이상적인 모습으로 스스로를 바꾸려고 하게 되며 그 과정에서 자신감이 하락한다.

"뉴욕시의 WNBC에서 일자리를 제안받고 일주일이 지났을 무렵에 방송국 매니저와 뉴스 담당자에게 전화를 걸어 물어봤어요. 일을 시작하기까지 한 달 남았는데, 그때까지 제가 미디어 컨설턴트에게 뉴스 진행 기술을 좀 배우는 게 낫지 않을까 하고요. 하지만 결사반대하더군요. 전형적인 앵커가 아니기 때문에 저를 선택한 거라고요. 아무것도 바꾸지 말고, 변화하려고 하지 말라고요. 그들이 보고 싶은 건 데모 테이프에 있던 저 그대로의 모습이고, 곧 사람들이 제 진가를 알아볼 거라고 했어요."

▎사람들을 기분 좋게 만들어라

누군가가 편안하게 느껴지고 그 사람으로 인해 기분이 좋아진다면, 누구라도 그를 도와주고 싶어질 것이다. 사람들을 기분 좋게 만드는 것은 안부를 묻거나 칭찬 한마디를 건네는 것처럼 쉬운 일일 수 있다. 언제나 내가 사람들에게 어떤 영향을 미치고 있는지 떠올리고, 다른 사람들을 기분 좋게 만드는 만큼 나 스스로도 자신감이 생기고 편안해진다는 것을 알아야 한다.

당신에게 찾아온 모든 황금 같은 기회를 되돌아보자. 아마 대부분의 기회들이 당신에게 우연히 찾아온 것처럼 보였을 것이다. 그러나 실제로는 당신을 좋게 평가한 사람들로 인해 당신에게 기회가 주어졌을 가능성이 높다. 어떤 식으로든, 당신이 그 사람들에게 만족을 주었기 때문이다.

경쟁자보다 잘 차려입되 더 순진하게 행동하라

미국의 최고 자산 관리자 중 한 명인 마이클 스톨퍼Michael Stolper는 옷차림과 행동이 성공에 미치는 영향에 대해 이렇게 말했다.

"인생을 수월하게 사는 사람처럼 보이려면 과하지 않게 멋진 옷을 입어야 해요. 그리고 나서 손대는 것마다 성공하는 사람처럼 보이기 시작할 때, 그 이미지를 약간 깨트려야 하죠. 전 제가 얼마나 운이 좋은 사람인지, 남들 눈에도 얼마나 운 좋은 사람처럼 보이는지 알아요. 그래서 사람들 앞에서는 "이 직업의 가장 큰 장점은 제 낮은 아이큐로도 먹고살 수 있다는 거예요"라고 말하곤 해요. 저를 낮출 줄 알면 사람들을 가까이 끌어들일 수 있고, 제가 해낸 일들을 그들도 이뤄낼 수 있다고 믿게 만들죠.

사람들은 종종 성공한 사람들을 보며 그저 부모에게 큰돈을 상속받

왔다거나 우연히 큰 행운을 얻은 거라고 믿고 싶어 해요. 큰 부자나 성공한 사람들을 보면 애초에 귀족 집안에서 태어난 거라고 믿고 싶은 거죠. 그렇게 되면 내가 원하는 걸 누군가는 대체 어떻게 손에 넣었는지 손쉽게 설명할 수 있죠. 하지만 여기에는 문제가 하나 있어요. 그 누구도 잘나가는 귀족을 돕고 싶어 하지 않는다는 거예요. 귀족들은 무슨 일이든 자기가 알아서 해결하고 얻을 수 있잖아요. 하지만 당신이 스스로를 낮춘다면 사람들은 당신도 자기와 같이 두려움을 안고 살아가는 평범한 사람이라는 걸 인정하게 돼요. 물론 남들 앞에서 스스로 웃음거리가 되길 자청하거나 자신을 깎아내리는 건 썩 유쾌하지 않지만, 길게 봤을 때 제 이미지와 행운에 큰 도움이 되죠."

▌의리 있는 사람이라는 이미지를 만들어라

친구에 대한 의리가 있는 사람이라는 명성을 쌓으면 사람들의 존경을 얻게 된다. 충직한 친구로 알려지는 것은, 당신에게 도움을 준 사람의 편에 서서 언젠가 보답할 사람이라는 이미지로 만들어 준다. 그러면 곧 인생을 수월하게 사는 사람이자 도움을 건네고 싶어지는 사람이 된다.

친구에 대한 의리를 드러내는 건 당신이 누군가를 위해 기꺼이 행동하고 도움을 건넬 사람이라는 것을 보여준다. 아무리 인생을 수월하게 사는 사람처럼 보인다고 해도, 혼자 잘 먹고 잘 사는 데만 관심 있는 것이 아니라는 것을 보여준다. 당신이 아끼는 사람들을 위해 기꺼이 나설 의지가 있다는 것이 분명하다고 여겨지면 다른 사람들도 당신의 영역에 들어가고 싶어 할 것이다.

친구들을 향한 의리를 드러내는 데는 여러 가지 미묘한 방식이 있다. 내가 아는 어느 운 좋은 사람은 결코 친구들을 험담하지 않는다. 부적절한 상황만 아니라면 절대 누군가의 도움 요청을 거절하지 않고, 언제나 친구들을 지지한다. 대신 단 한 가지 조건이 있는데, 자신이 상대를 위해 힘쓰는 것처럼 상대도 자신에게 의리를 지켜야 한다는 것이다.

진실된 사람이라는 신뢰를 얻어라

높은 자리에 올라가 큰 힘을 가질수록 진심어린 간언을 해줄 사람은 적어진다. 힘을 가진 사람이 듣고 싶어 하는 말만 해주는 예스맨들에게 둘러싸이기 때문이다. 당신이 솔직한 의견을 툭 터놓고 말하는 것을 두려워하지 않는 모습을 보인다면, 듣기 좋은 말만 하는 예스맨들과 달리 용기를 내 진실된 생각을 들려주는 당신의 가치를 인정할 것이다. 하지만 이 정직함은 동시에 큰 위험을 동반한다. 당신의 말이 어떻게 해석될지 또는 어떤 반응을 불러일으킬지 알 수 없다. 하지만 간언하는 사람을 멀리하는 전통은 옛날 옛적 일이다. 정직하고 솔직하되 부드럽게 말하라. 행운을 만드는 일은 용감하게 행동하면서도 상대의 감정을 존중하는 기술이다.

이사회에서 활동하는 것만으로도 10만 달러의 추가 연봉을 받는 한 고위 임원을 알고 있다. 그는 사람들이 자신의 생각을 솔직하게 말하는 사람으로 알려진 덕분에 그 자리를 맡게 되었다. 그의 말에 따르면,

이사회에서 그의 주요 역할은 한 달에 한 번, 한 시간 동안 회의에 참석하는 것이다. 그 한 시간에는 가벼운 잡담과 날씨나 스포츠 경기에 대한 이야기, 그리고 가끔 주요한 의사 결정을 내리는 과정이 포함된다고 한다. 그는 확실히 똑똑한 사람이긴 하지만 그에게 이사회 임원 자리가 주어진 가장 큰 이유는 사람들이 그가 보여주는 정직함과 신뢰에 큰 점수를 주었기 때문이다. 그게 아니라면 그 사람이 이사회의 회의에 참석할 이유는 없었을 것이다.

힘이 있는 사람들에게 자신의 생각을 말하는 것은 비교적 쉽다. 당신이 정직한 사람이라는 평판을 얻으려면 다른 사람들이 두려워서 말하지 못하는 것을 거북하지 않게 말할 수 있어야 한다. 장신이 얼마나 진실된 사람인지 알려진다면 더 높은 위치에 있는 사람들은 당신을 돕고 싶어 할 것이다.

▎ 부정적인 기운을 뿜어내는 사람을 몰아내라

주변의 사람들이 당신의 삶을 어지럽게 만들고 있다면 인생을 수월하게 사는 것처럼 보이게 할 수 없다. 의식적으로 당신이 가진 삶의 스트레스와 부담을 줄여주는 사람들을 주변에 두기 위해 노력을 기울여야 한다. 그래야 좋은 행운을 만들 수 있다. 마이클 스톨퍼는 이렇게 말했다.

"제 주위에는 운 좋은 사람들이 많아요. 왜냐면, 어떻게 해서든 부정적인 사람들과는 가까이 지내지 않기 때문이에요. 저는 부정적인 사람들이 저를 망칠 것이라는 원초적인 느낌 때문에 긍정적인 사람들을 더 선호해요. 부정적인 사고의 가장 큰 문제는 전염성이 있다는 거죠. 다른 사람의 부정적 사고는 당신도 부정적으로 사고하게 만들어요.

제가 '어마무시한 흡혈귀'라고 부르는 몇몇 사람들이 있어요. 그들은 부정적인 에너지를 뿜어내고, 긍정적인 생각을 제거하는 부정적인 환경을 조성하기를 좋아하죠. 당신이 인생을 수월하게 사는 것처럼 보이게 만들려면 당신의 삶에서 이런 사람들을 제거해야 해요. 이 사람들은 요령으로 다룰 수 없어요. 그저 신속하고 단호하게 제거되어야 하죠. 내가 싫어하는 누군가 때문에 함께 있는 장소에서 빨리 벗어나고 싶어진다면, 그 사람이 내 삶을 통제하고 있는 거나 다름없어요. 그런 상황은 절대 용납할 수 없죠."

스톨퍼는 긍정적으로 사고하는 사람들을 찾아 주위에 두고, 스스로를 피해자로 여기는 사람들이나 명백히 당신을 질투하는 사람들과의 관계를 제한하라고 조언한다. 그러면 세상을 바라보는 당신의 시선도 바뀌고 인생이 수월한 것처럼 보이게 만드는 능력도 향상될 것이다.

▎당신에게 적대적인 사람은 화가 난 고객처럼 대하라

인생을 쉽게 사는 것처럼 보이는 사람들은 다른 사람들의 적대감이나 질투에 영향을 받지 않는다. 그들은 자신이 그런 함정에 빠지지 않도록 부정적인 사람들을 화난 고객으로 여긴다. 비즈니스 상황에서 화가 난 고객을 상대할 때는 그들의 분노를 개인적인 공격으로 받아들이지 않는다. 대신, 그들을 가능한 한 빨리 해결할 방법을 찾는다.

"부정적이지만 도저히 거리를 둘 수 없는 사람들이 있어요. 직장 동료나 상사처럼요. 그들이 당신의 부서를 떠나거나 직업을 바꾸지 않는 한 그들과 함께 있을 수밖에 없죠. 그들이 적대적으로 행동한다고 해서 그 공격을 개인적인 감정으로 받아들이면 안 돼요. 바꿀 수 없는 관계를 바꾸기 위해 너무 많은 에너지를 소모하게 되니까요.

대신, 적대적인 사람들을 화가 난 고객이라고 생각하고 대해 보세요. 인내심이 더 커지고 분노와 거리를 둘 수 있게 돼요. 더 침착하게 굴수록 당신은 더 편안한 것처럼 보이고, 당신이 더 편안하게 보일수록 인생은 더 쉬워질 거예요."

게임의 룰 2:
평판이 모든 것을 좌우한다

"위대한 사람은 자신보다 못한 사람을 대하는 방식에서
그 위대함을 보여준다."

_영국의 사학자, 토머스 칼라일Thomas Carlyle

대부분의 사람들은 스스로 카리스마 있다고 생각하지 않거나 만약 그렇게 생각하더라도 이를 공개적으로 인정하지 않는다. 흔히 사람들은 카리스마가 다른 사람들이 가진 강력하고도 무서운 능력이며, 우리와는 관련이 없다고 여긴다. 사람들은 타인을 매료시켜 자신을 좋아하게 만드는 능력이 바로 카리스마라고 생각한다. 또한 보통은 머리 색이나 키처럼 타고나는 특성이라고 보기도 한다.

하지만 이는 진실이 아니다. 누구나 자신의 성격을 더 매력적으로 만들기 위해 의식적으로 노력할 수 있다. 당신의 매력을 높이면 더 많은 사람들이 당신을 좋아하게 될 것이고, 더 많은 사람들이 당신에게 기회를 제공하고 싶어 할 것이다. 적절한 상황에서 보여주는 카리스마는 당신의 운명을 단기간에 개선해 줄 수 있는 사람들을 매료시킬 것이다.

카리스마란 무엇인가?

카리스마Charisma는 원래 고대 그리스어 명사 카리스Charis에서 유래했으며, 이는 영적인 은혜나 선물을 의미했다. 이 선물은 신이 은혜의 표시로 사람들에게 부여하는 것이라고 믿어졌으며, 원래는 치유의 능력과 언어적인 재능을 상징했다. 이 단어는 그리스어로 번역된 신약 성경에서 처음으로 등장했는데, 종교 개혁 이후 문명과 고대 그리스에 대한 연구가 부활하면서 1641년에 영어로 유입되었다.

카리스마라는 단어가 처음으로 종교적 의미가 아닌 세속적 의미로 사용된 것은 1922년 독일 사회학자 막스 베버Max Weber에 의해 이루어졌다. 그는 대중의 상상력을 사로잡고 불변의 충성심과 헌신을 불러일으키는 지도자의 자질을 논할 때 이 단어를 사용했다.

수천 년이 지났지만, 우리는 여전히 카리스마 있는 사람들의 매력적인 힘에 경외심을 느낀다. 모든 카리스마 있는 사람들은 인정받고 싶고 동기를 부여받고 싶은 사람들의 욕구를 충족시키는 매력적인 성격을 가지고 있다. 또한, 그들은 우리에게 신뢰할 수 있는 리더를 따르고자 하는 욕구도 충족시켜준다. 사람들은 강력한 리더십을 원하기에 결국 강한 사람에게 끌린다. 그러나 오늘날 우리가 알고 있는 카리스마는 단순한 리더십을 넘어선다. 그래서 능력 있는 리더라 할지라도 카리스마는 가지지 못했을 수도 있고, 뛰어난 아이디어를 가진 좋은 관리자가 될 수는 있어도 사람들에게 충분한 영감을 주지는 못할 수도 있다.

카리스마 있는 사람으로 인정받으려면 사람들에게 안정감을 주면서 동시에 그들을 끌어들이는 능력을 가져야 한다. 현대의 대통령들은 대부분 카리스마가 있었다. 대중의 상상력을 사로잡고, 흔들리지 않는 헌신을 불러일으킬 수 있었다. 예를 들어 미국의 제40대 대통령 로널드 레이건Ronald Reagan은 특히 카리스마가 있었다. 그는 사람들이 거부할 수 없는 다정함과 온화함을 가지고 있었다. 아버지와의 관계가 가장 좋지 않았다고 알려진 그의 아들조차 아버지가 '자기만의 방식'으로 힘주어 얘기할 때는 거절하기 어려웠다고 말한 바 있다. 그의 카리스마는 자연스러웠다. 영화배우 출신다운 매력적인 외모와 눈부신 미소, 사람들을 기분 좋게 만드는 능력과 강력한 자기 표현력까지 갖춰 완벽하게 조화를 이루었다.

우리는 왜 카리스마 있는 사람들에게 그렇게 매력을 느낄까? 아마도 고등학교 시절부터 카리스마 있는 사람이 가지는 매력과 사람을 헌신하게 만드는 힘에 노출되었기 때문일 것이다. 고등학교 시절, 대부분은 사람들의 주목을 받는 중심 인물이 아니었다. 그 영광은 주로 스포츠 팀의 주역이나 치어리더들에게 돌아갔다. 나머지 학생들은 그들이 가진 영향력을 부러워했고 그들과 친구가 되기를 바랐다. 하지만 현실적으로 대부분의 아이들이 그들과 가깝게 지내지 못했거나 그 외의 주목받는 사람들과도 가까워지지 못했다. 그래서 오늘날 카리스마 있고 외향적인 사람을 만나게 되면 사람들은 특별함을 느끼고 에너지를 얻는다. 그 시절과 달리 마침내 멋진 아이들에게 받아들여진 기분이 드는 것이다.

그러나 카리스마는 다양한 강도를 가지고 있고, 단순히 능력 있는 사원이 되는 것과 카리스마가 있는 것은 큰 차이가 있다. 누군가가 가장 넓은 의미에서 진정으로 카리스마 있는 사람으로 여겨지려면, 자신이 말하는 것에 대해 스스로 믿음을 가지고 있어야 하며, 자신이 진심으로 말하고 있다는 것을 상대에게도 느끼게 해야 한다. 카리스마 있는 사람들은 결국 원하는 것을 얻는다. 그들이 원하는 것을 주고 싶은 충동을 많은 사람들이 느끼기 때문이다. 카리스마 있는 사람은 다른 사람들로 하여금 자신이 그 중요한 인물과 같은 영역에 속한 사람인 것처럼 느끼게 만든다. 주변 사람들에게 온화한 태도를 보이며, 그들의 생각과 의견을 받아들여 준다.

카리스마와 행운의 연결고리

카리스마는 아름답게 꾸며진 방에 들어섰을 때 느끼는 감각과 비슷한 경험을 제공한다. 가구와 카펫이 너무나도 매력적이어서 그 방에 앉아 쉬고 싶은 충동을 느끼게 된다. 카리스마 있는 사람들은 정신적, 육체적으로 균형 잡힌 매력을 발산하여 그들에게 매료되거나 호의를 베풀지 않을 수 없게 만든다. 결국 카리스마 있는 사람들이 원하는 것을 주고 싶어지게 된다. 그들의 힘이 우리에게도 스며들기를 바라기 때문이다.

카리스마 있는 사람들이 원하는 것을 주는 것은 그들을 행복하게 만들고, 그들을 행복하게 만드는 것은 비록 잠시일지라도 그들이 우리의 존재를 인정하게 만드는 가장 좋은 방법이다. 카리스마는 행운과 큰 연관이 있는데, 둘 다 신적인 힘에 의해 오는 것처럼 보인다는 점이다. 우리는 항상 응원하고 지지할 수 있는 슈퍼히어로를 찾아다닌다. 슈퍼히어로들과의 접점을 통해 그들이 가진 비밀을 배우고, 엄청난 능력을 가진 그들과 닮아가며, 다른 사람들에게 사랑받기를 원한다.

매력 지수가 높은 사람들은 몸짓으로도 기회를 끌어당기기 때문에 엄청난 수의 기회를 끌어들인다. 〈워싱턴 포스트〉의 편집국장인 벤 브래들리Ben Bradlee의 아내이자 같은 신문의 기자로 활동한 샐리 퀸Sally Quinn은 수년간 수백 명의 카리스마 있는 사람들을 만난 워싱턴 D.C. 사교계 인사로서 다음과 같은 말을 남겼다.

"스미스대학을 다닐 때, 어느 무용 선생님이 있었어요. 그녀는 어깨를 움츠리고 방에 들어오더군요. 그 선생님의 고개는 숙여져 있고 배는 나와 있으며 발은 벌어져 있었죠. 그러더니 학생들에게 '내가 지금 어떤 메시지를 전달하고 있죠?'라고 물었어요. 아무도 대답을 못 하니까 '이 세상에 내가 존재해서 죄송하다고 사과하는 거예요'라고 말했어요.

그 후 그녀는 방을 나가더니 다시 들어왔어요. 이번에는 고개를 높이 들고 어깨와 목, 등이 곧게 펴져 있었으며, 가슴을 앞으로 내밀며 걸었죠. 그녀는 '내가 이번에는 무슨 메시지를 보내고 있죠? 나는 자신감 있고 스스로를 자랑스럽게 여긴다고 말하고 있어요. 이곳에 있는 것이 기쁘고 나 스르로가 가치 있는 인간이라는 것을 드러내고 있죠'라고 말했어요. 그건 정말 가치 있는 교훈이었어요. 저는 수년간 그때의 교훈이 현실에서 수백번 실현되는 것을 보았어요. 카리스마 있는 사람들은 자신을 승자로 여기듯이 행동하기 때문에 더 많은 것을 얻어요. 그들이 방에 들어서면 사람들은 '와, 저렇게 자신감 있게 행동하는 걸 보니 저 사람은 대단한 사람인 게 틀림없어. 저 사람이 내 팀에 있거나, 내 사무실에서 일하거나, 내 인생에 함께 있기를 원해'라고 생각하게 되죠."

카리스마가 많은 기회를 창출하는 또 다른 이유는 그 안에 기대감이 있기 때문이다. 당신이 거침없이 행동할 때 '나는 사랑받기를 기대해. 성공하기를 기대하고, 이 일자리에 고용되기를 기대해. 나는 성공하기를 기대해'라는 신호가 거기에 담긴다. 당신이 기회를 기대하고 있다는 신호를 표출하면 대부분의 사람들은 '물론이죠. 안 될 거 뭐 있나요?'라고 생각하게 된다. 카리스마 있는 사람들은 우리가 제공하는 어떤 도움이라도 감사하고 그 기회를 최대한 활용할 것이라는 확신을 심어준다.

당신이 카리스마 있는 사람으로 인식된다면 사람들이 당신을 위해 더 큰 노력을 기울일 가능성이 높아지며, 당신이 성공적인 결과를 얻을 가능성은 더 커진다. 카리스마는 당신을 운이 좋게 보이게 만들고, 이는 다시금 황금 같은 기회를 끌어들인다.

카리스마 있는 사람들의 비밀

우리는 카리스마를 운과 동일시하는 경향이 있는데, 이는 카리스마 있는 사람들이 선천적으로 호감을 주는 힘을 타고났다고 생각하기 때문이다. 하지만 카리스마는 태어날 때부터 가지고 나오는 것이 아니다. 인생 어느 시점에서나 습득할 수 있으며 약간의 카리스마만으로도 큰 효과를 발휘할 수 있다.

카리스마 있는 사람들은 자신을 매력적으로 만들고 만나는 사람들의 충성을 얻기 위해 매우 구체적인 행동을 한다. 이러한 기술은 어린 시절부터 자연스럽게 개발되었거나 배우고 연습한 결과이다. 대부분의 사람들이 로널드 레이건에게서 자연스럽게 보여지는 진정성이나 헬렌 헌트Helen Hunt 같은 영화배우의 소박한 매력을 가지지는 못하겠지만, 지금보다 더 카리스마 있게 행동하고 자신을 더 매력적으로 만들 수 있다.

비결은 카리스마 있는 사람들이 어떤 방식으로 행동하는지 관찰하고, 그 자질을 배우고 연습하여 편안하게 느낄 때까지 익히는 것이다. 비록 당신이 자연스럽게 이를 표출하지 못하더라도 열정과 겸손을 결합함으로써 카리스마 있는 사람처럼 행동할 수 있다. 높은 에너지는 사람들이 당신을 주목하게 만들고 겸손은 당신을 접근하기 쉽고 호감 가는 사람으로 만든다.

이 조합은 매우 중요하다. 왜냐하면 한쪽만으로는 당신의 행운에 부정적인 영향을 미칠 수 있기 때문이다. 높은 에너지는 당신을 과도하게 활기차거나 심지어 무모하게 보이게 만들 수 있다. 반면 겸손만으로는 당신을 연약하게 보이게 만들 수 있다. 그러나 이 두 가지를 결합하면 사람들은 당신을 존경하고 돕고 싶어 할 것이다.

하지만 천천히 시작하는 것이 좋다. 전문가들은 변화된 행동이 주위 사람들에게 불편함을 주지 않도록 하면서 동시에 자신의 성격에 스며들도록 하려면 보통 6개월에서 1년이 걸린다고 말한다. 로체스터 공과대학의 경영학 교수이자 카리스마 전문가인 앤드류 두브린Andrew DuBrin은 이렇게 말한다.

"카리스마는 염색약과 비슷해요. 단계적으로 변화해야 하죠. 누군가 금요일에 백발이었다가 월요일에 검은 머리로 나타나면 깜짝 놀랄 수밖에 없을 거예요. 조금 더 카리스마 있는 사람이 되는 건 점진적인 변화 과정이 필요해요. 그렇지 않으면 새로운 성격이 자연스럽게 보이지 않을 거예요. 카리스마라는 건 원래 노력해서 얻는 것이 아닌 자연스럽게 타고난 것처럼 보여야 하는 법이니까요."

여기에는 몇 가지 조건이 있다. 카리스마 있는 사람이라는 평판을 얻으려면 사람들과 유대감을 만들고 그들에게 깊은 인상을 남겨서 그들이 당신을 돕거나 당신에 대해 소문을 퍼뜨리고 싶어 하도록 만들어야 한다는 것이다.

그렇다면 카리스마 있는 사람들은 어떻게 매 순간 자신의 매력을 강화하고 평판을 만들어 나갈까? 그 방법을 살펴보자.

▎먼저 손을 내밀고 꽉 쥐어라

단단한 악수가 만들어내는 유대력은 수천 년 전으로 거슬러 올라간다. 악수는 항상 신뢰와 힘을 상징해 왔다. 악수는 당신의 인격을 드러내는 성공으로 가는 관문과 다름없다. 내가 아는 모든 카리스마 있는 사람들은 악수를 단단히 하며, 악수가 강한 인상을 남기는 중요한 요소 중 하나라고 여긴다.

하지만 모든 사람이 큰 손이나 강한 손아귀 힘을 가진 것은 아니다. 특히 여성들에게 그렇다. 내가 아는 어느 카리스마 있는 사람은 팔을 약간 뒤로 당긴 다음 손을 상대방에게 힘차게 내미는 악수 전략을 사용한다. 이렇게 하면 손이 어정쩡해지거나 약한 포지션에 놓이는 것을 방지하며, 단단하면서도 손과 손이 완전히 접촉되는 악수가 된다. 이 접촉을 통해 당신이 가진 에너지와 열정이 담긴 미묘한 메시지가 상대에게 전달된다. 손을 잡은 직후에 약간의 힘을 더 준다면 당신의 악수는 마치 단단한 포옹을 한 것처럼 느껴질 것이고, 누구도 그런 악수를 싫어하지 않는다.

▎상대와 눈을 마주쳐라

　카리스마 있는 사람들은 상대를 대할 때 꼭 눈을 마주치고 시선을 돌리지 않는다. 이는 생각보다 쉽지 않다. 왜냐하면 대부분의 사람들은 말을 할 때 눈을 깜빡이거나 자연스럽게 다른 곳으로 시선을 돌리기 때문이다. 눈 맞춤은 당신이 상대방에게 진심으로 관심이 있으며 얼마든지 마음이 열려있다는 것을 나타낸다. 심지어 사람들이 많이 모인 곳이라 할지라도 눈을 맞춘 상대는 당신과의 사적인 친밀감을 느끼게 된다.

　많은 사람들이 눈 맞춤을 유지하는 데 어려움을 겪는다. 몇몇 사람들은 시선을 돌려야만 다음에 말할 내용을 생각해 낼 수 있다. 어떤 사람들은 상대방이 자신을 쳐다보면 그 시선이 의식되어서 눈을 돌려 버리고, 심지어는 눈을 맞추는 게 상대방을 불편하게 만든다고 느끼는 사람도 있다.

　로널드 레이건이 나오는 영상을 보면 그가 상대방이 말할 때 고개를 숙이고 입술을 오므린 후 상대방이 말을 마칠 때쯤 고개를 들어 상대방의 눈을 똑바로 바라보는 전략을 사용한다는 것을 알 수 있다. 마치 '당신이 무슨 말을 하는지 정확히 이해하고, 그 말에 동의해요'라고 말하는 듯한 눈빛이었다. 대답을 할 때는 상대방뿐만 아니라 그 양옆에 있는 사람들의 눈까지 직접 바라본다. 이렇게 하면 상대방을 불편하게 만들지 않으면서도 다른 사람들 또한 대화의 일부라고 느끼게끔 만든다.

　로널드 레이건처럼 카리스마 있는 사람들이 사용하는 눈 맞춤 전략은 타인에게 당신을 확실히 각인시킨다. 만약 당신이 대중 연설이나 모임에서 사람들을 만나는 데 익숙하지 않다면 전략적으로 사람들과 시선을 맞추며 상대를 매료시키는 연습을 하면서 배워나갈 수 있다.

▎상대의 이름, 가능하면 자녀들의 이름까지 기억하라

카리스마 있는 사람들은 상대의 이름을 기억하는 기술이 좋다. 누군가의 이름을 알게 되는 즉시 입으로 소리 내 말하고, 그 이름을 유명한 사람이나 사물과 연관해 기억한다. 예를 들어 폴이라는 이름은 폴 매카트니로, 샤론이라는 이름은 샤론 스톤으로 연결하는 것이다. 핵심은 즉시 그 사람의 이름을 머리에 새기는 것이다. 이 기술을 익히면 상대의 이름을 잊어버리는 당혹스러운 상황을 피할 수 있고, 매끄러운 인상을 유지하며 카리스마를 남길 수 있다.

▎감정을 표현하라

일반적으로 내성적인 사람은 카리스마 있다고 여겨지지 않는다. 카리스마 있는 사람이 되고 싶다면 당신이 이야기하는 모든 것에 대해 열정을 보여야 하며, 자신을 생동감 있게 표현해야 한다. 대화에서 비유와 손동작은 큰 인상을 남기는데, 이는 만나는 사람들이 당신이 한 말을 더 잘 기억하게 되기 때문이다. 긍정적이고 표현력 있게 말하는 것은 연습이 필요하다. 당신이 사람들에게 영감을 주고 동기를 부여하는 사람으로 여겨지기를 원한다면, 감정을 솔직하게 표현하고 열정적으로 말하는 것이 중요하다. 사람들이 당신을 매력적으로 여길 것이다.

카리스마 있는 사람들은 뉴스, 영화, 또는 사람들에 대해 이야기할 때 시의적절한 주제에 대한 자신의 감정을 표현하기 때문에 돋보일 수밖에 없다. 시의적절한 소재를 찾는 좋은 방법은 신문과 잡지를 읽는 것이다. 대부분의 사람들이 놓치는 부분까지 읽고, 서로에게 공통적으로 적용되는 뉴스 소식을 연관시키면 좋다. 사람들이 아직 생각해 보지 못한 포괄적인 주제를 만들어내라. 당신의 열정과 솔직함이 클수록, 사람들이 당신을 카리스마 있는 사람으로 생각할 가능성이 높아진다.

유머를 드러내라

사람들은 웃음을 주는 사람들을 좋아한다. 웃음은 기분을 좋게 만들기 때문에 유머 있는 사람들은 자동으로 더 매력적으로 느껴진다. 당신이 좋아하는 코미디언들을 생각해 보라. 모든 사람은 자신이 더 재치 있는 사람이길 바란다. 재치 있는 사람은 재미있고 똑똑하며, 사람들에게 긍정적인 영향을 미칠 수 있기 때문이다.

대부분의 유머러스한 사람들은 다양한 주제에 대해 매우 많이 접하며 지식을 쌓고 있다. 샐리 퀸은 '유머 감각과 정직함은 카리스마를 발휘하는 데 있어 가장 강력한 조합'이라고 말했다.

자신을 전기 발전기라고 상상하라

카리스마 있는 사람들의 가장 중요한 측면 중 하나는 높은 에너지다. 샐리 퀸은 그게 바로 잭 케네디가 가진 능력이었다고 한다.

"모든 케네디 가문 사람들은 엄청난 에너지를 가지고 있어요. 그들을 만나면 마치 엔진이 돌아가는 것 같은 느낌이 들죠. 카리스마 있는 사람이 방에 들어서면 웅웅거리는 소리가 귀에 들리는 것만 같아요. 함께 있으면 그들과 나 사이에 전류가 흐르는 것처럼 느껴지죠."

높은 에너지를 가진 사람들은 활력이 중요하다는 것을 알고 있다. 그들은 에너지가 넘치고 우리는 그들의 활력에 감탄한다. 활력은 젊음과 성적인 스테미나를 암시하며 이는 곧 장수와 연결된다.

메시지를 인간적으로 전달하라

모든 카리스마 있는 사람들은 마치 그 사람이 세상의 중심인 것처럼 방에 들어서지만 대부분의 시간을 다른 사람들에게 집중한다. 카리스마의 핵심은 다른 사람들을 특별하게 느끼게 만드는 것이다. 그중 가장 효과적인 방법 하나는 다른 사람들의 필요를 자신의 것보다 우선시하는 것이다. 카리스마는 자신의 가치를 자랑하는 게 아니라 다른 사람들을 특별하게 느끼게 만드는 것이다. 다른 사람들에게 말할 기회를 줄 때 당신은 훌륭한 경청자가 되며, 다른 사람들에게 자신에 대해 기분 좋게 느낄 기회를 줄 때 당신은 카리스마 있는 사람이 된다. 간단한 이치다.

다른 사람들을 기분 좋게 만드는 전략들

누군가와 함께할 때, 그들을 기분 좋게 만드는 몇 가지 비법이 있다.

▮ 칭찬은 구체적으로 하라

사람들을 칭찬할 때 너무 광범위한 의견을 제시하면 진심이 담기지 않은 것처럼 들릴 위험이 있다. 예를 들어 "이번 주에 잘했어"라고 말하면 당신도 그에 상응하는 칭찬을 듣기 위해 한 말처럼 들릴 수 있다. 하지만 "그 보고서 정말 잘 썼어. 결론이 아주 정확하게 전달됐어"라고 말하면 구체적인 칭찬이 더 큰 진정성을 전달한다.

여기서 중요한 것은 단순히 다른 사람들과의 관계를 개선하기 위해 칭찬을 남발해서는 안 된다는 것이다. 좋은 말을 할 기회가 생겼을 때, 그 사람이나 그들의 성과에 대해 구체적으로 칭찬할 점을 찾아보라. 이렇게 하면 훨씬 더 큰 영향을 줄 수 있고 진심도 더 잘 전달될 것이다.

▮ 다른 사람들의 불안감을 이해하라

사람들을 칭찬할 때 칭찬이 오히려 상대를 긴장하게 할 수 있다는 사실을 이해해야 한다. 칭찬을 들은 상대의 몸짓 언어와 반응을 주의 깊게 읽고 그들의 불안감에 대해 민감하게 대처하라. 그래서 다른 여러 사람들과 다함께 있을 때보다 일대일로 독대할 때 건네는 칭찬이 더 큰 효과를 발휘하기도 한다.

수줍음을 극복하라

샐리 퀸은 수줍음이 많은 사람들에 대해 이렇게 말했다.

"전 스스로 수줍음이 많다고 말하는 사람들에게 많은 인내심을 발휘하기 어려워요. 수줍다는 건 종종 그들이 자기중심적이라는 걸 의미하기도 하거든요. 내가 지금 어떻게 보이는지, 사람들이 날 어떻게 생각하는지, 내 행동에 어떻게 반응할지 등등, 자기에 대해서만 생각하는 거죠. 그 대신 차라리 다른 사람에 대해 생각하는 게 더 나아요."

수줍음을 극복하려면 어떻게 해야 할까? 사람들이 있는 방에 들어설 때 "사람들이 나를 어떻게 생각할까?"라고 생각하는 대신 "나는 그 사람들을 어떻게 생각하고 있지? 가서 그들이 어떻게 지내는지 물어보자. 그들이 어떤 기분인지 무슨 일이 일어나고 있는지 알아보자"라고 스스로에게 말해 보라. 내가 아닌 상대방에게 초점을 맞추면 그 사람에게 물어볼 질문들이 바로 떠오르게 되며, 자신의 자의식에 얽매이지 않게 된다.

수줍음을 극복하는 또 다른 방법은 자신이 주최한 파티에 참석한 것처럼 행동하는 것이다. 만약 당신이 주최자처럼 행동하면 다른 사람들을 편안하게 만들어주기 위해 동분서주하느라 너무 바빠서 수줍어할 시간이 없을 것이다. 다른 사람들을 편안하게 만들고 싶다면 그중 불편해 보이는 사람을 찾아보라. 당신도 그들처럼 불편함을 느낄 수 있지만, 그 사람을 편안하게 만들어 주고 대화에 끌어들이는 것이 당신의 책임이라고 생각한다면 당신이 느끼던 불편함은 금세 잊게 될 것이다.

낯선 사람들로 가득 찬 방에 들어가 곧바로 그들과 어울리기를 기대하지 말라. 알지 못하는 사람들 사이에 무턱대고 끼어드는 것은 오히려 당신에게 불리하게 작용할 수 있다. 샐리 퀸은 마지막으로 이런 말을 남겼다.

"카리스마 있는 사람들이 반드시 파티의 중심을 차지하는 건 아니에요. 그들은 자신이 아는 사람들을 찾아가 대화를 나누죠. 대신 매력적인 성격 덕에 그를 아는 사람들은 즉시 다른 사람들에게도 이 매력적인 사람을 소개해 주고 싶어 할 거예요. 다른 이들도 그 사람과 친해지고 싶어 할 거고요."

열정을 적절히 표현하기

내가 매일 아침 타는 뉴욕 지하철 열차의 차장은 느긋하게 구는 사람들에게 참을성이 없다. 이 지하철은 타임스퀘어와 그랜드 센트럴 터미널 사이를 운행하는 셔틀 열차다. 타임스퀘어에서 승객들이 하차한 후에는 다음 역이 있는 맨해튼 동부로 가는 3분간의 여행을 떠나기 전에 1~2분 정도 역에 머무른다. 열차가 출발할 준비가 되면 모터가 켜지고 "문 닫습니다"라는 차장의 말과 함께 모든 문이 닫힌다.

하지만 최근 나는 새로 온 열차 차장에 대한 한 가지 사실을 알아차렸다. 그가 사람들이 열차에 타기 위해 뛰어가는 모습을 발견하면 몇 초간 더 기다려준다는 사실을 말이다. 반면에 느긋하게 걸어오는 사람들에게는 정해진 대로 문을 닫아버리는 경우도 있었다. 그의 의도가 궁금해진 나는 차장에게 문을 열어줄지 말지를 어떻게 결정하는지 물어보았다. 그는 이렇게 대답했다.

"사람들이 열차를 타기 위해 노력하는 게 보이면 그 승객을 도와주고 싶은 마음이 들어요. 문을 몇 초 더 열어주는 건 문제가 안 되죠. 하지만 이 열차를 타는 게 딱히 중요하지 않은 사람이라면 저에게도 중요하지 않아요. 그저 다음 열차를 타면 되잖아요."

내가 노력하고 열정을 보이기만 하면 내 인생에 변화를 만들어줄 사람들이 곳곳에 있다는 사실을 그 차장의 말을 통해 깨달았다.

잼Jam은 열정으로 가득한 대표적인 사람이다. 카리브해에 위치한 세인트 바츠 섬에서 휴가를 보낸 적 있는 사람들은 아마도 그를 알고 있을 것이다. 그는 세인트 장 마을에서 멋진 시가 가게를 운영하는데, 항상 쿠바 커피를 끓이거나 단골손님들을 위해 30년산 럼주를 따라주는 사람으로 유명하다. 사람들은 오직 시가를 사기 위해, 또는 잼과 대화를 나누기 위해 개인 경비행기를 타고 세인트 바츠에 오기도 한다. 나는 뉴욕의 한 파티에서 잼을 아는 사람들을 만난 적도 있다.

잼이 특별한 이유는 그의 매혹적인 열정과 겸손 때문이다. 그의 가게에 누가 오든 간에 그는 항상 활기차고 모든 사람들에게 친밀한 관심을 기울인다. 그 덕에 그의 비즈니스는 성공적일 수밖에 없다.

"나는 튀니지에서 태어나 가난한 환경에서 자랐어요. 지금처럼 편안한 삶을 살고 있다는 사실이 정말 기쁘죠. 내겐 멋진 아내와 아이들이 있고 전 그들을 아주 사랑해요. 전 사람들을 사랑합니다. 사람들의 행복에 함께 즐거워하고 나의 행복을 나눠요. 내가 신나면 사람들도 더 신나하죠. 처음에는 절 잘 모르기 때문에 딱딱하거나 어색해할 수도 있지만 떠날 때는 항상 기분이 더 좋아진 채로 가요. 저도 제 성격이 사람들에게 긍정적인 영향을 미치는 걸 보는 게 좋아요. 때로는 제가 가진 열정 때문에 경계하는 사람도 있지만 몇 번 방문해 보면 이게 저의 진짜 모습이라는 걸 깨닫게 돼죠.

열정에는 전염성이 있어요. 누군가 웃는 얼굴로 접근하면 처음에는 그 사람이 당신을 속여서 뭔가를 빼앗으려는 것이 아닐까 의심할 수도 있어요. 하지만 그 사람이 아무것도 원하지 않는다는 것을 깨달으면 그 사람이 보여준 열정을 당신도 자연스럽게 느끼게 돼죠. 열정은 사업에도 좋은 영향을 끼쳐요. 대신 사업을 쉽게 만든다는 게 아니라, 사업에 재미를 더하는 것뿐이죠. 열정은 사람들을 흥분시키고 특별함을 선사합니다.

이 섬과 카리브해 전역에는 시가를 살 수 있는 다른 가게들이 더 있습니다. 제 가게보다 더 큰 가게들도 있죠. 하지만 나를 만날 수 있는 가게는 여기뿐이에요. 그래서 사람들이 저희 가게에서 더 많은 시가를 사는지도 모르겠네요. 아마 맞을 거예요. 하지만 내가 분명히 알고 있는 건 사람들이 시가뿐만 아니라 더 많은 것을 위해 여기에 온다는 거예요. 가게에 방문했던 사람이 몇 달 후에 제게 안부 전화를 하기도 하고, 집에 돌아가 선물을 보내주기도 해요. 저를 만나서 행복해지고, 저도 그들을 만나서 행복을 얻죠. 열정은 사람들을 당신에게 끌어들이고 그 사람들은 행운을 가져다 줘요."

어떤 사람들에겐 열정을 표현하는 일이 쉽지 않을 수도 있겠지만 행운을 만들어 내기 위해서는 필수적이다. 열정을 표현하는 것은 매력적으로 보인다. 거기에 감정적인 활력이 깃들어 있기 때문이다. 누군가 신나게 열정을 드러내면 그는 젊고 생기 넘치는 사람으로 보인다. 열정을 보여주기 위해 노력하면 자신의 의도와 욕구가 분명해지고, 그것을 본 더 많은 사람들은 당신을 기쁘게 해주고 싶어진다. 우리는 자신이 하는 일이나 인생, 혹은 그 무엇이든 열정을 느끼는 사람들을 좋아한다. 열정을 가지고 있다는 건 곧 생명력과 활기로 가득하다는 것을 의미하기 때문에 그런 사람들을 돕는 것만으로도 활기차고 살아있는 느낌을 갖게 만든다.

적절한 수준의 열정을 찾아라

그렇다고 열정을 가진 모든 사람들이 매력적인 것은 아니다. 잼과 달리 지나치게 강압적으로 다가오거나 진정한 열정이 없는 사람들도 많다. 그들이 내보이는 과도한 친근감은 사람들을 겁먹게 한다. 그 안에 사실 우리를 이용하려는 속내가 있을까 봐 두렵기 때문이다. 열정이 효과를 발휘하기 위해서는 부드럽고 다가가기 쉬운 방식을 선택해야 한다. 너무 강하게 다가오면 당신이 따뜻함을 보이려던 사람들을 오히려 불 태우게 된다.

나는 한때 너무 열정적이어서 그와 접촉하는 모든 이들을 불편하게 만든 사람을 알고 있었다. 그는 항상 화려하게 차려입었으며 애프터셰이브를 너무 많이 바르고 사람들에게 너무 가까이 붙어 섰으며, 지나치게 활동적이고 너무 빨리 말하곤 했다. 그는 분명 낙관적이고 결단력 있는 사람처럼 보였다. 언제나 활기차고 열정으로 가득했다. 그의 열정은 사람들의 주목을 끌었지만 지나치게 흥분하는 태도는 그에게 아무런 도움이 되지 않았다. 언제 그를 만나든 그는 항상 직업적으로 어려움을 겪고 있었는데 어려움을 겪을수록 더 큰 열정을 가져야 한다고 생각했다. 그의 이름을 다른 사람들에게 언급할 때마다 사람들은 모두 같은 반응을 보였다.

"그 사람은 좀 소름 끼쳐."

열정이 효과적이기 위해서는 낮은 단계부터 천천히 시작해야 한다. 열정을 야구 방망이처럼 마구 휘두를 수는 없다. 열정은 사람들을 유혹하는 힘이 있기 때문에, 너무 공격적이거나 지나치게 사용하면 당신에게 숨은 의도가 있는지 의심하게 되고, 심지어 당신의 판단력까지 의심받게 된다. 당신이 사람들을 난처하게 만들지 않을 것임을 믿게 만들어야만 당신의 편에 사람들이 설 수 있다. 열정이 효과를 발휘하려면 전염성을 가져야지 절대 사람을 마비시켜선 안 된다. 사람들은 당신의 열정에 의해 동기 부여를 받아야 하며, 그것에 의해 압도되거나 숨 막히지 않아야 한다. 지나친 열정은 당신을 무모하고 통제되지 않은 사람으로 보이게 만들고, 이는 절대 당신이 원하는 바를 얻는 데 도움이 되지 않는다.

말이 빠른 사람들은 열정적인 것처럼 보이지만 사람들로 하여금 굳이 무언가를 돕거나 제공할 가치가 있다고 생각하지 않게 만든다. 빠르게 걷고 빠르게 말하는 행동은 진실을 감추거나 우리의 주의를 다른 곳으로 돌리려는 것처럼 보이기 때문이다.

운 좋은 사람들은 어떻게 열정을 통해 성과를 만드는가

인생에서 우리가 통제할 수 있는 것은 단 두 가지, 태도와 노력이다. 열정은 태도와 노력이 직접적으로 반영된다. 열정을 보여주는 것은 당신이 긍정적인 태도를 가지고 있으며 노력하고 있다는 사실을 전달한다. 사람들로 하여금 당신에게 어떤 생동감 있는 기질이 있다고 생각하게 만드는 것이다. 행운을 가진 사람들은 열정의 중요성을 알고 있지만, 동시에 그 열정이 다양한 강도로 표현될 수 있다는 사실도 알고 있다.

그들이 열정을 발산하는 방식에는 다음과 같이 숨겨진 비결이 있다.

┃ '졸업 앨범' 미소를 연습하라

사람들의 기억에 남는 가장 효과적인 방법 중 하나는 크게 미소 짓는 것이다. 다른 사람의 졸업 앨범을 펼쳐 살펴본다고 상상해 보자. 그 앨범을 다 보고 난 후 가장 열정으로 가득한 사람들을 떠올려 보라고 한다면 그중 가장 크게 웃고 있는 사람들을 기억해 낼 것이라고 확신한다. 졸업 앨범 속 사람들처럼 활짝 핀 미소는 당신이 만난 사람들의 마음속에 열정적인 이미지를 오래도록 남긴다. 멋진 미소는 당신을 돋보이게 만드는데, 미소가 당신이 만난 사람에 대해 따뜻한 관심을 가지고 있다는 것을 가장 온화한 방식으로 전달하기 때문이다. 게다가 미소는 당신이 인생을 살아가는 데 있어 큰 문제없이 수월하게 지내는 운 좋은 사람이라는 메시지까지 전달한다. 당신이 다른 사람들에게 전해야 할 가장 중요한 그 메시지 말이다.

내가 아는 모든 행운을 가진 사람들은 가능한 한 자주 의식적으로 미소 짓는다. 내가 아는 한 변호사는 이렇게 말했다.

"거울 앞에서 웃는 연습을 하는 건 5초짜리 멍청한 운동이에요. 하지만 제 말을 믿어 봐요. 웃음은 우리에게 찾아오는 행운의 양에 큰 차이를 가져올 수 있어요. 못 믿겠으면 딱 일주일만 시도해 보세요."

당신을 더 기억에 남게 만드는 것 외에도 미소는 몇 가지 부가적인 이점이 있다. 미소 짓는 것은 스스로를 더 사랑하게 만들고 긴장을 풀어준다. 웃으면서 동시에 화를 내거나 스트레스를 받는 건 불가능하다.

▌상황에 맞게 열정을 조절하라

상황마다 그에 맞는 다양한 종류의 열정이 필요하다. 내가 아는 한 친구는 엄청난 열정을 가진 사람이었는데, 거품처럼 부풀어 오른 열정은 그녀의 커리어 초반 시기에 역효과를 가지고 왔다. 그녀는 중요한 데이터 발표 회의에서 사람들을 설득하기 위해 자신이 가진 모든 열정을 발휘했다. 하지만 회의가 끝난 후 상사가 그녀를 따로 불러 앞으로는 열정을 조금 줄이라는 조언을 했다. 지나친 열정이 사람들로 하여금 그녀가 하는 말을 가볍게 여기도록 만들었던 것이다. 강한 열정이 오히려 불리할 수도 있다는 사실을 깨닫게 된 것은 이후 중요한 비즈니스 관계를 유지하는 데 매우 도움이 되었다.

"업무상 중요한 사람 하나가 저에게서 멀어지고 있다고 느꼈어요. 그 사람과 저 사이에는 겹치는 지인이 있었는데 지인에게 그 사람과의 관계에 대해 고민을 털어놨을 때 그러더군요. 그 사람이 절 약간 가식적인 사람이라고 생각한다고 말이에요. 참고로, 굳이 비교를 하자면 그 사람은 저와 달리 아주 차분한 성격이었어요. 그 말을 들었을 때 전 충격을 받았어요. 왜냐하면 전 있는 그대로의 제 모습을 보여준 거였거든요. 그래서 제가 이 관계를 다시 정상 궤도로 되돌리려면 어떻게 해야 할지 지인에게 물어봤어요. 차분한 성격의 그 사람이 저와 비슷하게 에너지를 낼 수는 없으니, 제가 열정을 덜 보이는 게 서로 존중하며 비즈니스를 이어가도록 하는 데 도움이 될 거라고 하더군요.

그래서 다음에 그 사람의 사무실을 찾았을 때 '이것 좀 보세요! 이거 정말 대단한 건데 당신도 정말 좋아할 거예요!'라고 말하는 대신 '안녕하세요. 여기에 관심이 있으실지도 모르겠네요'라고 말해야 했어요. 제 자신을 가다듬는 건 정말 힘들었지만, 결국 방법을 찾아냈죠. 저는 방어적인 태도를 취하는 법을 배웠어요. 이제 사람들을 만날 때면 항상 친근하지만 차분하게 시작해요. 상대의 반응에 따라 열정을 높이거나 낮추면서, 그 사람과의 연결을 시도하거나 설득하는 데 지나치지 않도록 주의하죠."

그들의 눈을 깊이 바라보라

미국의 제42대 대통령 빌 클린턴Bill Clinton을 만난 모든 사람들은 그에 대해 이렇게 말한다. 그 사람을 특별하게 보이는 한 가지를 꼽자면 그건 바로 열정이라고 말이다. 그의 정치 후원금을 관리하던 변호사의 아내는 이렇게 말했다.

"클린턴을 좋아하든 싫어하든, 그가 상대의 눈을 똑바로 바라보며 상대가 하는 말에 관심을 보이는 듯 행동하면 기분이 좋아질 수밖에 없어요. 그 사람이 실제로 주의 깊게 듣고 있는지 아닌지는 모르지만, 적어도 귀 기울여 듣고 있는 듯한 흉내를 완벽히 내요. 세상에나, 대통령이 내 말에 귀를 기울이고 있다니요. 사실 그 사람이 대통령이 아니었다 해도 기분 좋았을 거예요. 전 그 자리에 있었던 50명의 사람 중 하나일 뿐이었는데도 그 사람이 저를 위해 그 자리에 온 것처럼 느껴졌어요. 거기 모인 사람들끼리 나중에 얘기를 나눠봤는데 모두 같은 느낌을 받았다고 하더군요."

앞서 말한 것처럼 사람들의 눈을 똑바로 보는 것은 쉬운 일이 아니다. 대부분의 사람들은 생각을 정리하거나 조리 있게 말하기 위해 시선을 돌린다. 마찬가지로 나도 이 부분에서 어려움을 겪고 있고 항상 개선하려고 노력 중이다. 시선을 맞추는 건 중요하지만 자칫 너무 오래 쳐다보면 상대방이 불편해하거나 그들이 말하는 것을 이해하지 못하는 것처럼 보일 수도 있기 때문이다.

시선을 통해 상대와 연결되는 느낌을 만들고 싶다면 상대방의 눈이 소리를 활성화시키는 장치라고 상상해 보자. 마치 그들의 눈을 바라보지 않으면 말을 할 수 없다는 듯이 말이다. 이 바보 같아 보이는 연습은 적어도 눈 맞춤을 습관으로 만들 수 있다. 상대방이 말을 마쳤을 때 그의 눈을 바라보며 속으로 셋을 세 보라. 이것은 당신이 대화에 집중하고 있고 상대가 하는 모든 말을 이해했으며, 그에 대해 깊이 생각해 열정적으로 대답하고 있다는 인상을 준다. 하지만 말이 끝나자마자 혹은 말을 끝내기도 전에 대답하는 건 열정을 표현하는 좋은 방법이 아니다. 당신이 무례한 사람이라는 느낌이나 상대의 말에 담긴 의미를 전혀 이해하지 못했다는 메시지를 전달할 수도 있다. 3초의 기다림은 말을 마친 사람에게 엄청난 보상이 되며 그들이 당신에게 빠르게 마음을 열게 만드는 비법이다.

▍자신보다는 다른 사람들 일에 더 열정을 보여라

당신이 열정적인 성향을 타고나지 않았더라도 적어도 열정적인 사람들의 행동을 모방할 수는 있다. 대부분의 사람들이 알고 있듯이 누군가에게 많은 질문을 던지는 사람은 매우 흥미로운 사람으로 여겨진다. 열정에 대해서도 마찬가지다. 상대방이 말하는 것에 대해 당신이 더 흥분할수록 당신은 더 열정적인 사람으로 기억될 것이다.

그저 많은 질문을 던지고, 상대를 불편하게 하지 않아야 한다는 사실을 상기하기만 하면 된다. 질문은 당신을 활기차고 적극적인 사람으로 보이게 하며, 이는 곧 당신을 열정으로 가득한 사람으로 보이게 한다. 물론 여기에는 스스로에 대한 자긍심도 필요하며, 대화 주제에 따라 당신이 이룬 성과에 대해서도 얘기할 줄 알아야 한다. 하지만 자긍심을 가진 채 나보다 타인의 성과에 대해 더 많은 관심을 가질수록, 당장에 열정을 보이지 않아도 열정적인 사람으로 비춰질 수 있다.

카리스마는 당신이 다른 사람들에게 주의를 기울이고 있다는 것을 생생히 인식하게 만드는 기술이라는 것을 기억하라. 이를 자만과 혼동해선 안 된다. 자신을 뽐내 사람들을 사로잡는 게 아니라, 사람들의 주목받고자 하는 욕구를 채워주는 데 집중해야 한다. 사람들을 주목하고 그들의 성과를 칭찬하면 그들은 스스로를 대단하게 여기고 결과적으로 당신에 대해서도 동일하게 느낄 것이다. 당신의 카리스마가 주변 이들에게 더 많은 영향을 미치고 그들을 특별하게 느끼게 할수록, 사람들이 당신을 위해 어떤 일이든 기꺼이 해주고 싶어질 가능성이 더 커진다.

게임의 룰 3:
모른다는 사실을 숨기지 마라

"천재의 비밀은 나이가 들어도 아이의 영혼을 간직하는 것이다."

_《멋진 신세계》의 저자, 올더스 헉슬리Aldous Huxley

아무리 당신이 지식이 풍부하고 경험이 많다고 생각하더라도 사람들이 당신을 위해 기꺼이 나서도록 만드는 데는 '무언가'가 필요하다. 몇몇 행운을 가진 사람들에게 그 '무언가'란 바로 조금은 천진난만해 보이는 능력이다.

모든 것을 다 아는 것처럼 행동하면 천재로 느껴질 수 있지만 그런 태도와 접근 방식은 거의 항상 당신의 기회를 제한하게 된다. 물론 지식과 경험을 드러내면 인상적인 사람이 될 수도 있다. 반면 아이 같은 순수함을 드러내면 당신에게 도움을 줄 수 있는 사람들에게 자신보다 잘난 사람처럼 보이지 않게 된다. 그들보다 잘난 사람처럼 보이지 않는 것은 정확히 당신에게 필요한 위치다. 그래야 당신을 위협으로 인식하지 않을 것이기 때문이다. 기회를 제공하는 사람들은 자신이 더 우월하다고 느낄 때 타인을 도와주고 싶어 한다. 그래서 당신이 똑똑하면서도 약간 천진난만한 모습을 보이면 그들에게 당신은 도울만한 가치가 있는 사람이 된다.

천진난만함은 무지와는 다르다. 이는 정직함과 순수함, 그리고 소박함에 대한 존중을 결합한 것이다. 반면 무지는 단순히 어리석음을 의미한다. 당신이 보여주어야 할 것은 아이 같은 호기심이다. 아이들은 어떻게 일이 돌아가는지 이해할 때까지 결론을 내리지 않는다. 그들은 열린 마음을 유지하며 어른들이 부끄러워서 하지 못하는 질문을 던지는 걸 두려워하지 않는다. 아이들은 스스로 모든 질문에 대한 답을 알고 있다고 가장하지 않는다.

나이가 들수록 상황은 달라진다. 경험이 쌓일수록 무언가를 모른다고 인정하기가 어려워지고 대신에 아는 척을 하게 된다. 나이가 들수록 자신의 지식을 과시하려는 충동이 강해진다. 하지만 다른 사람들에게 자신의 지식을 과시하려는 반사적인 욕구는 큰 단점을 가지고 있다. 바로 지식을 과시하느라 우리가 받을 수 있는 정보와 도움의 양이 제한된다는 사실이다. 만약 당신이 세상 모든 일의 답을 알고 있다면 당신은 그 누구의 도움도 필요하지 않을 테니 말이다.

사람들은 자기보다 조금 부족하지만 스스로 발전하려고 노력하는 사람들을 돕고 싶어 한다. 아이처럼 순수한 사람은 자신에게 위협이 되지 않고, 그들에게 조언과 도움을 제공하는 건 보람이 있기 때문이다.

어린아이 같은 호기심이란 무엇인가?

아이들은 정말 놀랍다. 그들은 항상 어떻게 일이 돌아가는지 알고 싶어 하고 진실을 찾기 위해 끊임없이 노력한다. 어른들에게 자신이 이해할 수 있는 간단한 방식으로 답을 설명하도록 만든다. 최근에 아홉 살 난 나의 딸은 돈이 어떻게 작동하는지 알고 싶어 했다. 나는 소득과 저축, 지출의 개념을 설명하려고 애썼지만 그건 너무 복잡하게 들렸다. 딸은 계속해서 이해가 안 된다고 말했다. 결국 나는 아이를 주방 싱크대로 데려가 수도꼭지 물을 틀었다.

"물 나오는 거 보이지? 이게 바로 돈이야. 엄마 아빠가 일하러 가는 이유지. 어떤 사람들은 물을 많이 벌고 어떤 사람들은 적게 벌어. 싱크대에 물이 고이는 거 보이지? 그건 좋은 거야. 아직 쓸 수 있는 물이 남아 있는 거지. 이 소중한 물을 아끼려면 컵에 담아서 보관해 두었다가 우리가 청구서를 지불하거나 음식을 사고, 외식을 하고, 휴가를 가고, 너에게 새 옷을 사주고, 그리고 다른 많은 것들을 살 때 쓸 수 있도록 해야 해. 배수구로 물이 빠져나가는 거 보이지? 그게 지출이야. 우리는 필요한 것이 아닌 것들에 돈을 쓰지 않으려고 해. 왜냐하면 물이 배수구로 내려가면 다시 볼 수 없기 때문이야. 그리고 물이 수도꼭지에서 나오는 속도보다 더 빨리 배수구로 내려가지 않도록 노력해야 해. 그렇지 않으면 컵에 담을 물이 없게 되거든. 그래서 우리는 돈을 조심스럽게 다뤄야 해."

내 딸은 크게 감명을 받았는지 "엄마, 돈이 어떻게 작동하는지 알아? 나는 알아!"라고 외치며 뛰어나갔다. 아이들은 "왜?"라고 묻는 것을 부끄러워하지 않는다. 그러나 더 중요한 것은 그들이 만족하는 답을 얻을 때까지 계속해서 묻는 것을 두려워하지 않는다는 사실이다. 그들은 누군가가 마침내 모른다고 인정하거나 더 간단하고 이해하기 쉬운 용어로 설명해 줄 때까지 계속해서 "왜?"라고 묻는다.

"왜 그렇죠?"라고 묻거나 "이해가 안 돼요"라고 말하는 것은 많은 어른들에게 어려운 일이다. 우리는 사람들이 우리를 어리석다고 생각할까 봐 두려워한다. 또한 우리는 우리가 얼마나 똑똑한지 사람들에게 과시하거나 우리의 영리함을 보여주어야 한다고 느낀다.

하지만 어린아이 같은 호기심을 다시 발견하고 받아들일 수 있다면, 당신은 무언가를 모른다고 말하거나 당신에게 전달된 내용을 이해하지 못했다고 말하는 것을 부끄러워하지 않을 것이다. 어린아이 같은 호기심을 가진 어른들은 그들이 받은 모든 답변에 더 활기를 띠며 설명에 공공연하게 놀라움을 표현한다. 의식적으로 열린 마음을 유지하는 것은 당신을 어린아이 같은 면모와 연결시킨다. 많은 성공한 사람들은 그들의 사업이나 창의적인 노력에 도움이 될 수 있는, 그들이 익숙하지 않은 것들에 대해 어린아이 같은 호기심을 보인다.

세계 최대의 꽃 배달 회사 1-800-플라워즈의 회장인 짐 맥캔Jim McCann은 어린아이처럼 호기심 많은 사람 중 한 명이다.

"전 사람들이 무엇을 어떻게 하는지 묻는 걸 부끄러워하지 않아요.

그게 내가 내 사업에 적용할 수 있는 어떤 시스템이나 기법이 있는지 알아내는 유일한 방법이에요. 호기심은 큰 이점을 가지고 있어요. 내가 수십 가지 바보 같은 질문을 하면 결국 훌륭한 답변과 행운을 만들 수 있는 더 많은 정보를 얻게 되니까요. 저는 계속 배우고 싶기 때문에 호기심이 많아요. 사업에서 큰 깨달음을 얻는 순간은 대부분 매우 단순한 아이디어에서 비롯되죠. 누구나 생각할 수 있었던 매우 단순한 아이디어말이에요. 그 아이디어를 실현하는 사람들과 그렇지 않은 사람들 사이의 차이점은 하나예요. 그저 더 호기심이 많았고 질문에 대한 답을 얻을 때까지 쉬지 않았다는 거죠."

당신의 호기심을 드러내기 위해서는 약간의 자신감과 용기가 필요하다. 대부분의 사람들은 무언가를 모른다고 인정하면 자신이 무지해 보이고, 결국 기회를 얻을 자격이 없다고 생각하게 될까 봐 자신이 무언가를 모른다는 사실을 숨긴다. 사실 간단한 질문을 하는 것은 당신이 자신감 있고 자기 확신이 있다는 것을 의미한다.

〈워싱턴 포스트〉의 전 편집국장이자 워터게이트 사건을 폭로하는 데 큰 역할을 한 벤 브래들리는 말한다.

"다른 사람들보다 약간은 더 바보 같은 게 좋아요. 그래야 모든 것을 다 아는 척하지 않을 수 있으니까요. 당신이 아는 것은 조금이고 모르는 것은 많다면 인생이 훨씬 쉬워져요. 사람들이 많은 것을 말해주고 도와주게 되죠. 조금 안타깝게 여기는 거예요. 물론 좋은 의미로요.

저는 아주 좋은 교육을 받았지만 그 기간이 충분히 길지는 않았어요. 제2차 세계대전 때문에 대학을 3년밖에 못 다녔거든요. 많은 분야에 있어 전문가가 되지는 못했지만 그게 오히려 큰 이점이 됐어요. 어떤 기자가 한번은 이렇게 말하더군요. 좋은 저널리즘의 본질은 피상성이라고요. 모든 것을 다 알면 무엇이 중요한지에 대해 결코 결정을 내릴 수 없어요."

호기심은 어떻게 기회를 만들어내는가

간단한 질문을 하거나 결론을 성급하게 내리려 하지 않으면 당신은 약간 순진한 사람처럼 보인다. 당신이 더 순진해 보일수록 당신은 다른 사람들을 더 세련되게 만든다. 이러한 탐구적인 행동은 상대방에게 안정감을 느끼게 하고 스스로가 똑똑하다고 여기게 만든다. 이를 통해 그들이 자신을 존경받는 전문가라고 느끼면 스스로 자부심을 가지고 당신을 도와주고 싶어 할 것이다.

내가 회의에 참여해 "왜요?" 또는 "그게 어떻게 가능한 거죠? 이해가 잘 안 되네요"라고 질문할 때 사람들의 첫 번째 반응은 놀라움이다. 그러나 회의장에서 사람들이 보인 놀라움은 즉시 안도감으로 바뀐다. 방 안에 있는 다른 사람들도 모두 같은 궁금증을 가졌지만 모른다는 말을 하기가 두려워서 묻지 못했다는 사실이 분명해지기 때문이다. 간단한 질문을 먼저 던지는 사람이 되면 당신은 방 안에서 가장 존경받는 사람이 된다.

질문은 존경을 표현하는 것과 같다. 그러나 거기에는 더 미묘한 무언가가 포함되어 있다. 질문을 통해 당신의 관심을 나타내고 상대방에게 설명할 기회를 주는 것이기 때문이다. 모든 사람들은 자신이 알고 있는 것을 설명하길 좋아한다. 특히 질문이 간단한 상황이라면 더더욱. 여기서 오는 보상은 이러하다. 상대방이 당신에게 답변을 마치고 나면, 간단한 질문을 하는 것을 두려워하는 대부분의 사람들이 생각하듯 질문을 던진 사람이 바보처럼 보이는 것이 아니라 오히려 긍정적인 시각으로 바라보게 된다. 전구부터 노트북, 컴퓨터에 이르기까지 거의 모든 놀라운 발명은 누군가가 복잡한 문제에 대한 간단한 해결책이 필요했고 발명가는 어떤 것이 어떻게 작동하는지 알아내야 했기 때문에 이루어질 수 있었다.

간단한 질문을 하는 것은 행운을 만들어 준다. 벤 브래들리는 이렇게 말했다.

"질문을 하고 열린 마음을 유지하면 더 많은 것들이 당신에게 다가올 거예요. 믿기 힘들겠지만 저는 정치적인 사람이 아니에요. 그저 지금 무슨 일이 일어나고 있는지 알고 싶을 뿐이죠. 그 일이 옳은지 그른지는 중요하지 않아요. 그런 다음 저는 제가 알게 된 것들에 대한 결정을 내리기 위해 많은 시간을 들여요. 워터게이트 사건의 경우, 닉슨이 우리 〈워싱턴 포스트〉의 기자들을 바보라고 생각했기 때문에 운이 좋았어요. 물론 우리는 바보가 아니었죠. 닉슨은 우리를 압도할 수 있다고 생각했지만 그럴 수 없었어요. 우리에게 그런 적수가 있었다니, 운이 좋았죠. 그들은 진실을 찾는 사람들이나 바보 같은 질문을 던지는 사람들의 지능을 과소평가했으니까요."

어린아이 같은 호기심을 개발하는 방법

어린아이 같은 호기심이란 그저 자신이 알게 된 것들에 매료되고 그것을 가감 없이 드러내는 것뿐이다. 당신이 얼마나 똑똑한지를 보여주려 하는 대신 다른 사람들이 얼마나 똑똑한지를 알아내는 것이 훨씬 더 생산적이고 유익하다.

어린아이 같은 호기심을 가진 사람들에게는 전략이 있다.

▌아이들을 롤모델로 삼아라

1988년에 히트곡 〈Don't Worry, Be Happy〉를 만들어 발표하고 총 열 번의 그래미 어워드를 수상한 혁신적인 가수 바비 맥퍼린Bobby McFerrin. 그는 어린아이 같은 호기심과 완전히 맞닿아 있는 사람이었다. 이런 태도는 그가 새로운 것을 배우는 과정을 겁먹지 않고 받아들이도록 만들었다. 〈Don't Worry, Be Happy〉 이후 그는 팝 음악계에서 한동안 휴식기를 가지며 오케스트라 지휘와 오페라 작곡을 공부하는 위험을 감수했다.

"내가 내리는 대부분의 결정은 주로 나의 호기심과 배우고 도전하는 것에 대한 지속적인 관심에서 출발했어요."

맥퍼린은 1988년 탱글우드 음악 축제에서 열린 세계적인 지휘자 레너드 번스타인Leonard Bernstein의 70번째 생일을 축하하는 공연에서 번스타인을 처음 만났다. 지휘에 대한 그의 호기심이 그를 그곳으로 이끈 것이다. 그는 번스타인의 음악성과 탁월함, 카리스마에 깊은 인상을 받았다. 그래서 공연 후 그에게 짧은 편지를 써서 자신이 지휘 레슨을 받을 수 있을지 물었다. 다음 여름, 번스타인은 그를 탱글우드로 초대했다. 그 해 맥퍼린은 매사추세츠주에 있는 음악 센터에서 3주를 보내며 지휘자 수업에 참석하고 번스타인에게 개인 레슨을 받았다.

그러나 복잡한 오케스트라 악보는 음악가 가정에서 자랐고 악보도 읽을 줄 아는 맥퍼린에게도 위협적이었다.

"저는 악보를 보고 나서 번스타인에게 '너무 많은 악기들이 너무 많은 음을 연주하네요'라고 말했어요. 번스타인은 제가 무슨 말을 하는지 정확히 이해했고, 제가 불안해한다는 걸 느꼈어요. 그는 제 경력의 대부분이 재즈 가수이자 연주자로서의 활동으로 채워졌다는 것을 알고 있었어요. 그래서 그는 저에게 '바비, 이건 단지 재즈일 뿐이야. 단지 좀 더 많은 악기들이 음악을 연주하는 것뿐이지'라고 말하며 지휘 과정을 단순하게 설명했죠."

번스타인 같은 사람에게서 나온 그런 정직하고 현실적인 대답은 맥퍼린이 긴장을 풀고 번스타인의 지혜를 흡수하도록 도왔다. 번스타인의 말은 또한 맥퍼린이 자기만의 방식으로 지휘와 클래식 음악에 접근할 수 있는 자신감을 주었다.

"제가 번스타인을 감동시키려고 노력하는 데 시간을 다 보냈더라면, 아마도 그 해 여름 동안 그렇게 많이 배울 수는 없었을 거예요."

1989년 맥퍼린은 번스타인과 함께 일한 것에 영감을 받아 세계 각지의 유명 오케스트라와 함께 객원 지휘자로 활동했다. 이후 1995년, 그는 세인트 폴 챔버 오케스트라의 예술 감독 자리를 제안받았고, 가족들과 함께 미니애폴리스로 이사했다. 맥퍼린은 클래식계에서 자신이 가진 장난스러운 면을 억누르는 대신 그의 공연에 적용했으며 어른, 아이 할 것 없이 모든 관객들에게 엄청난 지지를 받았다.

"저는 긍정적인 소박함을 믿어요. 당신이 내면에 있는 아이와 마음의 소리에 충실히 귀를 기울이면 무엇을 하든지 탁월한 결과를 낼 거예요. 아이들을 주의 깊게 관찰하고 그들이 왜 그렇게 행동하는지 이해하려고 노력하세요. 아이들은 제게 끝없는 놀라움과 통찰을 주는 원천이에요. 나 자신과 내 삶에서 진정으로 중요한 것이 무엇인지에 대해 많은 것을 가르쳐 줘요."

주요 인사에게 많은 질문을 던져 관심을 끌어내라

1-800-플라워즈의 회장 짐 맥캔은 CNN의 설립자 테드 터너Ted Turner의 연설을 듣기 위해 1989년 애틀랜타에서 열린 마케팅 세미나에 참석했다가 큰 깨달음을 얻었다. 당시 맥캔은 전국에 있는 수많은 꽃가게와

제휴를 맺었고, 고객이 1-800-플라워즈로 전화를 걸어 꽃을 주문하면 원하는 곳에 배달해 주는 전국적인 서비스 망을 가지고 있었다. 하지만 그는 회사를 홍보할 마케팅 수단이 더 필요했다.

"세미나가 끝난 후 저는 터너를 구석으로 몰아넣고 CNN과 그의 사업에 대한 기본적인 질문을 수십 개나 했어요. 어느 순간 그가 자신의 사업에 대해 대답하는 것에 지쳐서 반대로 내 일에 더 관심을 가지게 된 것 같았죠. 제가 제 사업을 설명하자 그는 즉시 저희 회사에 대해 큰 관심을 보이기 시작했어요. 그때 터너가 한 말을 저는 절대 잊지 못할 거예요. 그는 '젊은이, 우리가 당신을 도와서 그 사업을 한 단계 더 발전시킬 수 있을지 살펴봅시다'라고 말했어요. 당시 CNN에는 광고를 맡겨줄 기업이 부족했고, 채널 광고를 홍보할 대표적인 성공 사례가 필요했던 거였죠.

터너와의 만남이 있은 지 얼마 후 나는 CNN과 광고 일정을 잡고 회사 인지도를 크게 높일 수 있었어요. 그날 전 두 가지 중요한 교훈을 배웠습니다. 내가 도움이 필요한 사람처럼 보이기보다 도울 가치가 있는 사람처럼 보인다면 기회는 언제든 제게 달려들 거라는 걸요. 또한 오만함 대신 호기심이 많다면 사람들은 결국 내가 어떤 도움을 필요로 하는지 묻기 시작할 것이고, 제게서 벗어나려고 하지 않을 것이란 사실을요. 제가 처음부터 테드 터너에게 저희 회사를 적극적으로 어필했다면 그는 저를 무시했을 거예요."

그렇다면 어떻게 질문이 어리석게 들리지 않고 반대로 똑똑하게 들릴 수 있을까? 짐 맥캔은 "솔직히 말하자면 제가 당신의 일을 잘 알지 못합니다만, 한 가지 궁금한 게 있습니다"라고 말문을 트는 것으로 시작한다고 한다. 그렇게 하면 사람들의 경계심이 풀리고 그들이 당신을 도울 방법을 생각하게 된다. 당신이 한심해 보이기 때문에 돕고 싶은 것이 아니라 기회를 가질 자격이 있어 보이기 때문에 당신은 가치 있는 존재가 된다.

▎자신의 질문에 답하고 싶은 유혹을 이겨라

어린아이 같은 호기심을 기르기 위해서는 많은 질문을 하는 것 이상이 필요하다. 질문은 단지 관계를 시작하는 방법일 뿐이다. 당신의 호기심은 질문에 대한 답변을 받을수록 더 커져야 한다. 불운한 사람들은 답변을 듣지 않는다. 그들은 질문을 하지만, 즉시 다음 질문을 생각하기 시작한다. 또는 상대방의 문장을 끝내기 위해 기발한 대답을 생각해 내려고 한다. 그러나 만약 사람들이 당신에 대해 가지고 있는 인상이 인내심 있는 청취자가 아니라 교활한 질문자라면, 당신은 절대 도울 가치가 있는 사람으로 여겨지지 않을 것이다.

인내심 있는 청취자들은 정말로 좋은 정보가 답변의 1분 또는 2분 뒤에 나온다는 것을 알고 있다. 말을 중간에 자르면 중요한 정보를 놓칠 수 있다. 인내심 있는 청취자들은 거의 모든 답변이 완료될 때까지 기다린 후에야 또 다른 질문을 한다. 그들은 심지어 상대방이 말을 마칠 때까지 기다렸다가 잠시 멈추어서 자신이 지금 주의 깊게 듣고 있고 말한 내용을 음미하고 있다는 것을 보여주기도 한다. 이러한 반응은 종종 상대방이 대화에 더 깊이 들어가 더 많은 정보를 공유하도록 만든다.

당신의 청취 능력을 평가하는 훌륭한 방법은 친구에게 전화 대화를 녹음해도 되겠냐고 묻는 것이다. 나는 편집자이자 작가로서 내가 글을 쓸 때 그들의 요점과 어조를 정확하게 포착할 수 있도록 인터뷰하는 사람들과의 대화를 자주 녹음한다. 처음 녹음을 시작했을 때 나는 내 어리석은 조급함에 종종 짜증이 났었다. 녹음된 음성에서는 상대방이 나에게 중요한 것을 말하려고 준비하는 소리가 들려왔지만 내가 성급한 질문으로 되레 그들을 방해하는 소리가 들려왔다. 그 대화는 결국 더 나아갈 수 있었던 요점까지 가지 못했다.

벤 브래들리는 침묵에 대해 이런 말을 남겼다.

"아버지는 종종 '침묵은 금이라는 지혜는 시대를 막론한다'고 말씀하셨어요. 나는 이 말을 한두 번도 아니고 수백 번 되풀이해 왔죠. 내가 들은 모든 것에 즉각적으로 반응하거나 즉각적으로 판단을 내릴 필요는 없어요. 어떤 사람들은 누군가 무슨 말을 하든 즉각적으로 대답하고 의견을 내죠. 하지만 때로는 의견을 표현하지 않음으로써 더 많은 것을 얻을 수 있어요."

게임의 룰 4:
더, 더, 더, 관대해져라

"자신을 일으키고 싶다면 다른 사람부터 일으켜라."

_미국의 흑인 인권 운동가, 부커 T. 워싱턴Booker T. Washington

다른 사람들을 위해 희생을 하되 보답을 기대하거나 요구하지 않으면 당신에게 행운이 생길 가능성이 두 배로 늘어난다. 첫째, 당신의 관대함에서 생긴 기쁨이 스스로를 더 긍정적으로 느끼게 할 것이다. 스스로를 더 긍정적으로 여기면 더 낙관적인 사람으로 보이게 되고 이는 자동으로 다른 사람들이 당신을 돕고 싶어 하게 만든다. 둘째, 당신이 도운 사람들은 기꺼이 당신을 도우려 할 것이다. 심지어 당신이 지원을 기대하지 않았더라도 말이다. 당신이 남에게 보인 관대함은 전염성을 가진다.

하지만 우리가 소중히 여기는 것들, 그러니까 시간과 에너지, 자원이나 인맥 등을 보답에 대한 기대 없이 다른 사람에게 기꺼이 내어놓는 것은 어렵다. 우리가 소중히 여기는 것들은 얻기 힘들고 더구나 대체하기는 더욱 어렵기 때문이다. 또 우리가 건넨 자원이 제대로 평가받지 못하거나 우리가 바라는 방식으로 사용되지 않을까 봐, 혹은 망가지거나 남용될까 걱정되기도 한다. 심지어 도움을 받은 사람에게서 다시 연락조차 오지 않는 건 아닐까 걱정한다. 그래서 대부분의 사람들은 자신이 건넨 만큼 공평하게 되돌아올 것이라고 확신할 때만 자신을 내어준다. 하지만 그것은 진정한 관대함이 아니다. 선물에 조건을 붙여 건넨다면 딱 내어준 가치만큼만 되돌려 받을 뿐이다. 진정으로 관대한 사람들은 훨씬 더 많은 보답을 받게 된다. 왜냐하면 진정한 관대함은 이기적이지 않으며 다른 사람들로 하여금 자신을 관대하게 대하도록 자극하기 때문이다.

관대함의 보상은 엄청나다. 내가 아는 운 좋은 사람들 모두는 시간, 돈, 혹은 자원에 있어 매우 관대하다. 그들은 언제나 잘 베푸는 사람들로, 가능하다면 언제든지 다른 사람들의 삶을 개선시키는 것을 기쁨이라 생각한다. 하지만 그들의 도움은 무작위로 주어지지 않는다. 그들은 자신이 관대함을 보여 혜택을 줄 사람들을 매우 선별적으로 고르며, 단순한 감사 이상의 보답을 기대하지 않는다. 그들이 관대해질 수 있는 건 자신들이 경험한 행운의 일부를 나누고자 하는 욕구와 깊은 자선심에서 비롯된다. 타인에게 배푸는 법을 배우면, 성공의 가능성이 크게 상승한다.

관대함은 어떻게 당신을 운 좋은 사람으로 보이게 하는가

본능적으로 우리는 생존과 성공에 도움이 되는 것들을 비축한다. 물건을 축적하고 심지어는 탐욕을 부리는 행동은 수천 년 전으로 거슬러 올라가는 인류학적 뿌리가 있다. 그 시절에는 음식이 부족했고 저장해 둔 것들은 숨겨져야 했다. 더 풍요로운 시대가 됐음에도 불구하고 우리가 벌어들인 자원을 계속해서 붙잡고 있는 이유는 언제 그것이 필요하게 될지 또는 그것을 충분히 가질 수 있을지 확신할 수 없기 때문이다.

우리는 관대함에 별다른 가치가 없다고 생각하기 때문에 소중한 것을 내놓기를 꺼린다. 이는 우리 잘못이 아니다. 우리는 모든 것이 특정한 가치와 등가 교환을 이루는 사회에 살고 있다. 일을 하면 보수를 기대하게 되고, 상점에서 물건을 사면 상점은 우리가 그 대가를 지불하기를 기대한다. 우리가 사람들을 어려운 상황에서 도와주면 그 호의가 보답되기를 기다리며 날을 센다. 누군가와 함께 식사를 하고 결제를 하면 다음번에는 상대방이 계산할 것이라는 묵시적인 합의가 이루어진다. 이것은 이른바 '주고받기'의 법칙이며, 우리가 주고받는 거의 모든 것은 대가나 조건을 수반한다. 비록 그 대가가 즉시 명시되지 않더라도 묵시적인 조건은 항상 존재한다.

우리가 소중히 여기는 것을 쉽게 내어주지 못하는 또 하나의 이유는 그것이 제대로 평가와 관리를 받게 될 것인지 확신하지 못하기 때문이다. 대부분의 사람들은 자신이 주는 선물이 상대방에게 혜택이 되고 자신을 난처하게 만들지 않을 것이라고 느낄 때만 주려고 한다. 예를 들어 무례하거나 무능한 사람이 있다면 그 사람에게 도움이 될 만한 다른 이의 연락처를 건네줄 가능성이 낮다. 자신의 명성과 판단력이 걸려 있고, 무의식적으로 그 사람에게서 이익을 얻지 못할 가능성이 있다는 사실을 인지하기에 위험을 감수하지 않으려 한다.

관대함의 정신을 이해하려면 자신에게 도움이 되는가를 따지는 게 아니라 상대방에게 도움이 되는가를 따지는 방향으로 초점을 전환해야 한다. 당신이 도움을 줄 대상을 선택하는 것은 자유지만 그 관대함의 동기는 오직 타인을 돕기 위한 목적이어야 한다. 긍정적 사고와 건강한 육체의 연관성에 대해 연구한 미국의 저명한 의사 버니 시겔Bernie Siegel 은 타인에게 진정으로 베풀기 위해서는 다른 사람들의 삶을 더 편하게 해주고 싶다는 열정이 있어야 한다고 말했다.

"몇 년 전에 큰돈이 생긴 적이 있었는데 그 돈을 제 다섯 자녀들에게 나누어 주었어요. 얼마 지나지 않아 우리 아들 중 한 명이 제게 돈을 빌릴 수 있는지 묻더군요. 제가 준 돈은 어떻게 했는지 물어보니 다른 나라에서 온 어느 청년이 대학에 갈 수 있도록 그 돈을 줬다더군요. 그 말을 듣고 정말 화가 났어요. 제 돈을 남에게 퍼주고 다녔다니요. 하지만 얼마 안 가 저희 아들이 한 행동이 얼마나 대단하고 멋진 일인지 깨달았어요. 제가 아이에게 준 것을 어떻게 사용할지는 본인 스스로 선택하는 게 맞다고 인정하고 사과했죠. 그때 전 소중한 교훈을 얻었어요. 당신이 누군가에게 무언가를 선물하고 그걸 어떻게 해야 할지 당신이 결정하려고 한다면 그것은 더 이상 선물이 아니라는 사실을요."

보답을 기대하지 않고 우리가 소중히 여기는 것을 내놓는 건 어렵지만 그렇게 보인 관대함은 우리가 생각하는 것보다 더 많은 감사를 얻는다. 당신이 건넨 노력에 대한 대가를 기대하지 않고 누군가의 삶을 더 쉽게 만들어 준다면, 그 희생은 잊히지 않을 것이다. 관대함은 충성을 낳는다. 이는 매번 가게나 식당 매니저가 손님을 위해 좋은 서비스를 제공해 줄 때마다 경험하게 된다. 그들이 보인 친절과 서비스 덕분에 그 가게나 식당을 계속해서 찾는 단골 고객이 될 가능성이 크기 때문이다. 이와 마찬가지로 누군가 당신을 위해 좋은 일을 해준다면 그 사람에게 더 많은 도움을 주고 싶은 마음이 생길 것이다.

나는 내가 칭찬과 기회를 아낌없이 주는 매우 관대한 사람이라고 생각한다. 물론 그 칭찬이나 호의를 돌려받을 것이라 기대하지 않는다. 이는 단지 내가 커리어를 쌓는 과정에서 다른 사람들에게 받은 도움을 또 다른 사람들에게 돌려주기 위한 사명일 뿐이다. 기대를 하지 않았음에도 불구하고, 내가 전혀 예상치 못한 순간에 기회들은 항상 내게 돌아왔다. 버니 시겔은 관대함에 대해 이런 말을 남겼다.

"관대한 사람들은 또 다른 관대한 사람들을 끌어당기며 서로에게 긍정적인 영향을 줍니다. 반대로 탐욕스럽고 화로 가득한 사람들과 너무 오랫동안 함께 있으면 지치게 되죠. 예를 들어 저는 지역 신문에서 고군분투하는 예술가들의 기사를 읽으면 그들에게 종종 도움을 줍니다.

전 예술가들이 다른 사람들의 삶에 기쁨을 가져다주기 위해 자신의 삶을 발전시키려고 노력하기 때문에 그들을 좋아해요. 만약 제가 예술가의 삶을 조금 더 쉽게 만들어 주기 위해 노력한다면 그 사람과 친구가 될 수 있죠. 전 아무것도 기대하지 않아요. 단지 그런 사람들과 알고 지내는 것만으로도 기분이 좋아요. 제 삶을 풍요롭게 만들어 주니까요."

관대함은 당신을 행운이 깃든 사람처럼 보이게 만든다. 당연한 일이다. 당신이 소중히 여기는 것을 쉽게 내놓는 것처럼 보인다면 사람들은 당신이 그것들을 쉽게 그리고 큰 노력을 들이지 않고 대체할 수 있을 것이라고 가정하게 된다. 관대함이 우리를 운 좋은 사람으로 보이게 만드는 또 다른 이유는 영적인 영역과 관련이 있다. 자선 활동처럼 불우한 사람들을 돕는 행동은 거의 모든 종교와 문화에서 높게 인정받으며 이는 항상 선함, 심지어 신성함과 동등하게 여겨진다.

"저는 아버지로부터 베푸는 정신에 대해 배웠어요. 저희 할아버지는 아버지가 아주 어렸을 때 돌아가셨거든요. 할머니와 여섯 명의 어린 아이들만 남겨졌고 아버지는 돈 버는 방법을 배워야 했죠. 그래서 돈에 대해 감사히 여기고 유용하게 쓸 줄 알아야 한다고 말씀하셨어요. 돈이 가장 가치 있게 쓰이는 방법은 바로 남을 도울 때라고 하셨죠. 제가 의과 대학을 다니던 시절에 저는 결혼을 하고 싶었지만 돈이 충분하지 않았어요. 그때 저는 21살이었는데 아버지에게 돈을 빌려 달라고 부탁하는 건 너무 죄책감이 들었어요. 이미 학비를 대주고 계셨거든요. 그때 아버지는 제게 돈을 주시며 제가 절대 잊지 못할 말씀을 하셨어요.

'물론 난 네 부탁을 거절할 수도 있단다. 하지만 내가 돈을 쓰는 이유는 바로 이거야. 바로 누군가의 삶이 조금 더 쉬워지도록 돕는 거 말이야.' 이런 말을 해주시는 아버지 밑에서 자라면 돈에 대한 시각이 달라질 수밖에 없죠."

내가 아는 가장 성공적이고 열정적인 자산관리자 중 한 사람인 제임스 오쇼너시James O'Shaughnessy는 만나는 모든 사람들에게 관대하게 행동하고 인내심을 보이는 것을 큰 기쁨으로 여긴다.

"저는 제가 얼마나 운 좋은 사람인지, 제게 얼마나 많은 행운이 따랐는지 알고 있어요. 제가 누군가를 도울 때 전 아무런 대가를 기대하지 않아요. 제가 만든 행운의 일부를 다른 사람들에게 돌려줄 수 있다는 것만으로도 만족합니다. 저는 심지어 제가 어디까지 관용을 베풀 수 있는지 한계를 시험하는 꿈을 꾸기도 해요.

근래에 반복해서 꾸는 꿈 중 하나인데, 저와 아내가 멋진 보트의 뒤편에 앉아 있는 꿈이었어요. 우리가 초대한 손님 중 한 사람도 거기에 함께 앉아 있고요. 그녀는 유리 진열장 안에 있는 아름다운 화병을 계속 바라보며 그 화병이 얼마나 아름다운지 쉬지 않고 얘기했죠. '이 화병은 세상에서 가장 아름다운 화병이에요. 이렇게 완벽한 화병은 처음 봐요'라고요. 그래서 전 '그럼 가지세요'라고 말했죠. 그러자 그녀가 '아니에요. 저는 절대 이걸 받을 수 없어요. 너무 비싼 거잖아요'라고 하더군요. 전 대답했어요. '아니요. 이건 당신이 받아야 해요. 정말이에요. 그 화병은 당신 거예요.' 그렇게 말하고 만약 그녀가 화병을 받지 않으면 바다에 던져버릴 거라고 했어요. 그게 얼마나 아름다운 화병이든 물건 자체는 저에게 아무런 가치가 없다고 말하면서 꿈이 끝났어요. 이 꿈에 어떤 의미가 담겨있는지는 모르겠지만, 이게 바로 제가 사는 방식이에요."

보답을 기대하지 말고 베풀어라

사람들이 관용을 베푸는 과정에서 저지르는 가장 큰 실수는 빠른 보답을 기대한다는 것이다. 또한 자신에게 돌아올 호의가 자신이 내어준 것과 동등하거나 더 큰 가치를 가진 것이길 기대한다. 현실적으로 대부분의 선물이나 호의는 즉시 반환되지 않는다. 때로는 당신이 도운 사람이 다시 당신을 도와주기까지 몇 년이 걸릴 수도 있다. 또는 당신이 도운 사람이 당신을 도와줄 수 없거나 도저히 줄 것이 없을 수도 있다. 만약 호의가 빠르게 반환된다면 그 기대치에 부합하지 않을 가능성이 크다. 그래서 결국 보답을 기대하는 것은 실망할 준비를 하게 만들고, 당신에게 돌아올 행운을 제한한다. 당신의 태도는 나빠지며 전망이 시들해지고 씁쓸함과 원망을 가지게 된다. 당신이 바랐던 것을 상대가 제공할 수 없을 때 마음속 원망은 적대감과 분노, 심지어 탐욕으로 변할 수 있다. 이러한 부정적인 감정은 당신에게 올 행운은 물론이고 평판까지도 손상시킨다.

그렇기 때문에 타인에게 베푸는 것은 진정한 관대함의 정신에 의해 동기가 부여되어야 한다. 한번 주고 나면 그것에 대해 잊어버려야 한다. 그렇지 않으면 당신은 타인을 돕는 행동을 투자로 여기는 것과 다름없고 당신의 투자가 결실을 맺을 때까지 목 빠지게 기다리느라 미쳐버릴 수도 있다.

물론 우리가 만나는 모든 사람들에게 관용을 베푸는 것은 불가능하다. 그렇게 한다면 당신에게 남는 것은 아무것도 없을 것이다. 사람들에게서 계속해서 끊임없이 호의를 요구받는 대상이 되기를 원하는 사람은 없다. 지칠 수밖에 없기 때문이다. 시겔은 이에 대해 이렇게 말했다.

"관대한 것과 어리석은 것은 다릅니다. 만약 내가 비즈니스를 통해 누군가와 계약을 맺었다면 만족스러운 결과를 얻지 못했을 때 소송을 제기할 수도 있어요. 관대함은 그와 관련된 사람들의 정신과 의도에 달려 있어요. 베푸는 건 훌륭한 행위예요. 대신 당신의 선물이 긍정적인 용도로 사용될 때만요. 예를 들어 마약 중독자가 스스로를 파괴하도록 만드는 일에 제가 도움을 주지는 않겠죠.

제가 관용을 베푸는 일이 해로운 게 아니기만 하다면 기꺼이 내어줄 겁니다. 누군가에게 제가 준 선물로 무엇을 할 것인지 묻는 건 단지 그 사람이 자신을 돌보고 사랑할 준비가 되어 있는지를 알기 위해서예요. 하지만 만약 그 사람이 제 질문에 답할 수 없다면 저는 그 사람이 자기 파괴를 지속하도록 만드는 도움을 주지 않을 거예요."

진정으로 관대한 사람이 되고 싶다면 당신이 다른 사람들을 위해

한 일에 대해 너무 많은 시간을 쓰지 말고 대신 당신이 준 선물로 그들이 무엇을 하고 있는지에만 신경 쓰면 된다.

감사할 줄 아는 사람에게 베풀면 기회가 따를 것이다

위대한 금융가이자 자선가인 존 마크스 템플턴John Marks Templeton 경은 언제 한번 나에게 결코 잊지 못할 말을 해주었다. 그는 관대함의 진정한 보상은 가치 있는 목적을 위해 기부한 후 느끼는 따뜻함이라고 말했다. 당신의 선물을 받은 수혜자는 기쁨을 느끼겠지만 그만큼 당신이 느끼는 기부의 기쁨도 강렬해야 한다. 당신의 선물을 진심으로 감사해하는 사람에게 준다면 당신의 영혼이 풍요로워진다. 그 외에는 아무것도 중요하지 않다.

행운이 깃든 사람들은 사람들을 도울 줄 알며 그 대가로 이미지와 평판이 향상된다. 내가 알고 있는 많은 운 좋은 사람들은 타인에게 조건 없이 베풀지만 그들에게 도움을 받는 대부분의 사람들은 그 호의를 되갚고 싶어 한다. 그들이 더 많이 줄수록 더 많은 행운을 얻게 된다. 그들의 노력이 이기적이지 않고 조건이 없기 때문에 사람들이 그들에게 보답하고 싶어 한다.

관대함은 당신이 그들을 위해 얼마나 베풀고 노력했는지에 대해 사람들이 존경심을 갖게 만든다. 그 덕에 그들은 당신에게 보답하기 위해 열심히 노력할 것이다. 당신은 사람들이 당신을 돕고 있는지조차 모를 수도 있다. 되돌아오는 호의는 큰 기회를 가져오는 씨앗이 될 수도 있다. 관대함은 사람들의 우선순위 목록에서 당신을 가장 높은 자리에 올라가도록 만들어주며 이는 당신의 행운을 크게 개선하기에 충분하다.

행운이 깃든 사람들이 자신의 관대함을 확장하는 방법은 다음과 같다.

▌관대한 행동으로 깊은 우정을 쌓아라

모든 만나는 사람에게 도움을 줄 수는 없다. 만약 가능하다고 해도 그래야 할 필요가 있는 것은 아니다. 하지만 관용을 베풀어야 하는 가장 큰 이유 중 하나는 친구를 만들기 위함이다. 행운이 깃든 사람들은 더 가까워지고 싶은 사람들을 돕는다. 이름을 꽤나 떨친 부유한 주식 투자자와 점심 식사를 하는데 그가 내게 한 가지 말해주었다. 친구로 여기는 사람들에게 가능한 한 많은 기회를 제공하는 건 자기만의 전략이라고 했다. 그가 믿고 있는 사람의 판단력과 진실성을 신뢰한다면 그는 그 사람을 가능한 한 많이 돕는다고 말했다.

"그렇게 도움을 받은 사람은 항상 긍정적인 태도로 성공을 향해 나아가며, 언제나 당신을 위해 존재할 겁니다. 제2차 세계대전이 끝난 직후 제가 대학을 졸업하고 나서 전 괜찮은 직장을 얻었어요. 입사한 첫 해에 제가 알고 있는 모든 사람에게 일자리를 제공했죠. 저는 그들이 뉴욕의 중개소와 회계 사무실에 발을 들일 수 있도록 돕기 위해 제가 할 수 있는 모든 일을 다 했어요. 그들에겐 일종의 에이전트 같은 존재였던 거죠. 제가 그들을 도운 건 중개 수수료를 받기 위한 게 아니었어요. 프린스턴 대학에 재학하면서 함께 공부했던 그 친구들을 정말 좋아해서 그랬던 거죠. 그 일자리들이 주요한 직책은 아니었지만 그건 시작에 불과했어요.

그때 일자리를 얻은 사람들은 지금 대부분 유명인사가 됐어요. 그들이 수년간 성공을 거두는 동안 제가 베풀었던 도움을 잊지 않고 되돌려줬어요. 제게도 큰 도움이 되었죠. 참 놀랍지 않은가요? 당신이 친구로 여기는 사람들에게 큰 호의를 베풀면 그건 엄청난 보상으로 되돌아와요. 심지어 대가를 기대하지 않았는 데도 말이에요. 재미있는 사실은, 제가 그들에게 도움을 준 이후로 친구들은 항상 절 운 좋은 사람으로 생각해 왔다는 거예요. 전 제가 지금 서 있는 이 자리에 오르기까지 그들보다 제가 훨씬 더 열심히 노력했다고 생각하는데도 말이에요."

▌위기에 놓인 사람에게 도움을 베풀어라

사람들을 도울 수 있는 최고의 시기는 그들이 어려움을 겪고 있을 때다. 가장 많은 지원을 필요로 할 때지만 대부분의 사람들이 그들을 외면한다. 위기의 상황에 도움을 받는다면 상대는 당신의 관대함을 결코 잊지 않을 것이다. 그들의 불행에서 이익을 얻는 것을 목표로 하라는 것은 아니다. 당신이 소중히 여기는 사람들이 다시 일어설 수 있도록 돕는 것 자체가 목표여야 한다. 대화하는 것도 꺼려지는 사람을 돕는다는 것은 당신을 운 좋은 사람으로 보이게 한다. 그 행위는 운명을 유혹하는 것과 마찬가지이기 때문이다. 이건 마치 전염병에 걸린 사람을 치료하는 의사와 같다. 운이 좋지 않은 상황에 놓인 사람들을 돕는 것은 큰 용기를 필요로 하며 그 용기는 반대로 당신이 운 좋은 사람처럼 보이게 한다. 위기에 빠진 사람을 도울 수 있는 건 절대로 그 상황에 놓이지 않을 마법 같은 운명을 가진 사람뿐이기 때문이다.

텍사스에서 회사를 운영하는 한 사람을 알고 있는데, 그는 곤경에 처한 친구들을 돕는 데 있어 엄청난 재능을 가지고 있다. 회사에서 해고당했거나 어려움을 겪고 있는 사람들을 돕는 데 가장 앞장 서는 사람이다. 때로는 격려의 말을 건네거나 상담을 해주기도 한다.

"사람들은 운이 좋지 않거나 패배자처럼 보이는 사람들에게 가까이 가고 싶어 하지 않아요. 그러나 그때가 바로 조금의 도움으로도 큰 차이를 만드는 순간이죠. 제가 현실적으로 그들에게 수백만 달러를 줄 수는 없어요. 그들의 일자리를 되찾아 줄 수도 없죠. 하지만 불확실하고 두려운 시기에 조금의 안식을 제공할 수는 있어요. 폭풍우 속이라도 자그마한 임시 피난처를 제공받을 수 있다면 그들이 삶의 균형을 되찾는 데 충분하죠. 일단 그들이 다시 일어설 수 있게 되면 제가 해준 일을 결코 잊지 않아요. 물론 보답을 받고 싶어서 돕는 건 아니에요. 제가 이런 식으로 도움을 준 사람들 중 많은 이들은 제게 아무런 보답도 주지 않았고 저도 결코 그들이 보답하기를 원하지 않아요. 그렇지만 전 많은 사람들에게 좋은 직장을 소개해 주었고, 멋진 사업 기회를 알려주었으며, 도움이 될 만한 훌륭한 조언을 해줬어요. 당신이 누군가를 돕는다면 사람들은 결코 잊지 않아요. 정말로 도움이 필요한 상황이었기 때문에 감사함을 느낄 수밖에 없죠. 물론 저와 같은 상황에 놓인 모든 이들이 그렇게 도움을 건넬 용기를 가지고 있는 건 아니라는 것도 알아요. 누군가를 돕는 데는 엄청난 힘이 필요하거든요. 하지만 도움을 건네받은 사람이 다시 일어서기만 한다면 당신은 평생을 함께할 비즈니스 파트너를 만들 수 있어요. 그건 넘쳐나는 기회를 만들어내고요."

한 번 도와주는 것으로 끝내지 말고 계속해서 들여다보라

친구나 사업상의 동료들이 가장 도움을 필요로 하는 순간에 손을 내민다면 당신은 즉시 운 좋은 사람으로 보여진다. 하지만 도움을 한 번 건네는 것에서 끝내지 않고 후속 조치를 통해 추가적인 지원까지 제공한다면 당신이 그들에게 진심어린 관심을 보이고 있다는 사실도 명확히 할 수 있다. 열심히 일하는 정직한 사람이라면 당신에게 한 번 도움을 받은 후에 추가적인 지원을 더 바라지는 않을 것이다. 그렇기 때문에 그들에게 다시 한번 연락해 안부를 물으며 상황은 조금 나아졌는지 물어본다면 더 큰 감사를 느낄 것이다. 대부분의 사람들은 이 절차를 거치지 않는다. 한번 도움을 주고는 그 일을 잊어버리거나 다시는 그 사람으로부터 도움을 청하는 연락이 오지 않기를 바란다.

하지만 당신의 베푼 도움에 이어 후속 조취까지 취한다는 건 그 도움의 격을 높인다. 마치 나무 책장을 만들어 판 목수가 그 책장이 구매자에게 사랑받길 바라는 마음에 구매자에게 전화를 해 물건을 잘 쓰고 있는지 확인하는 것과 같다. 고객의 행복을 확인하는 것이다. 그 추가적인 노력은 당신의 도움이 진정으로 효과적이었음을 보여주는 것이며 그로 인해 당신의 도움은 더 기억에 남을 수밖에 없게 된다.

중서부에 위치한 유명 의류 회사의 고위 간부 한 명은 이런 후속 조치를 잘하는 것으로 명성이 높다.

"친구들은 제가 베푼 호의가 그들에게 정말 도움이 되었는지 확인하기 위해 전화를 걸면 놀라곤 해요. 한 사람에게는 오직 한 번의 도움을 받을 수 있는 기회가 있다고 여기고 만약 제게 받은 도움이 효과가 없다면 이번엔 다른 사람에게 기대를 걸어봐야 한다고 생각하더군요.

하지만 저는 제가 건넨 도움이 정말로 그들에게 도움이 되었는지 알고 싶어요. 만약 도움이 되지 않았다면 도움이 될 때까지 다른 기회를 더 소개해 줄 거예요. 물론 때때로 그들의 실수 때문에 기회를 망쳤을 수도 있어요. 하지만 고의로 실수한 건 아니잖아요. 전 그들이 도움을 그만 주어도 된다고 사정할 때까지 계속 밀어붙여요. 만약 당신이 한 번의 도움으로 끝내는 게 아니라 지속적인 관심을 표한다면 사람들은 그 노력에 감명을 받고 감사하며, 당신을 일종의 구원자로 여기게 될 거예요. 보통 사람들은 누군가에게 받은 도움이 실질적으로 효과를 보지 못했을 때 그걸 말하기를 꺼려해요. 당신이 관대한 마음으로 건넨 도움이 적절한 결과를 내지 못했다고 실망하게 될까 봐 걱정하죠. 하지만 당신이 한걸음 먼저 다가가면 그 사람은 진심을 다해 당신을 기억할 거예요."

▌필요한 것을 제공해 줄 수 없다면 다른 것이라도 제공하라

때때로 우리는 우리가 줄 수 없는 도움을 요구받기도 한다. 프리랜서 작가들은 종종 내게 일감을 줄 수 있는지 부탁하는데, 내게 필요로 하는 주제에 대한 전문가가 아니라면 그들에게 일거리를 줄 수 없다. 대신 그 사람이 믿을만한 사람이라면 언제나 다른 잡지의 편집자에게 그들을 소개시켜 준다. 소개해 주고 싶은 프리랜서 작가가 있으며 그가 곧 연락을 할 것이라는 사실도 미리 그 편집자에게 전화해 알려두고 말이다. 대부분의 사람들은 자신이 목표로 하는 수준에 도달하기 위해 희망을 필요로 한다. 그들에게 희망을 제공하는 것은 비용이 들지 않으며, 심지어 그들에게 감사까지 받을 수 있다.

1-800-플라워즈의 대표인 짐 맥캔은 자신이 가진 흥미로운 철학에 대해 이렇게 말했다.

"전 독특한 은행 계좌를 가지고 있다는 생각으로 삶을 바라봅니다. 여느 은행 계좌와 달리, 제 것을 많이 내어줄수록 잔고가 더 늘어나는 계좌인 거죠. 제가 내어주는 게 반드시 엄청난 것이어야 하는 건 아닙니다. 그저 누군가를 인정해 주거나 등을 두드려주는 것, 혹은 일을 처리한 방식을 칭찬하는 것일 수도 있어요. 그렇게 제가 줄 수 있는 것들을 많이 베풀수록 계좌의 잔고는 더 커집니다. 누군가가 이직을 하기 위해 노력하는 등 기회를 찾고 있다면 저는 그 사람의 목표를 저만의 리스트에 올려둬요. 그리고 그들에게 도움이 될 만한 무언가를 찾으려고 노력하죠.

제 노력이 적절한 보상을 받을 수 있을지 아닐지 누가 알겠어요? 하지만 제가 나름의 멋진 인생을 살면서 알게 된 건 호의가 돌아오든 돌아오지 않든 제가 건넨 관대함은 제게 계속해서 좋은 영향을 가져온다는 사실이에요."

게임의 룰 5: 스포트라이트에 집착하지 마라

"노력을 인정받을 자격이 있는 자는 존경받아 마땅하다."

_《성경》

좋은 아이디어를 타인과 공유하는 것은 가장 어려운 일 중 하나다. 내 것이라고 여기는 아이디어에 대해 일부라도 다른 사람이 소유권을 주장한다면 화가 나고 불만을 품을 수밖에 없다. 내 아이디어가 사실 다른 사람에게서 영향을 받은 것이라는 사실을 인정하기 어렵기 때문이다. 우리가 가진 창의성을 인정받고자 하는 욕구는 인간의 본성이다.

우리가 창의적인 사고에 대해 이렇게 소유욕을 느끼는 이유는 나라는 사람이 결국 창의적인 사고의 결과물이기 때문이다. 그래서 누군가 자신의 생각에 대한 지분을 주장할 때 마치 그 사람이 자신에게서 무언가를 훔쳐간 것처럼 느끼게 된다. 힘겹게 쌓아올린 성과와 명성이 흐려진다는 사실에 분노하게 된다. 이는 우리가 편집증적인 사람이어서가 아니라 다른 사람의 번뜩이는 아이디어가 사실 자기 머릿속에서 나온 거라고 착각하기가 얼마나 쉬운지 잘 알고 있기 때문이다.

좋은 아이디어는 쉽게 도난당할 수 있다. 당신이 낸 아이디어에 의견을 말하는 것만으로도 사람들은 자신이 그 아이디어를 낸 사람이라고 착각하게 된다. 만일 당신이 그 아이디어에 대해 스스로 자신의 공로를 언급해 사람들에게 각인시키지 않는다면, 사람들은 자신의 아이디어를 당신이 훔쳐간 것이라 믿게 된다. 어쩌면 그게 정말 사실일 수도 있다. 인정하고 싶지 않겠지만 그들이 낸 의견은 당신이 원래 가지고 있던 아이디어에 생각보다 더 큰 영향을 끼쳤을 수도 있다. 만약 그 사람이 기여한 것이 정말로 그저 작은 제안에 불과했을지라도 창의적인 사상가로 인정받고 싶어 하는 마음은 인간의 본성이다.

당신이 좋은 아이디어를 냈다고 해서 그에 대해 전적으로 당신 혼자만 공로을 인정받는다는 것은 불가능하다. 하지만 다른 사람들이 기여한 부분적인 공로를 인정해 주지 않는 것도 어리석인 일인 건 마찬가지다. 사람들의 공로를 인정해 주지 않는다면 당신에게 도움이나 기회를 제공할 수 있는 사람들을 멀어지게 만들기 때문에 결국 당신에게 돌아올 행운도 제한된다. 사람들을 배제하기 시작하면 적이 생기고, 적은 당신에게 다가오는 기회의 수를 줄어들게 한다. 만약 타인의 공로를 인정한다면 자존심은 조금 내려놔야 할 수도 있겠지만 그 즉시 더 호감 가는 사람이 될 수 있다. 하지만 행운을 얻기 위해서는 누구의 공로를 인정할지, 그 기여도는 어떻게 판단할지 신중히 결정해야 한다.

다른 사람의 공로를 인정하라

당신이 좋은 아이디어를 떠올리는 데 도움을 준 사람들의 공로를 인정하면 그들은 한배를 탄 것처럼 당신 사업의 일원이 된다. 또한 당신의 아이디어에 직접적인 기여를 한 사람들을 인정하면 그들은 자동적으로 당신의 성공에 관심을 가지게 된다. 또한 당신이 진행하는 프로젝트에 그들의 자존심도 함께 걸리기 때문에 성공적인 결과를 위해 당신에게 기회를 가져다주려고 할 것이다. 당신의 성공이 곧 그들의 성공이며, 그들의 기여에 대한 공로를 인정한다면 그들은 당신의 성공을 계속해서 돕고 싶어 할 것이다. 당신의 프로젝트에는 당신뿐만 아닌 그들의 책임도 포함되는 것이다.

작은 역할이라 할지라도 누군가 당신이 아이디어를 생각해 내는 데 도움이 되었다면 그 노력을 인정해 주어야 한다. 공로를 인정하는 것은 강력하면서도 장기적인 보상을 가져온다. 누군가의 공로를 인정하면 그들은 당신의 생각을 자신의 생각인 것처럼 옹호하고, 당신이 더 많은 기회를 얻을 수 있도록 애쓸 것이다.

공로를 인정하는 것은 관대한 마음뿐만 아니라 용기와 정직함을 필요로 하며, 이를 통해 타인의 존경을 이끌어낸다. 인간 행동과 리더십 분야의 대가인 스티븐 코비 Stephen Covey 는 이렇게 말한다.

"다른 사람의 공로를 인정해 주는 사람들은 보통 팀의 중심에 서게 되며 그 팀을 움직이는 중요한 추진력이 됩니다. 그런 사람들은 모든 공로를 자신이 독점하는 데 관심을 두지 않아요. 그들이 관심을 두는 건 프로젝트 자체나 새로운 아이디어, 그리고 달성하고자 하는 목표이고 그 사실은 사람들이 그를 돕고 싶어 하도록 만듭니다. 타인의 공로를 인정할 줄 아는 사람은 강한 이타심을 가지고 있어요. 누군가를 인정하면 그 사람은 당신에게 가치 있는 사람으로 여겨진다고 느낄 거예요. 겸손은 사람들을 끌어모아요. 당신을 어느 누구보다 큰 강점을 가진 사람처럼 보이게 만들 겁니다.

그런 '넓은 마음'은 스스로 행운을 불러들이는 사람들 사이에서 흔히 볼 수 있어요. 다른 사람들과 공을 나누는 사람은 스스로를 내려놓을 줄 아는 태도를 가졌는데, 이는 그들의 깊은 내면에 자리 잡은 확고한 자아 덕분이에요. 자기 정체성이 흔들리지 않는 거죠. 다른 사람에게 공을 돌린다고 해도 자존심에 아무런 영향을 받지 않아요."

코비가 말한 '내면에 자리 잡은 확고한 자아'란 우리가 스스로를 대할 때 편안함을 느끼도록 만드는 긍정적인 가치다. 내면에 존재하는 강력한 힘의 원천과 연결될 때 우리는 자신감과 자기만족을 충분히 느끼게 되어 결국 다른 사람의 기여에 대해 공로를 인정할 수 있게 된다.

잘된 일에 대한 보상, 그것이 금전적인 보상이 아니더라도 사람들에게 긍정적인 영향을 준다. 당신이 일궈낸 성공의 자리에서 동료와 동업자의 공을 인정한다면 당신은 에너지의 원천이 되고 다른 이들은 당신을 중심에 두고 싶어진다. 그러한 행동의 결과는 결국 기회가 확장되는 형태로 나타난다.

스포트라이트에 집착하지 않으려면

행운을 얻는 방법을 배우고 싶다면 우선 스포트라이트를 공유할 때 자연스럽게 느낄 수밖에 없는 저항심을 극복해야 한다. 원하는 것을 얻고 싶다면 당신이 낸 아이디어에 대한 감정적 집착을 극복해야 한다.

다음은 다른 사람들이 당신의 아이디어에 기여했다는 사실을 인정하지 못하게 만드는 심리적 함정을 피하는 방법이다.

모두가 당신의 아이디어를 훔치려고 한다고 가정하지 마라

우리가 번뜩이는 아이디어에 대한 타인의 공로를 인정하지 못하는 가장 큰 이유는 아이디어를 통해 다른 사람들이 우리의 천재성을 인정해 주길 원하기 때문이다. 우리는 모두 자신이 독창적이고 뛰어난 생각을 가지고 있다고 믿고 싶어 한다. 지성을 인정받을 기회가 생기면 우리는 본능적으로 거기에서 오는 모든 스포트라이트를 독점하길 갈망한다. 왜 그럴까? 아마도 다른 사람의 공이 함께 인정받는다면 사람들이 우리가 가진 창의적 능력에 대해 의구심을 품거나 사기꾼이라 생각할까봐 두렵기 때문이다. 또한 생각한 것보다 자신이 똑똑한 사람이 아니라고 스스로 믿게 될지도 몰라 두렵기도 하다. 우리 안에는 모든 것을 스스로 해내고 문제를 혼자 해결해 온전히 혼자 보상을 누리길 바라는 마음이 있다.

불행히도 이러한 생각들은 행운을 만드는 데 전혀 도움이 되지 않는다. 현실적으로 훌륭한 아이디어는 그 자체로 가치가 있다. 누구와 공로를 나누든 간에 말이다. 당신이 다른 사람들의 도움을 인정하더라도 당신의 아이디어는 여전히 당신의 것이라고 인정받을 것이다.

내가 아는 사람 중에는 자신이 만든 컴퓨터 데이터베이스에 너무 집착해 그 누구의 공로도 인정하지 않았던 한 여자가 있었다. 그녀는 데이터베이스를 개선하거나 일부 수정하라는 사람들의 제안에도 꿈쩍하지 않았다. 누군가 아이디어를 제시할 때마다 그녀는 모든 말을 무시하고 사람들이 자신의 성과를 가로채려 한다며 방어적인 태도로 불평을 늘어놓았다. 자기가 만든 창조물에 너무 집착한 것이다. 그 데이터베이스가 그녀의 아이디어로 탄생했다는 사실은 이미 모두가 알고 있었다. 그녀도 성과를 한 차례 인정받은 후에는 다른 사람들의 공로도 인정해 주는 모습을 보여야 했다.

그런데 이상한 일이 일어났다. 그녀가 자신의 데이터베이스를 독점적으로 방어할수록 동료들을 적으로 보기 시작한 것이다. 결국 그녀는 데이터베이스의 관리 권한을 빼앗겼고 그 권한은 그녀가 적으로 돌렸던 그 동료들이 맡게 되었다.

아이디어를 공공 놀이터의 그네로 생각하라

사람들은 아이디어를 사유 재산으로 생각하고 다른 사람들을 침입자로 여긴다. 그러나 아이디어를 공공재산으로 생각하면 그렇게 방어적인 마음을 갖지 않을 것이다. 당신이 공공 놀이터를 설계하는 사람이라고 상상하고 당신의 아이디어를 그네, 시소, 모래사장이라고 생각해 보자. 사람들을 배제하고 싶다는 충동 대신 당신이 만든 놀이터에서 사람들이 재미있게 놀 수 있도록 장려하고 싶을 것이다. 그들이 행복할수록 놀이터에 더 많은 사람을 데려올 가능성이 커지고 이는 곧 당신에게 기회가 된다.

물론 그들이 당신의 놀이터를 인수해 당신을 쫓아내도록 하고 싶지는 않을 것이다. 그러니 누군가에게 훌륭한 아이디어를 떠올리도록 도와줘서 고맙다고 말하거나 그들의 도움을 인정하는 상황에서는 신중하게 행동해야 한다. 그 상황에서는 당신이 그 중심에 있어야 하며 결코 측면에 서 있어서는 안 된다. 하지만 모두를 배제하는 극단적인 행동은 절대 당신이 원하는 것을 얻는 데 도움이 되지 않는다. 아이디어를 놀이 기구로 생각하라. 아이디어라는 기구에서 놀게 된 사람들은 기분이 좋아질 것이다. 사람들이 행복감과 감사함을 느끼게 만드는 것, 그게 바로 그것이 당신이 추구해야 할 행동이다.

▌잠깐의 명성보다 오랫동안 존중받는 게 낫다

우리가 다른 사람의 공로를 인정하지 않으려는 이유는 모든 주목을 스스로 독차지하고 싶기 때문이다. 그러나 그 주목은 보통 30초 정도, 혹은 누군가가 당신의 등을 두드리는 데 걸리는 시간만큼만 지속된다. 만약 당신이 자급자족하는 영웅이 되려 한다면 사람들은 당신을 두려워하고 심지어 당신의 성공을 방해하려 할 것이다.

반면에 당신이 한번 도움을 받으면 그에 대한 노력을 보상해 주는 법을 아는 사람이라고 알려지는 것은 유리하다. 사람들에게 참여할 기회를 제공하고 노력을 인정해 주면 그들은 당신을 존중하고 존경하게 되며 장기적으로 훨씬 더 큰 보상을 얻게 될 것이다. 따라서 다른 사람들이 당신을 도와 이익을 얻을 수 있는 방법을 찾아야 한다. 그러면 당신도 이익을 얻을 것이다.

당신이 자리에 없을 때, 사람들이 당신에 대해 가장 찬사에 가득 찬 이야기를 하도록 만들 수만 있다면 당신이 포기한 자존심은 그 희생의 가치가 있을 것이다. 무엇보다 중요한 것은 당신의 명성이다. 사람들이 당신의 성공에 동참하거나 당신의 성공의 일부가 되도록 만드는 것만큼 평판을 빠르게 향상시키는 것은 없다.

물론 당신이 공로를 나눌 줄 아는 관대한 사람이라는 사실을 이용하려는 이들이 있다면 경계해야 한다. 하지만 공로를 인정받을 자격이 있는 동료들에게 아이디어에 대한 기여도와 지분을 나눠주는 것은 가치 있는 투자다. 그들은 당신에 대한 미담을 퍼트리며 좋은 평판을 만들고 그 평판은 행운을 만들어내는 중요한 요소다.

아이디어는 단지 미완성된 프로젝트일 뿐이다

너무 많은 사람들이 아이디어에 너무 많은 의미를 둔다. 한번은 사람들이 서로의 아이디어를 두고 벌떼같이 싸우는 회의에 참석한 적이 있었다. 사람들은 아이디어가 지적을 받을 때 모욕을 느끼는 지경에 이

르렀다. 이유는 명확하다. 모든 아이디어 뒤에는 그것을 생각해 내기 위해 소비된 시간이 있으며, 자신이 사고방식이 완전하지 못하다고 여겨질 위기에 처해 있기 때문이다. 아이디어란 단지 의도와 비전일 뿐이라는 사실은 종종 잊히곤 한다. 아이디어라는 게 사실 당신이 원하는 것을 얻기 위해 사람들에게 동기를 부여할 수 있는 수단이라는 생각을 한다면 더 많은 행운을 만들 수 있다. 기억하라. 아이디어는 꿈과 같다. 누군가의 도움을 받지 않으면 결코 현실에서 실현될 수 없다.

가능한 한 자주 다른 사람들을 칭찬하라

사람들의 노력을 따뜻하게 칭찬하는 것은 그들에 대한 감사를 표현하는 것과 다름없다. 우리 모두는 우리가 잘 해냈다는 말을 듣고 싶어 한다. 하지만 많은 이들이 다른 사람들에게 이렇게 칭찬을 건네는 것을 소홀히 여긴다. 우리는 칭찬이 오히려 그들을 망칠 것이라고 생각하거나 그들을 칭찬하면 우리의 업적이 폄하될 것이라고 생각해 말을 아낀다.

만약 이러한 문제를 극복하고 다른 사람들이 당신을 위해 한 일에 대해 정기적으로 감사의 말을 전할 수 있다면, 당신은 평생 친구를 얻게 될 것이다. 동료나 상사, 혹은 조수들의 노력을 무시하면 그들 중 몇몇은 당신의 삶을 골치 아프게 만들기 위해 애쓸 것이다.

한 가지 예시가 있다. 나는 뉴욕 시내의 한 주차장에 차를 주차하는 두 사람을 알고 있다. 주차 요금은 매달 약 350달러로 꽤 비싼 편이다. 이 사람들 중 한 명은 매일 몇 분씩 시간을 내 주차 요원들에게 자동차에 대한 조언을 구하거나 스포츠에 대해 이야기하며 일대일로 대화를 나눈다. 주차 요원들에게 존경심을 보였고, 그래서 그의 차는 항상 주차장 입구 쪽에 주차되며 흠집 하나 없이 깨끗하다. 또 다른 사람은 거만하게 왔다갔다하며 요원들에게 눈길조차 주지 않고 친절하게 대화도 하지 않는다. 그의 차는 언제나 주차장 뒤쪽에 주차되고 종종 다른 차들과 너무 가까이 주차되어서 문에 흠집이 나 있다.

여기서 중요한 것은 당신이 만나는 사람들의 노력과 성취를 인정할 경우 그들이 당신을 돌봐주고 가능한 한 당신을 도와줄 것이라는 점이다. 당신이 다가오는 것을 보자마자 사람들이 서둘러 나와 당신을 돕고 싶어 하도록 만드는 것, 그게 바로 당신이 갈망해야 할 목표다.

중요한 사람들에게 조언을 구하고, 그들의 공로를 인정하라

영향력 있는 사람들에게 조언을 구하고 그렇게 이룬 성과에 대해 그들에게 공로를 나누어 주면 그들은 당신이 행운을 만들 수 있도록 도울 것이다. 그리고 영향력 있는 사람들에게 조언을 구하는 방식이나 그들에게 감사를 표하는 방법에 따라 당신이 받을 행운의 크기는 차이를 보인다. 그들을 현명하게 대하는 것을 통해 당신에게 더 많은 기회를 제공할 수 있도록 만들어야 한다.

운 좋은 사람들이 조언을 구할 때 쓰는 효과적인 전략은 다음과 같다.

▌ 당신에게 가장 큰 도움을 줄 수 있는 사람들을 목표로 하라

자존심은 잠시 내려두고 타인의 공로를 인정할 줄 아는 운 좋은 사람들은 자원을 풍부하게 가지고 있는 사람들을 잘 알아본다. 그들을 '남을 이용해먹는 사람'이라고 말하는 건 옳지 않다. 이기적이거나 탐욕스러운 사람이 아니기 때문이다. 타인을 이용만 하는 사람은 자신에게 필요한 것이 다 채워질 때까지 뽑아먹다가 더 이상 그 사람이 쓸모없어지면 쉽게 버린다. 하지만 행운이 깃든 사람들은 현명하고 공손하며 친절하다. 이들은 자신을 도울 수 있는 사람들을 찾아내 그들에게 조언을 구하고 그로 인해 얻은 성취에 대해 타인의 공로를 인정한다.

그렇다면 과연 당신을 도울 수 있는 힘을 가진 사람들은 어디에서 찾을 수 있을까? 내가 아는 어느 운 좋은 사람은 이런 방법을 사용했다. 대형 영화사의 마케팅 고위 임원으로 재직 중인 그는 영향력을 가진 이들 중 광고 분야를 잘 몰라 도움이 필요한 사람을 찾아내는 것부터 시작했다고 한다.

"영화사에서 7년이나 일한 후에도 전 다음 단계로 나아갈 수 없었습니다. 제 보고를 받는 상사들은 절 항상 같은 일만 하는 사람으로 여겼죠. 그러다가 부서에 새로운 상사가 들어왔어요. 전 그가 스튜디오에서 자리를 잡을 수 있도록 가이드가 되기로 결심했죠. 그에게 이곳 일에 대해 하나하나 알려주고 직원들과 회사가 어떻게 돌아가고 있는지 설명해 줬어요. 회사의 이익을 위한 일이기도 했고 저 자신을 위한 일이기도 했죠.

그 상사는 승진을 했고 절 자기 사람으로 여겨 여러 고위 임원들에게 소개하고 다녔어요. 절 항상 같은 일만 하는 사람으로 여기던 사람들이 갑자기 다른 눈빛으로 절 바라보더군요. 전 그 상사에게 수많은 아이디어를 주었고 그 아이디어가 상사의 머릿속에서 나온 것이라고 생각하도록 만들었어요. 회사에서 성공을 얻고 싶다면 영향력을 가진 사람들과 접촉해야 해요. 전 그 사람에게 업무 비결을 알려주고 언제나 그에게 공을 돌렸죠. 제가 항상 정직하고 충성스럽게 그를 대했으니 그 사람 입장에서는 절 가까이 두는 게 그 사람에게도 이득이었어요. 정말 멋진 일이죠. 다른 사람들이 제 아이디어를 상사의 것이라고 생각하는 게 무슨 상관이겠어요. 전 그 과정을 더 큰 기회를 갖기 위한 대가로 여겼어요. 제 일은 그 사람을 빛나게 해주는 거였고 그 대가로 그는 절 빛나게 해주었죠."

영향력을 가진 사람을 돕는 것은 이런 이점을 만든다. 그러나 자신이 가진 영업 비밀을 너무 많이 누설해 상사에게 더 이상 필요 없는 사람이 될 수도 있는 위험성이 있지는 않을까?

"비결이 있다면, 당신이 가르쳐 주는 부분에서 가장 핵심적인 사항은 알려주지 않는 겁니다. 전반적인 것은 알려주되, 당신이 그 일을 어떻게 해내는지에 대해서는 너무 많은 것을 알려주지 마세요. 당신이 건넨 아이디어에 대해 상사가 자신의 생각이라고 여기게 만들고, 대신 그걸 어떻게 실행하는지에 대한 세부 사항은 알려주지 않는 겁니다. 그러면 그 상사는 당신 없이는 안 된다고 생각할 거예요."

항상 똑똑하고 열심히 일하는 사람들과 함께하라. 이런 사람들은 언제나 당신을 똑똑하고 열심히 일하는 또 다른 사람들에게 소개할 것이다. 이들은 당신의 행운을 진정으로 향상시킬 수 있는 사람들이다.

▍자신을 두 번째로 두어야 할 때를 알아야 한다

기회에 접근할 수 있는 자리에 위치한 사람들은 자신의 이익과 이해관계에 놓인 사람들을 더 도와주고 싶어 한다. 내가 발견한 바에 따르면, 사람들에게 생각을 묻고 조용히 그들의 반응을 듣는 것보다 더 강력한 것은 없다. 당신이 한발 물러서고 그 선두에 상대를 둔다면, 그들은 당신이 내놓은 아이디어의 중요성과 훌륭함을 인정하게 된다.

어느 대형 어린이 웹사이트 회사에서 빠르게 승진하며 요직으로 올라간 친구는 상사와 있을 때 항상 자신을 이인자로 둔다고 한다.

"자신을 배트맨이 아닌 로빈으로 둘 수 있다면 얼마나 큰 성공을 가질 수 있는지 놀랄 거예요. 이 사실을 기억한다면 당신을 도울 수 있는 힘을 가진 사람들은 당신이 잘되길 바랄 거고, 당신이 그들을 배신할 거라 생각하지 않을 거예요. 최근에 제 상사의 라이벌이었던 한 고위 임원이 회사를 떠났어요. 얼마 후 그녀가 제게 점심을 먹자며 연락을 하더군요. 이제 그 사람과 점심을 함께 하는 건 제게 이익이 되는 일이에요. 왜냐하면 그녀의 다음 행보를 모르잖아요. 어쩌면 제게 큰 도움이 될 수도 있죠. 물론 제가 그녀와 점심을 먹었다는 사실을 제 상사가 알게 되면 끝장이지만요.

그래서 전 제 상사에게 그녀가 절 점심 식사에 초대했다고 말했어요. 그녀와의 식사 자리에서 다른 임원들에 대한 흥미로운 얘깃거리가 나올 거라는 말도 했죠. 그런 다음, 제가 그 자리에 가는 게 맞을지 상사에게 물었어요. 당연하게도, 제가 가는 게 좋을 거라고 하더군요. 임원들에 대한 가십거리에 정신이 팔려서요. 그 자리가 비즈니스적인 상황이 될 수도 있다고 전혀 생각하지 않았어요. 전 그저 점심을 먹으며 그녀가 해준 이야기들을 듣고 그대로 제 상사에게 공유했어요. 언제나 정직하게 행동하는 건 중요하지만, 당신 위에 있는 일인자의 감정을 상하지 않게 하는 방향이어야 해요."

중요한 사람들이 어떻게 도움이 되었는지 보여주어라

사람들이 당신을 돕게 만드는 가장 교묘한 방법 중 하나는 그들의 조언이 당신과 당신의 일, 또는 당신의 행운에 어떻게 영향을 미쳤는지 보여주는 것이다. 사람들에게 그저 조언을 구하는 것과 그들의 조언이 당신에게 어떤 영향을 미쳤는지 보여주는 것은 다르다. 이는 그들의 조언과 지혜를 진지하게 받아들이고 있음을 확인하는 행위이다. 또한 당신이 다음 단계로 나아가는 것을 그들이 도와줄 수 있도록 장려한다.

내게는 한 예술가 친구가 있는데, 최근 그녀의 조각 작품 중 하나가 뉴욕의 가장 권위 있는 미술관 중 하나에 소장되었다. 예술가들은 종종 강한 질투심에 사로잡히는데, 어떤 예술가의 작품은 수만 달러에 팔리고 어떤 예술가의 작품은 벽장 속에 빛을 보지 못하게 되는 이유를 이해하기 어려운 경우가 많기 때문이다. 그래서 내 친구는 이 불확실성을 극복하기 위해 피나는 노력을 했다. 이미 뛰어난 예술가이기도 했지만, 다른 성공한 예술가들은 어떻게 주목을 받는지 또 작품을 팔기 위해서 어떤 행동을 하는지 연구했다.

"전 오래전에 한 가지 깨달았어요. 작품 그 자체로만 승부를 봐서 성공할 수 있는 예술가는 아주 소수의 천재들뿐이라는 것을요. 아주 훌륭한 작품을 가진 수백 명의 예술가들이 있지만 모두 성공하는 건 아니에요. 미술관과 갤러리에는 그만한 공간이 없고, 상업적인 수요도 그만큼 많지 않으니까요. 차이를 만드는 건 예술 작품에 있는 게 아니라 다른 사람들에게 자신을 어떻게 홍보하는지에 달려있죠."

그녀는 뛰어난 예술가였지만 수많은 예술가들 사이에서 눈에 띄기 위해 자신이 가진 다른 강점을 발휘해야 했다. 바로 개방적이고 관대한 마음이었다.

몇 년 전 그녀는 여러 예술가들의 작품이 전시된 어느 전시장에서 한 권위 있는 미술관의 큐레이터를 만났다. 그는 그녀 작품의 방향성을 바꿀 수 있는 방법에 대해 몇 가지 중요한 제안을 했다. 거북한 마음에 그 제안을 미술관 관리자의 참견쯤으로 여기고 무시할 수도 있었지만 그녀는 마음을 열고 그의 조언을 받아들였다.

그녀는 최근 개인전을 열며 그때의 큐레이터에게 초대장을 보냈다. 그가 준 조언이 얼마나 큰 도움이 되었는지 직접 와서 변화를 확인해보라는 메모도 함께 남겼다. 큐레이터가 그녀의 전시회에 오자 그녀는 그가 준 조언이 근래 그녀의 작품에 어떻게 영향을 끼쳤는지 설명했다. 며칠 지나지 않아 큐레이터는 그녀에게 연락을 해왔다. 그녀의 작품 중 하나를 자신의 미술관에서 구매할 수 있도록 추천했다는 것이다. 자존심은 잠시 내려놓고 자신의 작품에 기여한 큐레이터의 공을 인정함으로써 그녀는 다른 예술가들이 바라던 행운을 자신의 것으로 만들 수 있었다.

"이 업계에서는 관대함이 있어야 해요. 큐레이터의 조언은 훌륭했어요. 전 그가 제 작품에 가져온 변화를 확인해 주길 바랬죠. 제 작품에 영향을 끼쳤다는 걸 알고 그는 크게 기뻐했어요. 그래서 결국 내 작품이 마치 자신의 작품인 것마냥 저를 위해 힘을 써준거죠."

당신을 도와준 사람들에게 정기적으로 소식을 전해라

누군가에게 도움이나 조언을 구하고 그 후에 당신의 진행 상황을 알려주지 않는 것은 큰 실수이다. 누군가에게 도움을 요청한다는 건 사실 자신의 일부를 그 사람에게 판매한 것과도 같다. 그래서 당신의 '투자자'에게 정기적인 보고를 제공할 의무가 생기는 것이다. 도움이나 조언을 받은 후 당신의 상황이 어떻게 진행되고 있는지에 대해 알려 소식을 업데이트해 준다면 투자자들은 계속해서 당신에게 기회를 제공할 동기를 부여받게 된다. 특히나 그들이 준 기회가 기대만큼의 성과를 내지 못하다면 더더욱 그렇다.

캘리포니아에 위치한 대형 소프트웨어 회사에서 큰 직책을 맡고 있는 내 친구는 이에 대해 이렇게 설명했다.

"작년 여름 쯤 제 일을 보조하던 인턴이 로스쿨에 가고 싶다는 얘기를 했어요. 로스쿨 입학 시험을 준비하기 위해서 일을 그만둔 직후에 제게 메일을 보내왔죠. 자기가 입학을 희망하는 로스쿨에 추천서를 써줄 수 있냐고 말이에요. 그래서 추천서를 괜찮게 써 보내줬어요. 한 3개월 후에 그는 로스쿨에서 합격 통보를 받았다면서 제 추천서가 합격에 큰 영향을 끼친 게 확실하다는 내용이 담긴 메일을 다시 한번 보내왔어요. 그게 사실이든 아니든, 기분은 좋더군요. 최근에 그가 제게 다시 한 통의 메일을 보냈는데, 여름 동안 임시직으로 일할 수 있는지 묻더군요. 사실 이미 그 자리는 채워졌는데 그를 위해 자리를 하나 더 만들었어요. 그저 예의를 보인 메일 한 통이 그에게 행운을 가져다주었다는 게 참 흥미롭지 않나요?"

욕심을 부리지 마라

누군가에게 도움을 받을 때 저지르는 큰 실수 중 하나는 바로 기적을 기대하는 것이다. 사람들은 종종 자신이 필요한 게 생길 때마다 누군가에게 자신이 원하는 모든 것을 제공받을 수 있을 거라 기대한다. 문제는 사람들이 몇 안 되는 이들에게 너무 큰 기대를 두는 것이다. 그들은 기회를 줄 수 있을 만한 영향력을 가진 사람들에게 도움을 구할 때마다 그들이 자신의 삶을 수월하게 만들어 줄 것이라고 착각한다.

하지만 사람들은 바쁘다. 때때로 사람들은 당신이 원하는 방식으로 당신을 도울 수 없다. 하지만 그렇다고 해서 그 사람들을 버려야 하는 건 아니다. 절대로, 누군가 당신을 도와줄 수 없다고 해서 당신에게 죄책감을 느끼게 해선 안 된다. 당신에게 필요한 기회를 제공하지 못하거나 크게 도움이 되지 않은 사람을 소개시켜 주었다고 해도, 그들이 건넨 것들이 당신에게 도움이 되었을 거라 생각하게 해야 한다.

한 사람에게 모든 희망을 거는 것은 그 사람에게 실현 불가능한 기대를 거는 것과 같다. 사람들은 종종 기대치를 너무 높이 설정한다. 누군가 당신의 기대에 부응하지 못했을 때 상대를 비난하는 건 어리석은 일이다. 당신의 에너지를 잘못된 곳에 쓰는 것이다.

리더십 전문가 스티븐 코비는 말한다.

"더 중요한 건 당신만의 원칙입니다. 자신이 성취하려는 목표에 집중한다면, 당신을 목표에 더 빨리 데려다주지 못했던 사람들에게 압력을 주지 않게 되지요. 인내심을 가지면 관계를 망칠 일도 없어요. 당신에게 애정을 가진 사람들이 최선을 다해 당신을 도와줄 것이라 가정하되, 당신의 필요를 즉각 100퍼센트 채워줄 것이라 기대하지 마세요. 그런 일은 결코 일어나지 않고 실망을 불러일으킬 뿐입니다.

당신이 편안한 마음으로 사람들을 풀어준다면 낙관적이고 열린 마음을 가진 사람이 될 수 있어요. 무슨 일이 있던 사람들을 잘 돌보고 베푸는 자세를 유지하세요."

게임의 룰 6:
순간의 감정으로 관계를 망치지 마라

"현명한 사람은 자신이 만들어낸 것보다
더 많은 기회를 얻는다."

_프랜시스 베이컨 Francis Bacon

행운을 가진 사람들은 자신이 만나는 모든 사람을 언젠가 자신에게 기회를 건네 줄 수 있는 사람으로 여긴다. 그중 누가 정말로 도움을 줄지는 알 수 없다. 누군가를 모욕했다가 기회를 날려버리거나 커리어를 망치게 되는 일은 비일비재하다. 명성은 행운의 열쇠가 되지만, 의도적이든 아니든 적을 만든다면 그 어떤 명성도 무의미하다.

사소한 말실수에도 화를 입는다

타인의 감정을 상하게 하는 부주의한 행동 하나만으로도 명성이 추락하고 모든 행운이 날아갈 수 있다. 최악의 상황은 당신이 내뱉은 모욕적인 말이 당신의 성공에 얼마나 큰 타격을 입혔는지도 깨닫지 못하는 것이다. 어떤 말을 하든 입 밖에 내기 전에 몇 번씩 고민하며 생각해야 하는 것은 아니지만, 다른 사람들의 감정에 대해 신경을 쓰고 민감하게 대처할 필요는 있다.

〈포춘〉에서 선정한 500대 기업 중 하나의 고위 임원이 최근 내게 놀라운 이야기를 들려줬다. 얼마 전에 한 여성이 자신보다 약간 낮은 직급으로 고용되었다고 한다. 그녀는 일을 시작하기 몇 주 전에 결혼식을 올린 상태였는데 그 임원은 그녀에게 작은 선물을 보냈다. 그 선물이 특별한 것은 아니었지만 그녀를 신경 쓰고 있다는 사실을 표현하기 위한 것이었다. 하지만 그 임원은 그녀에게서 감사의 메시지나 전화 한 통 받지 못했다고 한다. 두 달이 지난 어느 날, 임원과 그 여성은 단둘이 엘리베이터에서 마주치게 되었다. 임원은 그녀에게 이렇게 물었다.

"그런데 내가 보낸 선물은 잘 받았나요? 요즘엔 물건이 제대로 도착했는지 알 수가 없어서요."

"네, 받았어요. 정말 감사합니다."

하지만 그녀의 대답은 늦어도 한참 늦은 것이었다. 그날 오후에는 입사한 지 얼마 되지 않은 그녀에 대한 인사 평가 회의가 있었고 임원도 그 자리에 참여했다. 회의에서는 그녀의 승진과 인사 문제에 대한 논의가 이루어졌다. 그 임원은 그녀의 판단력이 아직 충분치 않아 더 큰 책임을 맡기기에는 적합하지 않다고 단호하면서도 강하게 주장했다. 결국 상당한 급여 인상이 포함된 승진 기회는 그녀와 같은 직급을 가지고 있던 다른 이에게 돌아갔다. 그녀의 커리어는 몇 달, 혹은 몇 년 더 뒤처지게 되었다.

이 이야기에는 교훈이 있다. 비즈니스에서 영리하게 굴지 않으면 행운을 날려버릴 수도 있다는 사실이다. 그녀는 일부러 임원의 호의에 무관심하게 군 것일까? 아마도 그건 아닐 것이다. 하지만 감사할 줄 모르는 부주의한 태도는 결국 큰 대가를 치렀다. 그녀가 받은 결혼 선물에 대해 성숙하고 적절한 방식으로 처리하지 못했다는 사실은 업무 중 발생하는 세부적인 일들에 신경쓰는 것에도 서투를 것이라는 인상을 준다. 무례한 태도에는 어떠한 변명도 댈 수 없다. 당신의 작은 부주의가 행운의 기회를 앗아갈 수도 있다.

가끔은 운이 좋아 두 번째 기회를 얻을 수도 있다. 심지어는 당신에게 중요한 영향력을 끼치는 사람의 감정을 상하게 했더라도 조기에 그 사실을 알아채고 재빨리 적절한 사과를 전한다면 그 피해를 되돌릴 수 있다.

몇 년 전, 내가 일하던 곳에서 큰 회의가 열렸는데 회사의 사장이 다소 논란이 될 만한 안건을 꺼냈다. 나는 그의 제안이 타당하지 않다고 느꼈고, 다른 사람들은 어떻게 생각하냐는 질문에 바로 입을 열었다. 왜 그 제안이 말도 안 되는 일인지를 설명하기 시작한 것이다. 사장의 얼굴은 붉어졌고 다른 직원들의 얼굴은 하얗게 질렸다. 회의가 끝나고 한 동료가 다가와 내가 다른 방식으로 의견을 전달해야 했다며 지적했다. 아마도 개인적으로 단둘이 있을 때 이야기했어야 한다는 거였다.

나는 화가 나 그에게 이유를 물었다.

"사장님은 당신이 한 말에 모욕감을 느끼신 것 같더군요."

나는 즉시 사장에게 가서 사과했다. 개인적으로 만나 이야기를 나누는 게 맞는 행동이었는데 내가 실수를 범했으며, 그를 당혹스럽게 만들려는 의도가 아니었다고 설명했다. 그날 이후로 우리는 계속 좋은 관계를 유지하고 있다.

순간의 감정으로 인해 성공으로 가는 다리를 불태우고 싶지 않다면 이렇게 행동해 보라.

▎힘을 가진 사람들을 마치 당신의 상사인 것처럼 대하라

당신이 그들을 위해 일하지 않더라도, 권력을 가진 사람들은 당신을 도울 수 있는 사람들에게 결국 영향을 미친다.

▎힘을 가진 사람들의 순간적인 반응을 진지하게 살펴라

모욕을 당했다고 느낄 때는 순간적으로 모두 비슷한 반응을 보인다. 숨기지 못한 진실된 반응은 사람들이 감정을 감추기 전 몇 초 사이에 드러난다. 놀란 표정이나 당황한 듯한 목소리를 듣는다면 당신의 실수를 인지해야 한다.

▎사과는 항상 직접 대면해서 하거나 전화를 통해라

사과는 절대 글로 전해선 안 된다. 이런 상황에는 말을 통해 당신의 마음을 전하는 것이 효과적이다. 모욕을 느꼈던 상대가 당혹스러운 반응을 당신에게 내보였던 것처럼, 상대와 대면해서 사과하는 것을 통해 당신이 당혹스러워하는 모습을 보여주는 것으로 상황은 공평하게 마무리될 수 있다. 그러면 그 일은 넘어갈 수 있게 된다. 이유가 무엇이든 글로 전하는 사과는 더 오래 기억된다. 당신의 실수가 물리적으로 기록되어 잊히지 않게 되는 것이다.

▎항상 감사의 인사를 글로 표현하고, 중요한 것을 받았다면 며칠 내에 하라

상대에게 받은 작은 선물부터 혹은 급여가 인상되는 일까지, 상대가 보인 호의에 대한 응답에 진심 어린 감사의 편지를 보내는 것만큼 당신의 명성을 빛내주는 것은 없다.

▎당신에게 특별한 도움과 기회를 준 이가 있다면 선물이나 꽃을 보내라

감사의 인사를 전하는 것보다는 비용이 들겠지만, 그 비용은 결코 낭비가 아니다.

▎영리한 사람에게 호의를 베푸는 것을 망설이지 마라

그들에게 보인 호의가 즉각적인 보답을 만들어내지는 않을 수 있다. 하지만 당신에게 돌파구가 필요한 상황이 왔을 때 그들이 언제든 호의를 되갚아줄 기회를 얻게 될 것이다.

▌ 영리하거나 힘 있는 사람이 당신을 실망시켰을 때 실망감을 드러내지 마라

그런 식의 분노 표출은 언제나 상대에게 당혹스러움을 줄 것이다. 아마도 그들이 일부러 당신에게 해를 끼치거나 약속을 저버리려고 한 것이 아닐 것이기 때문이다. 그들의 도움이 효과를 발휘하지 못한 채 끝난 후 그들의 기억 속에서 지워질 수도 있겠지만, 적어도 잊히지 않는 적으로 남는 것보다는 훨씬 낫다.

복수는 달콤하지 않다, 그저 어리석을 뿐이다

어떤 사람들은 영향력을 가진 사람들과 의도적으로 인간관계를 끊기도 한다. 이는 그들에게서 원하는 것을 얻지 못했다는 분노와 복수를 하고자 하는 열망에서 비롯된다. 감정을 폭발시키는 행위는 그들에게서 얻은 상처를 잊거나 자신의 명성을 유지하고자 하는 욕구보다 더 큰 만족감을 준다. 이렇게 감정적으로 인간관계를 끊어내는 사람들은 자신의 명성이 주는 장기적인 이익에는 관심을 두지 않고 다른 사람에게 해를 입히려는 단기적인 만족에만 집중한다.

몇 년 전, 내 지인 한 사람은 브로드웨이 공연 제작자와 함께 일한 적이 있는데 자신이 기대한 것보다 더 높은 직책으로 승진하지 못하는 경험을 했다. 5년 동안 그곳에서 일하며 회사에서 제작하는 공연을 홍

보하는 데 모든 노력을 다했는데도 말이다. 그러다가 그의 동료 중 한 명이 먼저 승진을 하게 되자 그는 분노를 누를 수 없었다. 결국 새로운 일자리를 얻기 위해 자신이 가진 인맥을 총동원해 수소문했고 두 달 만에 또 다른 브로드웨이 제작사에 자리를 구할 수 있었다. 그는 일을 그만두기 딱 2주 전에 회사에 퇴사 통보를 했고, 제작사의 대표는 바쁜 시기가 지날 때까지 몇 주만 더 머물러달라고 부탁했지만 단칼에 거절했다. 그리고 회사에 남아 있는 동료들에게 대표가 자신의 인사 문제에 조금 더 신경 써 신중을 기해야 했다고 말하고 다녔다. 그리고 2주 후, 그는 결국 회사를 떠났다.

문제는 그 후로 몇 년 동안 그의 동료들이 다른 직장으로 이직할 때마다 그 누구도 그 사람에 대해 좋은 말을 하지 않았다는 것이다. 당시 그가 이직을 선택할 수밖에 없었던 상황에 대해 안타까운 마음을 가졌던 사람들도 마찬가지였다. 그가 지나치게 감정적이고 무모한 사람이며, 언제든 회사와 동료들을 곤경에 빠뜨릴 수 있는 사람이라는 거였다. 그가 마지막 순간에 조금 더 우아한 태도로 떠났다면, 예를 들어 회사 대표와 마지막 조율을 잘 해냈다면 그는 더 높은 평가를 받고 명망도 유지할 수 있었을 것이다. 다른 친구들이 전한 소식에 따르면, 그는 다음 직장에서 해고되었고 여전히 일자리를 찾아 구직 활동을 이어가고 있다고 한다.

사람이 상처를 입으면 그에 반격하려는 억누를 수 없는 욕망이 드는 것이 자연스러운 반응이다. 다른 이에게 사적인 공격을 받게 되면 결코 쉽게 넘어갈 수 없듯, 비즈니스 상황에서도 마찬가지다. 하지만 이 쓰라린 감정을 억제한다면 그 욕망은 당신을 더 뛰어난 사람으로 만드는 긍정적인 힘이 된다. 상처를 입고 생기는 마음의 힘은 당신이 복수에 대한 환상을 행동으로 옮길 때만 해로운 것이 된다.

상처를 받았을 때 더 효과적으로 해결하는 방식은 내게 해를 입힌 상대방이 죄책감을 느끼게 만드는 것이다. 이는 당신이 원하는 것을 얻는 데 도움이 되며, 의도치 않게 실수를 저질러 기회를 날려버리는 것을 방지할 수 있다.

내가 아는 한 여성은 휴스턴의 에너지 회사에서 근무하며 열심히 사업을 유치하다가 갑작스러운 해고 통보를 받게 되었다. 그녀는 1990년대 초반에 발생한 기업 규모 감축 사태의 희생자였다.* 소송을 벌이거나 소동을 벌이고 싶은 유혹도 느꼈지만 그녀는 조용히 떠나기로 결심했다.

대신 그녀는 한 가지 흥미로운 일을 했다. 자신을 해고시킬 수밖에 없었던 상사와 계속 연락을 유지한 것이다. 그녀는 비즈니스에 중요한 도움이 될 기사와 데이터를 그에게 보내고 긍정적인 조언을 글로 전달했다. 단 한 번도 자신이 해고된 것에 대해 불만을 품거나 다른 일자리를 찾는 데 어려움을 겪고 있다는 것을 내색하지 않았다.

"결국 죄책감이나 책임감에서라도 그가 나를 도와줄 것이라 생각했어요. 인력 감축 결정 때문에 누군가를 해고해야 하는 상황이라면 누

---

* 1990대 초반에는 경제 불황과 물가 상승이 동반된 스태그플레이션의 영향으로 미국을 비롯한 전 세계적 경기 침체가 발생했으며, 미국 내 많은 기업들의 대규모 인력 감축 시도가 있었다.

구도 자신이 나쁜 소식을 전하는 사람으로 기억되기를 원하지 않을 거예요. 당신이 관대하게 반응할 수 있다면 당신을 해고한 사람들로부터 존경을 받게 될 거예요. 해고 후 2년이 지나 제 전 상사는 새 회사를 창업하려는 사람 둘을 소개해 줬고, 저는 그 회사의 세 번째 멤버로 합류하게 됐어요. 지금보다 더 행복할 수는 없을 거예요."

당신을 실망하게 한 사람들에게 복수심을 불태우는 대신 그저 내버려둠으로써 새로운 기회가 올 수 있는 길을 날려버리지 않는 방법은 다음과 같다.

▎품격 있는 사람이 되어라

힘 있는 사람들 중 당신을 무시하거나 실망시킨 이들에게도 항상 품격 있는 사람으로 여겨지도록 노력하라. 어려움을 당연하게 받아들이고 회복력을 보여줄수록 다른 사람들이 당신에게 기회를 제공할 가능성이 커진다.

▎부정적인 유혹을 이겨내라

당신에게 해를 입힌 힘 있는 사람들을 무너뜨리고 싶은 유혹을 이겨내라. 그들이 어려움을 겪고 있을 때도 마찬가지다. 오히려 그들을 도와주는 것이 낫다. 누구도 비열한 공격을 좋아하지 않는다. 심지어 당신 편에 있는 사람들조차도 말이다.

▎상대가 죄책감을 느끼게 해라

강력한 사람들이 당신에게 기회를 제공하지 않는 것에 대해 죄책감을 느끼게 만들어라. 그들에게 도움과 친절을 아낌없이 베풀어야 한다. 그들이 당신을 무시하거나 피해를 끼치더라도 그것을 들먹이지 말고 계속해서 가능한 한 모든 방식으로 도와줘라. 결국 그들의 죄책감이 당신이 가장 필요할 때 도움을 주게 만들 것이다.

▎실망은 항상 일시적이라는 것을 떠올려라

어떤 일로 실망감을 느꼈을 때 그에 대해 생각하는 것을 피하고 그 시간에 또 다른 행운을 만들기 위한 궤도에 다시 올라탈 계획을 세워라. 실망에 집착하면 마음만 쓰릴 뿐이고, 행운을 만들어내는 힘이 억제되는 결과만 가져온다.

화를 내면 더 잘 미끄러진다

행운을 가진 사람들은 모든 힘 있는 사람을 잠재적인 인명 구조원으로 본다. 당장에 나를 구해주는 건 아니더라도 언젠가는 그럴 것이라고 말이다. 어느 유명 잡지에서 편집자로 일하는 지인이 하나 있다. 몇 년 전 그는 곤경에 처한 적이 있었다. 당시 그가 다니던 잡지사는 다른 회사에 이제 막 인수된 상황이었다. 새로운 경영진들과의 관계는 쉽지 않았다. 잡지사 이곳저곳에 지나친 참견을 했던 것이다. 그 편집자 또한 창의적인 작업을 할 자유가 제한되는 상황을 달갑게 여기지 않았다.

그러던 어느 날 홍보부장에게 전화가 걸려왔다. 어느 잡지사의 기자 한 사람이 새로운 경영진에 대한 기사를 쓰기 위해 인터뷰를 하러 올 예정이라고 했다. 홍보팀장은 편집자가 함께 참석해서 새 경영진을 소개하는 기사에 색을 더해주면 좋을 것 같으니 참석할 의향이 있는지 물었다. 그 친구는 그의 제안을 거절했다. 새로운 경영진의 추종자처럼 보일까 싶었기 때문이다. 하지만 시간이 조금 지나 다시 생각해 보니 이 불편한 상황이 새로운 기회가 될 수도 있겠다는 생각이 들었다.

인터뷰가 시작되고 기자는 편집자에게 새로운 경영진과 일하는 게 어떤지 물었다. 그는 그 경영진과 일하는 게 얼마나 좋은지, 그리고 얼마나 많은 것들을 배우고 있는지에 대해 긴 대화를 나눴다. 추후에 기사가 잡지에 실리고 동종 업계의 임원들은 그 편집자가 '많은 것들을 배우고 있다'고 설명한 대목에서 많은 것들을 읽어낼 수 있었다. 그가 인터뷰에서 발언한 내용들은 회사가 인수되며 많은 굴욕을 겪게 된 사람 치고는 믿기지 않을 만큼 긍정적이었기 때문이다. 그의 모습은 그가 회사와 인사 문제에 대해 큰 협상 체결을 앞두고 있거나, 혹은 더 나은 회사를 찾아 그만둘 준비가 된 사람이라는 신호로 해석되었다.

돌이켜보면 그 편집자는 외부에 미팅이 있어 외근을 나가야 한다는 등의 핑계를 대고 인터뷰에 참여하지 않을 수도 있었다. 또한 그가 이런저런 말을 흘려서 지금 회사에서 일하는 상황에 완전히 만족하지 않는다는 인상을 직접적으로 풍겼을 수도 있었을 것이다.

"내가 인터뷰를 하러 온 기자에게 '나는 새 경영진과 일하게 되어 너무 행복합니다. 때때로 잡지의 편집 방향에 대해 의견이 충돌할 때도 있지만, 대부분 해결책을 찾습니다'라고 말했다면 그건 분명 '새 경영진은 성가신 사람이고 내가 이 회사에서 얼마나 더 버틸 수 있을지 모르겠네요'라고 해석됐을 거예요. 하지만 그런 식으로 SOS 신호를 보내는 건 제게 어떠한 새로운 기회도 가져오지 않죠. 그저 동정심만 불러일으킬 뿐이에요. 전 대신 새로운 경영진을 좋은 사람처럼 보이게 만들었고 그게 절 좋은 사람으로 만들었으며, 결국 모든 게 다 잘 해결됐어요."

기사가 발행되고 며칠 지나지 않아서 그는 일자리를 제안하는 전화를 네 통이나 받았다. 그중 하나는 면접에서 그를 탈락시킨 적 있는 잡지사의 편집장이었다. 그 편집장은 이제 그의 상사가 되었다.

과거 그를 탈락시킨 적 있는 편집장은 왜 그를 고용하기로 다시 마음먹었을까? 그건 행운의 영향일까? 이 사살이 흥미롭게 느껴진 그는 편집장을 점심 식사에 초대해 직접 묻기로 했고, 그때 들은 대답은 이러했다.

"몇 년 전에 당신이 우리 잡지를 어떻게 바꾸면 좋겠는지 제안서를 제출했을 때, 같은 자리를 두고 면접을 봤던 또 다른 사람 두 명이 있었어요. 당신의 두 경쟁자 중 한 사람이 결국 합격했고 나머지 한 사람은 당신처럼 탈락했어요. 제가 거절의 메시지를 전했던 다른 한 사람은 제게 화를 내며 다시는 연락하지 않더군요. 반면에 당신은 대수롭지 않은

듯 면접 기회를 준 사실에 대해 감사의 편지를 보내주었고요. 그때부터 언제나 당신을 높게 평가해 왔어요. 그런 행동을 보이는 데는 좋은 인격이 필요한 법이니까요."

이 편집자 친구는 두 가지 경험에서 무엇을 배웠을까? 기회가 건너올 수 있는 다리를 불태우지 않고 자신에게 생길 행운을 망치지 않기 위해 그는 이런 조언을 남겼다.

▎어려운 상황에서도 웃는 얼굴을 보여라

당신은 승자처럼 보일 것이고, 당신을 지켜보는 사람들은 당신을 자신의 사람으로 두고 싶어 할 것이다.

▎영향력 있는 사람들의 '문제적 인물 탐지 센서'에 걸리지 마라

다루기 어렵거나 지나치게 민감한 사람이라는 인상이 생기면 그 이미지에서 벗어나는 것은 거의 불가능하다. 만약 모욕적인 말을 들었다면 이를 사실로 받아들이지 말고 단지 그 사람의 인식일 뿐이라고 생각하며 잊어버리는 편이 낫다.

▎큰 상처에는 언제나 기회가 가득 차 있다

상처를 극복하고 그 어두운 터널 속에서 빛을 찾기 위한 계획을 세워라.

게임의 룰 7:
작은 성과가 모여 위대한 업적을 만든다

"인생에서 필요한 것은 무지와 자신감뿐이다.
그러면 성공은 보장된다."

_《톰 소여의 모험》의 저자, 마크 트웨인 Mark Twain

짧은 시간 안에 좋은 일이 많이 일어날 때 당신은 운이 좋은 사람이라고 할 수 있다. 이러한 현상이 일어나기 위해서는 많은 사람들에게 당신이 도울 가치가 있는 사람임을 설득할 수 있어야 한다.

하지만 사람들에게 한두 번 도움을 받는 것만으로는 충분하지 않다. 그 도움의 빈도와 질을 최대화하기 위한 적절한 조치를 취해야 한다. 이것이 효과를 볼 때 당신에게는 연속적인 행운이 촉발하게 된다. 연속적인 행운은 그 자체로 파급력을 가진다. 이렇게 운을 이어가기 위해서는 생산성이 낮은 기회와 황금빛 최고의 기회를 구분할 줄 알아야 한다. 그 후에 당신에게 가장 도움이 될 가능성이 큰 기회를 선택할 용기가 필요하다.

그 과정에서 믿음직스럽지 않은 조언이나 잘못된 길을 추구하는 위험을 감수하지 않도록 신중을 기해야 한다. 최고의 결과와 가장 큰 행운을 가져다 줄 도전을 선택하는 게 훨씬 더 생산적이다. 그중에서도 짧은 시간 안에 행운이 반복적으로 일어나는 경험을 하고 싶다면 연속적인 행운이 어떻게 작동하는지를 먼저 알아야 한다.

연속적인 행운이란 짧은 시간동안 좋은 일이 줄지어 일어나는 것이다. 그러나 이 과정에는 진전도 있어야 한다. 흐르는 시냇물 속의 바위를 상상해 보라. 한 바위에 뛰어올라 착지하는 데 성공하는 건 운 좋은 일이다. 운이 좋다면 그다음 바위에도 도착할 수 있을 것이다. 하지만 너무 멀리에 있는 바위로 뛰어오르려 한다면 물에 빠져 건너편에 도달하지 못할 가능성이 크다. 요령이 있다면, 서로 가까이에 위치한 바위를 찾아서 하나하나 이동하며 미끄러져 떨어질 가능성을 줄이는 것이다. 바위가 가까울수록 건너편에 더 빨리, 더 쉽게 도달할 수 있다. 행운도 마찬가지다. 기회가 서로 가깝지 않으면 다른 기회를 기다리기 위해 긴 시간을 허비하거나 더 큰 위험을 감수해야 할 수도 있다. 그 과정에서 당신의 동력이 상실되거나 착지할 때 균형을 잃고 미끄러질 확률이 커진다.

당신이 하나의 행운을 또 다른 행운으로 빠르게 전환할 수 있다면 당신은 높은 확률로 좋은 운을 보장받게 된다. 더 많은 운 좋은 일이 당신에게 일어난다면 순수한 행운의 동력이 다른 사람들을 끌어들일 것이다. 이러한 모습은 당신이 가진 많은 경쟁자들을 겁먹게 만들 것이다. 단기간 안에 좋은 성과를 많이 내는 사람들은 도저히 저지할 수 없는 존재로 여겨지며 결국 경쟁자와 적들은 길을 비켜줄 수밖에 없게 된다. 당신을 성공의 길에서 끌어내리려는 시도를 포기하고 당신이 어떤 식으로든 축복받은 사람이라고 체념하게 되는 것이다. 당신에게 발생하는 연속적인 행운이 얼마나 오래 지속될지는 당신에게 가장 큰 도움을 주거나 영향을 끼칠 수 있는 사람에게 얼마나 짙은 인상을 남기느냐에 달려있다.

신중하게 미지의 세계로 뛰어들기

우리는 매일 새로운 도전에 직면한다. 기회가 찾아오면 우리는 그것이 내게 어떤 결과를 가져올지 여기저기 뜯어보거나 그저 흘려보내 버린다. 몇몇 기회는 분명 충분히 따를만한 가치가 있다. 하지만 대부분의 기회들은 무엇이 옳은지 분명히 알기 어려운 경우가 많으면서, 동시에 성공할 경우 가장 큰 보상을 제공할 가능성을 지닌다. 지금보다 더 운이 좋으려면 다른 사람들이 간과하는 기회를 포착하고 도전을 받아들일 수 있는 능력을 보여주어야 한다.

대부분의 사람들이 도전을 받아들이지 않는 이유는 무엇일까? 리더십 전문가 스티븐 코비는 두려움이 큰 요인이라고 말한다.

"많은 사람들이 '안정된 상태'에 빠져 있어요. 편안함과 자기 만족에 빠져 기회가 찾아왔을 때 그것을 흥미로운 도전으로 보지 않고 장애물로 여기죠. 창의적인 방향성을 잃어버린 거예요.

행운을 만드는 데 필요한 에너지는 문제를 해결하는 능력보다는 창의적인 방향성이 만들어내는 자연스러운 결과예요. 여기서 문제는, 우리가 그걸 제거하려 든다는 거죠. 그러나 창의적인 방향성은 문제를 받아들여서 그곳에 숨겨진 기회를 찾습니다. 창의적인 방향성이 있으면, 새로운 해결책을 발견할 것이라는 기대를 가지고 문제를 해결하게 돼요. 문제가 발생하면 '큰일났네!'가 아니라 '언젠가 지나갈 일이야'라고 반응해야 해요. 문제는 무시해서 해결되는 게 아니에요. 인생에 창의적인 방향성을 가진 채로 문제에 접근해 해결하는 거죠."

도전이 두려울 수밖에 없는 이유는 또 있다. 결정적인 순간의 도전은 내가 지금 가진 것과 미지의 세계 사이에서 한 가지만 선택하도록 강요한다는 사실이다. 어느 대형 신문사에서 기자로 일하고 있는 한 친구는 최근 온라인 잡지의 칼럼니스트 자리를 제안받았다. 급여는 높지만 신문사에서의 자리를 포기해야 했고, 어쩌면 인생 최악의 커리어 이동이 될 수도 있는 제안이었다.

도전을 받아들이는 것은 최선의 경우 희생을, 최악의 경우 큰 좌절을 경험하게 만든다. 문제는 몇몇 사람들이 도전을 제시받을 때 항상 최악의 상황을 상상한다는 것이다. 이는 자연스러운 반응이다. 내 기자 친구도 신문사 직업을 포기하고 잡지에 풀타임으로 글을 쓰게 되는 도전을 거절했다. 그 선택으로 인해 신문사 자리를 포기한 것을 후회하고 자책하며 불행해지는 모습을 상상했기 때문이다.

우리 모두는 미지의 세계에 대해 이러한 운명론적인 시각을 가지고 있다. 요령이 하나 있다면, 도전에 대한 시각을 바꿔 이를 받아들이는 자신만의 방법을 변화시키는 것이다. 쉬운 방법은 편안하고 안전한 속도로 도전을 탐구하는 것이다. 만약 내 기자 친구가 프리랜서로 온라인 칼럼을 몇 번 써본 경험이 있어 자신이 칼럼니스트 일에 만족하는지 알아보았다면 적어도 새로운 직책에 대한 좋은 점과 싫은 점을 이해할 수 있었을 것이다. 혹은 그와 관련된 주요 인맥을 만들 수도 있었다.

당신에게 반복적으로 기회를 제공할 수 있는 사람들의 관점에서 볼 때, 기회를 받아들이는 행동은 당신이 계속해서 도전하고 있으며 상황을 개선하기 위해 위험을 감수할 준비가 되어 있다는 것을 보여준다. 만약 당신이 도전을 받아들이지 않는다면 당신이 위험을 회피하는 사람이라고 판단할 것이기 때문에 더 이상 추가적인 기회를 제시하지 않을 것이다.

도전을 받아들이면 당신을 도와줄 수 있는 새로운 사람들을 만날 가능성도 높아진다. 기회가 성공하지 않더라도 그 경험을 통해 언제나 얻는 것이 있다. 한때 나는 임원급 인재를 채용하는 헤드헌터들이 모이는 행사에서 30분간 연설을 해달라는 요청을 받았다. 나는 한 번도 연설을 해본 적이 없었고 그 도전은 날 충분히 겁먹게 했다. 내가 청중 앞에서 30분 동안이나 말할 수 있을지 상상할 수 없었다. 어떻게 사람들의 관심을 5분 이상 끌 수 있는 연설을 작성할 수 있을까? 연설 중에 실수를 하면 어떻게 될까? 바보처럼 보이진 않을까?

그러나 연설이 아무리 어려운 일이더라도, 심지어 내가 연설을 망치는 일이 있더라도, 그 도전이 내게 엄청난 이점을 가진다는 사실을 알았다. 연설을 망치더라도 최소한 나는 그 경험을 통해 연설에서 어떻게 행동하면 안 되는지 배울 것이다. 아니 어쩌면 내가 그 일을 잘해낼지도 몰랐다. 게다가 그 자리에 참석한 사람들이 언젠가 내게 어떤 기회를 제공할지도 모를 일이었다. 결국 난 연설을 하기로 동의했고, 귀중한 교훈을 얻었다.

그 연설을 통해 수천 달러짜리 다른 연설 일을 또 제안받았느냐면 그건 아니다. 그러나 나는 연설문을 꽤 재미있게 작성하는 법이나 청중에게 잘 전달할 수 있는 법을 배웠고, 실제로 잘 해냈다. 인생에서 언젠가 또 한 번 연설을 하게 될 수도 있지만 이제 두려움은 극복되었다. 연설에서 어떤 말을 어떤 미묘한 타이밍에 전달해야 하는지는 직접 해보지 않고는 절대 배울 수 없었을 것이다. 게다가 지금까지 연락을 유지하고 있는 훌륭한 사업적 인맥을 몇 명 만드는 결과까지 얻었다.

올바른 도전을 받아들이는 현명한 방법

사람들이 도전을 받아들이지 못하는 가장 큰 이유는 실패하거나 거절당할까 봐 두려워하기 때문이다. 현상을 유지하는 지금의 위치가 매우 안전하고 편안한 장소이기 때문에 도전은 기회가 아닌 함정으로 여겨지게 된다.

도전을 두려워하지 않고 객관적으로 볼 수 있도록 스스로에게 가르칠 수 있는 방법은 무엇일까? 한 가지 방법은 10분 동안 현재의 도전에 대해 생각하고 최악의 시나리오와 최고의 시나리오를 상상하는 것이다. 최고의 시나리오가 꽤 괜찮다고 생각되면 최악의 일이 일어나지 않도록 하는 방법을 나열해 보라.

예를 들어 누군가가 당신에게 여가 시간에 프로젝트를 진행하여 추가 수입을 올릴 수 있는 기회를 제안했다고 가정해 보자. 좋은 점은 수입이 늘어난다는 것이고 그 과정에서 새로 얻게 될 인맥들이다. 만약 프로젝트에서 함께 일하는 사람들이 똑똑하고 당신과 잘 맞는다면, 당신이 맞춰진 시간 안에 별 문제 없이 일을 완수하고 좋은 성과를 냈을 때 당신에게 더 나은 추가적인 기회를 나누어줄 것이다. 최악의 시나리오는 당신의 삶이 더 복잡해지고 가족이나 친구들과 보낼 시간이 적어지며 여가 시간을 대부분 일에 할애해야 한다는 것이다. 또한 기대했던 시기에 대금을 받지 못할 위험이 있으며 한번 완료한 일을 다시 수정하고 보완하느라 더 많은 일을 해야 할 수도 있고 그 과정에서 아무런 성과도 얻지 못할 수도 있다.

이 시점에서 우리는 보통 모든 손해와 이익을 합산하고 스스로에게 묻는다. '이게 가치 있는 일인가?' 내 경우엔 보수가 적절하고 함께 일하게 될 사람들이 괜찮다면 언제나 도전할 가치가 있다고 생각해 왔다.

도전을 받아들이기로 결정할 때마다 나는 내가 가진 가장 큰 두려움을 최소화할 방법을 생각해 본다.

예를 들어 남는 여가 시간을 활용해 부수적인 프로젝트를 진행할 경우, 프로젝트 작업물을 세 단계로 쪼개서 제출하겠다고 요청할 수도 있다. 이렇게 하면 일이 좀 더 수월하게 진행될 가능성이 높아지며, 혹여나 당신이 작업한 부분에서 수정이 필요할 경우 수습 작업이 더 용이해진다. 아니면 작업 수당을 일이 완료된 후 한 번에 지급받지 않고, 일이 진행되는 중간중간 부분적으로 분할 지급받는 조건을 요구할 수도 있다. 또한 시간을 잘 관리해 같은 시간 동안 더 많은 일을 해내도록 준비할 수도 있을 것이다. 이러한 방법으로 당신이 걱정하는 문제들을 해결할 수 있다면 그 도전을 받아들여도 좋다.

운 좋은 사람들이 도전을 받아들이기 위해 사용하는 전략들은 다음과 같다.

도전을 급격한 변화가 아닌 학습 과정이라 여겨라

모든 사람은 미지의 세계가 펼쳐진 도전을 두려워한다. 그러나 몇몇 사람들은 기꺼이 그 불안감을 기대심으로 대체하고 도전에 뛰어든다. 그들은 최악의 상황을 상상하는 대신 '어떤 결과가 나오더라도 결국 난 이 경험에서 무언가를 배울 거야'라고 스스로에게 말한다. 그리고 정말 그렇게 된다. 도전을 받아들이는 것은 처음에는 언제나 위축감을 동반한다. 그러나 당신이 낭떠러지에서 떨어지지 않을 것이며 결국 생존할 것이라는 것을 깨닫게 되면 그 경험을 통해 더 현명해지고 강해진다. 설령 그 도전을 받아들인 것이 실수였다고 해도 말이다.

내가 아는 어느 성공한 사진작가는 유명 잡지사에서 유명 인사들의 사진을 찍는 일을 전문으로 한다. 그녀는 새로운 작업을 앞둘 때마다 긴장하곤 했다.

"전 언제나 최악의 상황을 상상했어요. 사진이 외부에 노출되거나 분실될 거라고 말이에요. 촬영 현장에 가기 전엔 몸이 아플 정도였죠. 그러다가 몇 년 전 어느 유명 가수의 사진을 찍게 되었을 때 모든 게 바뀌었어요. 잡지 편집자는 그 가수의 인기를 보여줄 수 있는 색다른 무언가를 원했어요. 하지만 그 사람이 리허설을 하고 있는 공연장에 도착했을 때, 제게 주어진 시간은 고작 15분뿐이었고 그마저도 무대 위에서 촬영을 진행해야 했죠. 전 정말 몸이 얼어붙을 것처럼 두려워졌어요. 그러다 갑자기 제게 선택의 여지가 있다는 걸 깨달았어요. 사진 촬영에 빠르게 돌입할 수도 있었고, 형편없는 사진을 가지고 돌아갈 수도 있었죠. 그래서 전 상황을 받아들이기로 했어요.

전 매니저나 무대 기술자들, 스태프 등 가능한 한 모든 사람들을 무대 위에 설치된 높낮이가 다른 여러 단상에 올라가도록 불러 모아 가수의 뒤편에 서게 했어요. 50명 정도 되는 사람들이 서로 가깝게 맞붙어 서 있었죠. 그 가수를 가까이서 촬영하며 뒤에 서 있는 군중은 흐릿하게 나오도록 했어요. 편집자에게 필름을 전달했을 때, 그는 사진을 정말 마음에 들어 했어요. 배경에 선 사람들의 높낮이가 왜 다른지 사진만 보고는 알 수 없었는데 그게 사진에 극적인 효과를 더했죠. 최종 결과물을 본 가수도 사진을 너무 마음에 들어 해서 그의 다음 앨범 커버 작업도 제가 맡게 되었어요. 이제 사진 편집자들이 촉박한 일정으로 연락을 해와도 전 문제를 바로 해결해 낼 수 있게 되었어요. 내가 가진 두려움은 그날 15분간의 성공적인 촬영 경험으로 대체됐었죠. 전 두려움을 스스로에 대한 도전으로 받아들이는 법을 배웠어요. 한번 믿어보세요. 정말 효과가 있어요."

당신은 오직 자신과 경쟁하고 있다

만약 에너지를 단지 경쟁자들과 싸우는 데만 소비한다면 당신은 새로운 도전을 받아들이지 않고 기회도 끌어들이지 않을 것이다. 6개월 전의 자신보다 더 똑똑하고 더 효율적이고 더 창의적인 사람이 되는 데 에너지를 집중하는 것은 경쟁자들을 이기려고 애쓰는 것보다 더 어렵다. 다른 사람들의 성과를 낮추는 것은 쉬운 일이지만 그 과정에서 배울 수 있는 것은 거의 없다. 더 나은 내가 되려고 노력할 때, 도전이야말로 자신을 개선할 유일한 수단이자 기회다. 도전을 고통이나 좌절을 초래할 도박으로 여겨선 안 된다.

자신을 세상의 중심이라 여기고 자기 스스로와만 경쟁하는 것도 옳은 태도는 아니다. 그러한 자기중심적인 태도는 사람들을 끌어들이기보다는 더 멀리 떨어뜨린다. 남이 아닌 자신과 경쟁하게 되면 다른 사람들에게 적대적이거나 공격적으로 행동하지 않게 된다. 경쟁자들은 더 이상 중요한 존재가 아니게 되고 그들과 충돌할 필요도 없어진다. 그저 당신이 잘하는 일을 하고 시간이 지난 후에는 그 일을 더 잘할 수 있는 사람이 되고자 노력한다면 기회를 끌어들일 최고의 가능성을 지니게 된다. 당신이 쏟은 노력은 결국 인정받을 것이며, 당신의 행동은 그 누구의 기분도 상하게 만들지 않게 될 것이다.

타인과의 비교에 마음을 두지 말고 당신이 만들어내는 성과의 질에 더 관심을 둔다면 당신은 평화로운 상태에 도달할 수 있게 된다. 적대감이나 분노, 그리고 행운을 억제하는 부정적인 감정들은 사라지며 많은 이들이 당신의 노력에 합당한 보상을 주고 싶어 할 것이다.

▎도전을 받아들이기 전에 시험해 보라

내가 아는 가장 운이 좋은 사람 중 한 명은 도전을 받아들이는 데 있어 매우 뛰어났다. 그는 현재 대형 케이블 방송사의 수장을 맡고 있다. 나쁜 시력에도 불구하고 언제나 방송에서 중요한 직책을 맡아왔다. 그는 세부적인 일을 속속들이 알고 있으며 자석처럼 사람들을 끌어들이는 매력과 에너지로 가득한 사람이었다. 그래서 그와 함께 일하는 사람들은 모두 최선을 다해 일을 해내자는 마음이 들 수밖에 없었다. 그의 비결 중 하나는 모든 이들에게서 특별한 점을 찾아내고 그들의 열정과 전문성을 존중하는 것이었다. 또한 믿을만한 동료들의 판단에 의존하는 방법을 통해 그의 나쁜 시력이 가진 단점을 보완했다. 내가 그와 함께 일하게 됐을 때 그가 해준 조언은 아직도 내 머릿속에 울림을 준다.

"어떤 도전을 하든 그게 얼마나 어려운 일일지 미리 걱정하지 마세요. 당신이 그 일을 해낼 수 있을 거라고 생각할 수 있는 시간이 잠시라도 있다면 말이에요. 일단 도전을 받아들인다면 곧 그 일에 대한 모든 세부 사항을 알고 당신을 안내해 줄 사람을 만날 겁니다. 제가 했던 모든 도전에는 그런 사람들이 언제나 존재했어요. 당신이 직면한 게 어떤 도전이든 상관없이, 언제나 앞으로 나아갈 수 있을 겁니다. 그저 당신의 안내자를 찾기만 하면 돼요."

이는 아주 낙관적인 사고방식일지 모르나, 그에게는 효과가 있었다. 잡지나 방송에서 어떤 막중한 책임을 맡은 그 일들은 각자가 모두 다른 스킬을 필요로 한다. 그는 새로운 일을 맡게 되면 곧바로 그 일과 연관된 모든 동료들과 작업들이 어떻게 돌아가고 있는지를 아는 사람을 찾아 나섰다.

"거의 모든 경우에, 내가 찾아나서는 그 사람은 다른 이들에게 무시당하고 잊혀져 다시 빛날 기회만을 기다리고 있는 사람이었어요."

그는 그 사람의 본능을 신뢰함으로써 그 직원을 충성스러운 팀원으로 만들었다. 또한 종종 그는 결단력 있거나 거칠게 행동할 때도 있었다.

"제가 그렇게 행동하는 건 제가 하고자 하는 일에 대한 이해할 수 없는 반대를 느낄 때만입니다. 상식적인 이유로 반대하는 게 아니라 사무실 내의 정치 싸움 때문에 반대하는 경우 말이에요. 이럴 땐 제 시력이 나쁜 게 장점이 되죠. 그 대신 다른 감각들과 직감, 본능이 더 강하고 예민해졌으니까요."

이 사람은 직장에서 무언가 배우는 것을 즐기는 법을 스스로 터득했다. 그것은 완벽한 시력을 가진 대부분의 사람들도 얻지 못한 비전이었다. 그가 경력을 쌓는 과정은 수평적인 이동이 아닌 매번 새로운 모험이었다. 그렇다면 내 앞에 놓인 도전이 가치 있는 경험이 될 거라 확신할 수 있는 방법은 무엇일까?

"전 한 번 해본 일은 다시 하고 싶지 않아요. 도전을 앞두고 있다면 스스로에게 중대한 질문을 던져보세요. 전 어떤 도전을 받아들이기 전에 수십 가지 질문을 생각해 내는 데 며칠을 보내죠. 그다음 질문들을 정리해 가장 중요한 다섯 가지 질문을 추려냅니다. 전 도전을 받아들이기 전에 몇 가지 사항을 꼭 확인하고 싶어요. 내게 필요한 자료를 얻을 수 있을지, 아니면 적절한 인재를 고용할 수 있을지, 그리고 그 일에서 제가 낸 아이디어가 잘 받아들여질 수 있을지를 말이에요."

당신을 괴롭히는 악당을 대하듯 두려움을 대하라

두려움은 상상의 산물이다. 먼 옛날 인간이 호랑이 같은 맹수로부터 살아남을 수 있게 된 것처럼, 때로는 무언가를 두려워하는 것이 현명한 태도일 수도 있다. 하지만 대부분의 경우 두려움이란 단지 삶을 너무 어렵게 만들지 말라고 스스로 감정적인 설득을 하는 것에 불과하다.

두려움이란 나를 감정적으로 괴롭히는 악당이라 여기고, 악당과 대면해 싸운다는 태도를 가진다면 두려움에 휘둘리지 않게 될 것이다. 물론 최악의 경우 당신이 뛰어든 도전이 잘못된 선택이었을 수도 있다.

하지만 이것만은 보장한다. 당신은 그 도전으로부터 배움을 얻을 것이고, 언젠가 당신에게 도움이 될 친구들도 생길 것이다.

연속적인 기회를 만드는 방법

행운의 연속은 풍부한 기회에서 촉발된다. 행운의 연속을 유도하기 위해서는, 당신에게 다가오는 행운의 양을 증가시키는 방법을 찾아야 한다. 이것은 한 기회를 다른 기회로 바꿈으로써 이루어진다. 모든 기회를 단일한 독립적인 사건으로 보기보다는, 다음 기회를 위한 발판으로 봐야 한다. 기회가 찾아왔을 때, "좋아! 이건 내 기도의 응답이다"라고 생각하지 말고, "좋아, 이제 이 기회를 어떻게 다른 기회로 바꿀 수 있을지 보자"라고 생각해야 한다.

기회를 행운의 연속으로 바꾸는 운 좋은 사람들의 비결은 다음과 같다.

▍기회를 입체적으로 생각하라

많은 사람들은 원하는 것을 얻기 위한 투쟁을 하나하나 싸우고 이겨야 하는 일련의 개별 전투로 생각한다. 하지만 이렇게 생각한다면 당신은 각 단계마다 멈춰 서서 누군가가 도와주기를 기다리게 될 가능성이 크다. 때로는 그런 일이 일어나기도 하지만 대부분의 경우 당신이 기다리는 그 사람은 절대 오지 않는다. 실제로 한 사람이 당신의 모든 꿈을 이루어 주는 경우는 드물고, 단일 기회가 당신이 원하는 모든 것을 제공하는 경우도 드물다. 하지만 어떤 상황에서 벌어질 수 있는 다양한 가능성을 입체적으로 살펴본다면 당신은 여러 가지 기회를 창출할 가능성이 더 크다. 이에 대해 리더십 전문가 스티븐 코비는 말한다.

"너무 많은 사람들이 자신의 능력이 한정되어 있다고 생각합니다. 그들은 자신에게 수많은 가능성이 있다는 사실을 인지하지 못해요. 사람들은 동시에 여러 가지 창조적인 작업을 진행할 수 있어요. 전 항상 사업가이자 강연자, 그리고 아버지라는 내가 가진 역할들을 충족시키는 관점에서 생각합니다. 각각의 역할에서 무엇을 성취하고 싶은지 생각하죠. 이건 제 정신적이고 영적인 능력을 확대하고, 내가 유능하고 외부의 영향에 압도되지 않는 사람으로 보이게 만들죠. 이런 사고방식을 가진다면 각각의 역할이 상호적으로 맞닿을 때 긍정적인 영향을 받을 수 있습니다."

당신이 한 번에 여러 가지 면을 생각할 수 있다면 단지 하나의 기회나 하나의 성취에만 만족하지 않을 수 있다. 지금 내가 즐기고 있는 부분과 새로운 기회를 만들어낼 수 있는 부분, 이렇게 모든 기회를 두 가지 측면에서 바라볼 수 있게 되는 것이다. 당신이 원하는 것을 얻을 때까지 반복해서 그 도전에 맞설 용기를 불러일으켜라.

당신의 기회를 복제하라

당신에게 다가오는 기회가 많을수록 당신이 원하는 것을 더 빨리 얻게 된다. 특히 그 기회들이 특정 목표를 향해 나아가고 있다면 더더욱 그렇다. 기회를 증대시키는 가장 좋은 방법은 외부에 무언가를 요구하는 것이다. 사람들은 대부분 처음 누군가를 알게 되었을 때나 또는 누군가가 이미 우리에게 기회를 주었을 때 상대에게 무언가를 더 요구하기를 주저한다. 하지만 운 좋은 사람들은 이 규칙에 얽매이지 않는다. 그들은 가능한 한 많은 기회를 가장 짧은 시간 안에 만들어내는 것에만 관심이 있다.

내가 아는 한 친구는 내가 그녀에게 누군가를 소개할 때마다 상대에게 또 다른 유용한 인맥을 소개해 줄 수 있는지나 요청을 들어줄 수 있는지 부탁하곤 한다. 그녀의 직설적인 방식은 그녀에게 긍정적인 효과를 가져왔다. 어떤 모임에 자신을 초청해 줄 수 있는지 묻는 것을 부끄러워하지 않았고, 다른 사람들을 돕는 데도 마찬가지였다. 처음에 나는 그녀가 과도하게 직설적이라 생각했지만 그녀에게 무언가를 부탁받은 사람들은 이를 불평하거나 자신이 착취당했다고 생각하지 않았다. 그녀는 이렇게 말했다.

"봐요, 인생은 다트 같아요. 내가 당신에게 다트 하나를 주고 보드판에 던지라고 하면 당신이 명중할 확률은 적어요. 하지만 다섯 개의 다트를 주면 당신의 성공 확률은 엄청나게 증가할 거예요. 심지어 다섯 개를 한꺼번에 다 던진다고 해도 말이죠. 다시 말해서 목표를 향해 나아가는 데 도움이 되는 사람이 많을수록 당신이 원하는 것을 빠르게 얻을 가능성이 커져요. 적어도 목표에 가깝게 다가가게 되죠. 행운은 우리를 느긋하게 기다려줄 만한 참을성이 없어요."

그녀의 행동 규칙은 간단하다. 만나는 모든 사람에게 그들이 원하는 것 세 가지를 묻고 자신이 원하는 것도 세 가지 말한다. 그녀는 이것을 '세 개 내주고 세 개 얻기'라고 부르는데 이 규칙이 언제나 새로운 기회를 만들어낸다고 한다. 최근에는 파티에서 만난 누군가에게 이렇게 질문했다고 한다.

"당신은 직업이 무엇인가요? 일에서나 일 외에서 무엇을 가장 원하나요? 그리고 제가 어떻게 당신이 원하는 것을 얻도록 도울 수 있을까요?"

그 사람은 세 가지 물음에 대한 답변을 했고 내 친구는 그 사람에게 도움이 될 만한 사람 세 명의 연락처를 전달했다. 그런 다음 그녀는 상대에게 자신이 원하는 세 가지를 말했다.

"저는 제 주방을 멋지게 리모델링해 줄 작업자가 필요해요. 직장에서 저를 보좌해 줄 수 있는 능력 있는 직원도 찾고 있고요. 그리고 제 여동생에게 소개해 줄 귀여운 남자를 찾고 있어요."

상대는 그녀가 원하는 세 가지 중 두 가지를 도울 수 있었다. 상대가 소개해 준 그 남자가 정말 귀여웠을까? 그렇지는 않았다. 하지만 어쩌면 그런 사람을 소개받을 수도 있었다. 그래도 리모델링 작업자는 그녀의 주방을 멋지게 재탄생시켜 주었고, 심지어 훌륭한 조경사까지 소개해 주었다.

▌ 발 빠르게 움직여라

사람들이 있는 곳에는 항상 기회가 있다. 당신이 그 사람들과 상호작용할 것인지 말 것인지는 당신에게 달려 있다. 기회를 계속해서 얻고 싶다면 부끄러워해서는 안 된다. 만약 당신이 그 사람과 대면했을 때 사교적으로 행동하지 못한다면 대신 전화를 걸어라. 만약 당신이 전화를 걸지 못한다면 글을 써라. 무엇이든 해야 한다면, 다음 기회를 위해 하나의 기회를 활용하고 싶다면, 가능한 한 많은 사람들과 계속 연락을 유지해야 한다. 월간 계획표를 만들어 당신에게 기회를 제공할 가능성이 있는 운 좋은 사람들의 이름을 적어 두고 그들과 연락할 시기를 기억해 두자. 그런 다음 점심을 함께하고 그 사람이 요즘 무엇을 하고 있는지 이야기를 나눠보는 것이다.

한 프리랜서 작가가 최근에 나에게 말했다.

"프리랜서 작가로 일하게 되면 다른 사람들의 호의에 의존하게 돼요. 전 약 25개의 다른 담당자들과 계속 연락을 유지하는 걸로 항상 일을 얻고 있죠. 제가 그들에게 정기적으로 전화를 거는 이유는 그들의 작업자 리스트에서 제가 쉽게 잊혀지거나 사라질 수 있기 때문이에요. 제 목표는 일이 끊이지 않게 계속 새로 받는 거고, 그러려면 중요한 사람들을 통해 얻는 연속적인 행운이 필요해요. 그들과의 연락을 계속 유지하는 걸로 연속적인 행운이 변동될 가능성을 줄이는 거죠. 심지어 직접 통화하지 못하고 메시지만 남긴다고 해도, 내가 여기에 있고 상대방을 생각하고 있다는 걸 상기시키는 데 성공한 거예요. 가능한 한 그들의 마음속에 계속 남는 사람이 되는 게 핵심이죠."

당신의 행운에 놀라는 척하라

　연속적으로 발생하는 행운은 그 자체로 다른 사람들에게 메시지를 전한다. 당신이 순조롭게 나아가고 있다는 사실을 말하지 않아도 다른 이들이 알아채게 되는 것이다. 사람들은 언제나 성공을 거머쥐고 정상에 오르는 당신의 능력에 놀랄 수밖에 없다.

　이게 바로 당신이 연속적인 행운을 어떻게 관리하고 만들어내는지 사람들에게 알리지 않아야 할 이유다. 당신이 얼마나 운 좋은 사람인지 사람들이 신비하게 여기도록 그대로 두어야 한다. 위대한 마술사처럼 어떠한 비밀도 공개해선 안 된다. 당신이 기회를 끌어들이기 위해 어떠한 노력도 하지 않은 채 성공을 손에 넣었다고 생각하게 만들되, 실제로는 하나의 기회를 또 다른 기회로 이어나가기 위해 부단히 노력해야 하는 것이다. 사람들이 당신의 행운에 대해 더 큰 놀라움을 가질수록 당신을 '축복받은 사람'이라고 여길 가능성이 커지며, 새로운 일이나 계약, 기회와 보상을 제공할 가능성도 커진다.

　행운의 수혜자가 되는 일은 멋지다. 그러나 행운의 빈도수를 높일 수 있다면 운은 두 배로 좋아지고 원하는 것을 얻을 가능성도 두 배가 된다. 미국에서 뮤추얼 펀드 전문가로 가장 이름을 날리는 사람 중 하나를 알고 있는데, 그는 연속적인 행운을 만들고는 그것을 몰랐던 것처럼 깜짝 놀란 티를 내는 데 도가 텄다. 나는 그가 고객과 언론을 대상으로 훌륭한 조언을 제공하기 위해 얼마나 열심히 숫자를 분석하고 결과를 연구하는지 알고 있다. 그가 자신이 쌓은 놀라운 실적을 모른 체할수록 그는 더 많은 고객을 확보하게 된다. 나는 그가 어떻게 행운을 만들고 하나의 기회를 그다음의 기회로 연결시키는지 물었다.

"오래 전에 두 가지 사실을 배웠어요. 첫 번째는 제가 하나의 전문 분야에서 가장 어려운 부분을 마스터한다면 그 분야에서 활동하는 대부분의 다른 사람들보다 더 뛰어날 수밖에 없다는 사실이에요. 만약 제가 테니스 선수라면 가장 어려운 백핸드 기술을 마스터할 거예요. 두 번째는 제가 반복적으로 만들어내는 성공에 대해 놀라는 척하는 거예요. 이건 저를 매번 운 좋은 사람으로 만들죠."

3부

당신의 삶에 걸림돌을 제거하라

"사람들은 제대로 관리하지 못해 생긴 문제를
어쩔 수 없는 운명이라 착각한다."
_작자 미상

운 좋은 사람들이 어떻게 행운을 개선하는지 알게 된 지금, 다음 단계는 그들이 불운을 최소화하기 위해 사용하는 기술을 익히는 것이다. 이러한 비밀을 배우는 것은 선택 사항이 아니다. 사람들이 당신에게 원하는 것을 주도록 만드는 데 아무리 능숙하더라도, 실수를 줄이고 피해를 통제하지 않으면 당신의 노력은 헛될 것이다. 부정적인 행동과 잘못된 판단은 연속적인 행운이 발생하는 것을 망칠 수 있다.

실패는 왜 우리의 뒤꽁무니를 쫓을까?

"행운은 준비된 자가 기회를 만날 때 생긴다."

_미국의 방송인, 오프라 윈프리Oprah Winfrey

이제 우리는 행운을 만드는 데 특정 행동 기술이 필요하다는 것을 알게 되었다. 그러나 좋은 운을 계속 유지하려면 공격뿐만 아니라 수비도 잘해야 한다. 인생에서 원하는 것을 얻으려면 이 두 가지 모두를 마스터해야 한다. 불운이 닥칠 때 좋은 운은 오래 머물지 못한다. 불운은 좀처럼 빨리 떠나지도 않는다. 불운이 닥치면 기회는 말라붙고 친하다고 생각했던 사람들은 전화도 받지 않으며 인생은 훨씬 더 어려워진다. 당신의 좋은 운이 얼마나 오래 지속될지는 당신이 불운을 얼마나 잘 관리하느냐에 달려 있다.

운이 나쁜 건 당신의 잘못이 아니다. 아니, 정말 그럴까?

우리는 좋은 운과 나쁜 운을 매우 다르게 본다. 좋은 운을 경험할 때는 그 행운이 일어나게 하기 위해 우리가 했던 모든 일들을 생각한다. 하지만 불운은 항상 외부 세력의 신비한 작용으로 여겨진다. 불운은 '신의 행위'이거나, 우리를 반대하는 사람이나 초자연적인 힘의 결과이거나, 우리가 통제할 수 없는 어떤 것 때문이라고 생각한다. 우리는 불운에 대해 스스로 책임을 지는 것을 꺼려한다. 왜냐하면 우리가 불운에 어떤 역할을 했을지도 모른다는 생각은 너무 고통스럽기 때문이다.

하지만 당신의 행동과 판단이 얼마나 많은 불운을 겪느냐에 큰 역할을 한다는 사실을 인정하지 않으면 희생양 논리와 무책임한 태도를 조장하게 된다. 발생하는 어려움에 대해 변명할수록 당신은 운을 더 잘 통제할 수 있는 행동을 무시할 가능성이 커진다. 결정을 충분히 고민하지 않거나 문제에 대해 다른 사람을 탓한다면 같은 실수를 반복할 가능성이 크다.

이러한 태도는 당신이 항상 옳다고 믿게 만들기도 한다. 불운에 대해 상황이나 다른 사람들을 탓하는 것은 당신의 자존감을 안전하게 유지하게 해주기 때문에 기분이 좋아진다. 하지만 손가락질을 하는 것은 위안이 될지 모르나 자신을 순교자로 여기는 것은 운을 개선하지 않는다. 문제를 책임을 지지 않는 사람으로 보이기 때문에 타인의 도움을 받을 가능성이 줄어든다. 순수한 피해자 역할을 하면 스스로를 불쌍히 여기게 되는데, 자기연민을 멋지거나 매력적이라고 생각하는 사람은 거의 없다.

주변에서 일어나는 무작위적인 사건을 완전히 통제할 수는 없지만 많은 문제를 피하거나 최소한 줄일 수는 있다. 불운이 닥쳤을 때도 그 불운을 빨리 물리치거나 좋은 운으로 덮어버릴 수 있는 조치를 취할 수도 있다. 모든 것은 우리가 내리는 선택에 달려 있다. 불운을 유난히 많이 겪는 사람들의 공통점이 하나 있다. 그들은 문제를 끌어들이는 행동을 통제하는 데 어려움을 겪는다는 것이다. 이러한 사람들은 반복적으로 같은 실수를 하려는 것처럼 보여지고, 다른 사람들이 그들에 대해 어떻게 생각하는지 또는 왜 사람들이 그들을 더 이상 돕지 않는지를 기억하지 못하거나 기억하기를 거부한다. 자만심이나 무지는 다른 사람들이 분명하게 볼 수 있는 경고 신호를 무시하게 만들며, 그들은 주변 사람들을 계속해서 화나게 만든다.

사람들을 짜증나게 하는 이들은 어디에나 있다. 그들은 자신의 실수로부터 배움을 얻는 데 만성적으로 무능한 것처럼 보인다. 동시에 부정적인 인상을 남기고 많은 악감정을 만들어낸다. 자신들의 접근 방식이 옳다고 완강하게 믿으며 다른 사람들은 그들의 천재성을 이해하지 못한다고 생각한다. 이러한 태도와 좁은 시각 때문에 더 많은 불운을 겪을 수밖에 없어진다. 사실 인생을 그렇게 어렵게 살 필요는 없다. 당신의 판단력을 조금만 향상시킨다면 인생은 훨씬 더 보람차게 될 것이다.

실패 가능성을 줄이는 판단력의 힘

　우리는 행동하기 전에 생각하고, 이 생각은 판단력의 질을 결정한다. 당신이 고심해서 실행한 행동이 다른 사람들에게 어떤 영향을 미칠지 성공적으로 예측할 수 있고, 또한 부정적인 영향을 최소화하게 행동하도록 조정할 수 있다면 당신의 판단은 꽤 좋다고 할 수 있다. 만약 당신이 행동의 결과를 정확하게 예측하지 못하거나 스스로의 예측을 무시하기로 결정했다면 판단력이 나쁘다고밖에 할 수 없다.

　결정이 내려지기 전에 일어나는 사고 과정은 과거의 경험과 상식 그리고 어느 정도의 두려움에 크게 영향을 받는다. 이것이 때때로 우리의 결정이 잘못되거나 기대한 결과를 낳지 못하는 이유이다. 좋은 판단력은 우리가 행동하기 전에 두 가지 기본적인 질문을 스스로에게 던지도록 한다. 하나는 '내가 원하는 것을 얻기 위해 무엇을 말하거나 해야 하는가?'이고 나머지 하나는 '내 행동이 다른 사람들에게 어떤 영향을 미칠 것인가?'이다. 불행히도 대부분의 사람들은 행동하기 전에 거의 성찰이나 예측하는 과정을 거치치 않거나 둘 중 한 가지 질문에만 답한다.

　단기적인 만족에만 신경 쓰는 사람들은 충동적으로 행동하는 경향이 있다. 그들은 자신의 행동이 다른 사람들에게 어떤 감정이나 반응을 일으킬지에 대해 별로 신경 쓰지 않고 자신의 기분을 챙기는 일을 한다. 반면 자신의 행동이 다른 사람들에게 미칠 영향을 너무 신경 쓰는 사람들은 자신의 욕망과 소망을 무시하기 마련이다. 자신만을 생각하는 충동적인 사람과 본능적으로 다른 사람만을 생각하는 사람, 이 두 가지 유형 모두 최고의 판단력을 발휘할 수 없다. 따라서 그들은 자신의 행동이 자신의 욕망과 다른 사람들의 반응에 어떤 영향을 미칠지 신중하게 고려하는 사람들보다 불운을 끌어들일 가능성이 훨씬 크다.

당신의 행동이 얼마나 잘, 또는 얼마나 나쁘게 받아들여질지를 정확하게 예측하려면 잠재적인 문제를 미리 식별하고 이를 피하기 위한 조치를 취하는 법을 배워야 한다. 만약 당신의 행동이 다른 사람들을 화나게 하거나 당신에 대한 존경심을 잃게 만든다면 당신은 불운을 초래하는 것과 다름없다. 당신의 행동이 다른 사람들에게 어떤 영향을 미칠지를 생각하지 않고 행동한다면 사람들이 영구적으로 당신에게 등을 돌리게 만들 위험이 있다. 물론 당신이 항상 모든 사람들에게 존경받고 사랑받을 수는 없다. 하지만 결함 있는 의사결정으로 수많은 불운을 만들어내는 일을 억제함으로써 당신의 행운을 보호할 수 있다.

우리는 모두 우리의 공간이나 감정에 대해 전혀 신경 쓰지 않는 행동을 하는 사람들을 한 명쯤은 알고 있다. 그들은 생각나는 대로 말하고 누가 기분 상하든지 신경 쓰지 않은 채 충동적으로 행동한다. 때때로 충동적으로 행동하는 것이 유리할 수도 있다. 하지만 우리가 하는 말이나 행동에 대해 더 많이 생각할수록 더 나은 판단을 내리게 되며, 우리 앞길을 막고 싶어 하는 사람을 줄일 수 있다. 당신의 행동이 초래할 시나리오를 명확히 인식할수록 부정적인 반응을 끌어낼 가능성이 낮아진다.

만약 우리가 판단력을 조금만 더 향상시킬 수 있다면 사람들과의 관계에서 우리가 겪는 불운의 대부분은 통제할 수 있거나 적어도 관리할 수 있다. 당신이 말하거나 행동한 결과로 다른 사람들이 어떻게 느낄지 또는 어떻게 반응할지를 더 잘 인식함으로써, 당신은 더 나은 결정을 내리고 더 많은 존경을 받으며 더 큰 보상을 얻게 될 것이다.

좋은 판단력이 반드시 당신의 운을 개선시킨다고 할 수는 없겠지만, 적어도 당신이 경험할 가능성이 있는 불운의 양을 줄어들게 할 것이다. 그렇게 불운이 줄어들 때, 당신이 행운을 만들기 위해 하는 모든 일들은 더 큰 효과를 발휘하게 될 것이다. 왜냐하면 다른 사람들로부터의 저항이 줄어들기 때문이다.

판단력을 향상시키는 방법

좋은 판단력은 당신의 운에 해를 끼칠 수 있는 사람들과의 불편한 상황을 피하는 데 도움이 된다. 판단력을 향상시키려면 먼저 당신이 원하는 대로 말하고 행동하는 것보다 인생에서 궁극적으로 원하는 것을 얻는 것이 더 중요하다는 사실을 믿어야 한다. 당신이 무엇을 말하거나 행동하든 사람들이 용납하고 용서해 줄 것이라고 기대하는 것은 근시안적이고 어리석은 생각이다. 행동하기 전에 당신의 행동의 결과를 신중하게 생각한다면 장기적으로 훨씬 더 강력하고 만족스러운 보상을 얻을 수 있다. 당신에 대한 사람들의 저항과 거부의 가능성을 정확하게 예측할 수 있다면 당신의 결정이 문제를 일으킬 가능성은 적어진다.

보드룸 출판사의 회장인 마틴 에델스톤은 이렇게 말한다.

"실수를 줄이기 위해 적극적으로 조치를 취한다면 성공할 가능성이 훨씬 더 높아지고 그만큼 기회를 끌어들일 수 있을 겁니다. 그렇게 하기 위해서는 더 나은 결정을 내려야 해요. 먼저 관련된 문제에 대해 가능한 한 많이 배워야 하죠. 그리고 나서 자신에게 가장 이익이 되는 결과가 무엇인지 그리고 다른 사람들이 당신에게 어떻게 반응할지를 신중하게 생각해야 해요. 그런 다음에야 전진하는 것이 합리적인 결정이죠. 당신이 달성하고자 하는 바를 알게 되면 모든 결정이 더 쉬워질 겁니다.

당신이 직면한 문제에 대해 정보를 철저히 얻기 위해서는 행동하기 전에 가능한 한 많은 자료를 읽고 지식 있는 사람들의 의견을 많이 들어야 해요.

저는 이걸 십 대 때 배웠어요. 고등학교 크로스컨트리 팀에 있을 때였어요. 전 팀에서 가장 못하는 선수였죠. 그래서 달리기와 관련된 몇 권의 책을 읽으면서 실력을 개선해 나갔고 뉴저지에서 가장 뛰어난 장거리 주자 중 한 명이 될 수 있었습니다. 새로 얻은 지식을 통해 어떤 훈련과 기술을 적용할지 결정했고 성과를 크게 향상시킬 수 있었죠. 그때 얻은 성공은 제가 이런 끈기와 연구를 통해 어떤 일에서든 뛰어난 결과를 낼 수 있다는 걸 깨닫게 해줬어요.

전략을 세우는 건 제가 해야 할 일을 다 마친 후에 가능했어요. 중요한 결정을 내려야 할 때 혼자 있든 다른 사람들과 있든 큰 소리로 이야기하는 것도 도움이 되죠. 당신이 생각한 걸 스스로 들어볼 필요가 있어요. 경영학자 피터 드러커Peter Drucker는 왜 그렇게 말을 많이 하냐는 질문을 받고 이렇게 대답했다고 하더군요. '말을 할 때마다 많은 걸 배우게 되거든요'라고요. 말하기는 당신 내면에 있는 것을 끄집어내고 문제의 여러 측면을 인식하게 하며 합리적으로 행동할 수 있게 해줍니다."

판단력이 좋은 사람들은 자기만의 의사결정 기술을 예리하게 유지하기 위해 이런 노력을 기울인다.

당신의 행동이 미치는 영향을 생각하라

당신이 말하거나 행동하는 모든 것은 다른 사람들에게 부정적, 긍정적, 또는 중립적인 영향을 미친다. 대화하는 상대마다 모욕적인 태도로 대한다면 당신은 많은 적을 만들 것이다. 당신의 말이나 행동을 상대가 기분 좋게, 혹은 중립적인 수준으로 느끼도록 한다면 행운이 다가오는 길은 열리게 될 것이다.

더 나은 판단력의 핵심은 당신의 행동의 결과를 신중하게 생각하는 것이다. 우리는 왜 유리잔을 바닥에 떨어뜨리지 않을까. 그렇게 할 경우 유리잔이 깨지고 수많은 파편이 날아갈 것이며 번거롭게 그 조각들을 다 치워야 하고 만약 우리가 놓친 파편을 누군가 밟고 다치게 될 수도 있다는 사실을 알기 때문이다. 이것은 결과 중심의 사고다. 이제 특정 행동을 하거나 고려할 때도 이와 비슷한 결과적론 사고를 해보자.

당신의 행동이 많은 중요한 사람들을 화나게 하거나 불쾌하게 만들 것이라고 판단되면 행동 계획을 바꿔야 한다. 여기에서 말하는 결과 중심의 사고는 누군가를 달래기 위한 회유책이 아니다. 그저 행동하기 전에 한번 생각해 보는 것, 그뿐이다. 생각을 거듭한 끝에 가장 인기 없는 선택지가 오히려 가장 이치에 맞는 판단이라고 느낄 수도 있으며 어느 정도의 불운을 감수할 각오가 생길 수도 있다. 그건 문제없다. 결과 중심의 사고는 단지 위험을 대비하는 과정일 뿐이다. 일단 결과를 어느 정도 예측하고 있다면 그에 따른 결과에 대비할 수 있다. 이렇게 준비가 되어 있다면 상황이 안 좋게 흘러가더라도 손해를 줄이기 위한 조치를 취할 수 있다. 반대로 아무런 준비 없이 감정적이고 충동적으로 결정을 내린다면 잘못된 판단을 이어가게 될 확률이 높고, 그로 인해 더 큰 불운을 자초할 수도 있다.

☑ 말하고 행동하기 전에 스스로 던져야 할 질문

- 지금 당장 반응하거나 행동해야 하는가?
- 시간을 더 많이 갖는 게 이 상황에서 어떤 도움이 될까?
- 지금 행동하기로 결정한다면, 정확히 무엇을 말하거나 실행할 것

> 인가?
> - 내 말이나 행동에 영향을 받을 사람은 누구인가?
> - 기분이 상할 사람은 누구인가?
> - 그들의 기분이 상하는 게 중요한 문제인가?
> - 가능한 한 많은 사람을 불쾌하게 하지 않게 하려면 내 말이나 행동을 어떻게 다듬을 수 있을까?
> - 사람들에게 상처 주는 것을 피할 수 없다면, 그들의 아픔을 덜어주기 위해 내가 할 수 있는 일은 무엇인가?

상대의 심리를 읽어라

좋은 판단력이란 행동하기 전에 현명한 결론을 내리는 것이다. 하지만 다른 사람들이 어떻게 반응할지를 예상하는 것도 중요하다. 그러기 위해서는 다른 사람의 입장이 되어 그들이 무엇을 느낄지 상상할 수 있는 민감성이 필요하다. 이 민감성은 다른 사람들을 우선에 두고 나 자신은 잠시 두 번째로 내려놓을 줄 알아야 발휘된다. 다시 말하지만, 최종 판단에서 당신이 결정한 행동이나 말이 상대의 심기를 거스르게 된다는 사실을 알고도 실행하게 될 수도 있다. 그럼에도 불구하고 자신이 선택한 행동이 다른 사람들에게 어떤 영향을 미칠지 생각했다는 사실만으로도 불운을 끌어들일 가능성은 줄어든다.

만약 당신이 아직 제대로 파악하지 못한 상대를 대하는 상황이라 그들이 어떻게 반응할지 확신할 수 없다면 어떻게 해야 할까? 물론 상식선에서 판단하거나 과거의 경험을 비추어 봐서 결정할 수도 있다. 여기에는 인간 행동 양상에 대해 조금 알아두는 것도 도움이 된다. 정신과 의사인 내 친구는 이런 말을 했다.

"사람들의 행동 양식을 배우는 가장 빠른 방법은, 그들에게서 잠시 물러서서 조용히 앉아 상대를 관찰하는 겁니다. 그게 첫 데이트든 비즈니스 미팅이든 상관없어요. 말과 행동을 먼저 보이기보다는 사람들이 어떻게 행동하고 상호작용하는지를 관찰하세요. '사람들이 긴장하고 있나? 그렇다면 왜 긴장하지? 위협을 느끼는 건가? 이 방에 긴장감이 흐르고 있나? 어째서? 방금 입을 연 사람은 왜 그런 말을 했지? 지금의 대화를 다른 방향으로 흐르게 만들 수 있었을까?' 관찰을 끝낸 후에는 스스로에게 질문해 보세요. '이 공간에서 진정한 내 편은 누구지? 그리고 잠재적인 적은 누구일까?' 이렇게요. 그다음 당신이 말하고자 하는 바를 사람들이 편안하게 느낄 수 있도록 조절해야 합니다. 이렇게 민감성을 키우는 건 당신의 판단력을 향상시키고 불운한 상황이 오는 것을 줄여줄 거예요. 난폭하고 충동적으로 행동하다가 실수하는 것보다 주저하거나 절제하다가 실수하는 게 훨씬 나아요."

모든 문제의 부정적인 면을 고려하라

생각 없이 말하고 행동하는 사람들은 자신이 옳다고 확신하며 다른 모든 사람은 틀렸다고 생각한다. 당신이 문제를 모든 측면에서 고려하지 않는다면 당신의 행동에 대한 최악의 반응을 예측할 수 없다. 이 정보가 없으면 당신의 행동이 부정적인 결과를 초래할 수 있다는 사실조차 인지하지 못하게 된다.

최악의 상황이 발생하지 않도록 만들어 불운을 제한하라. 행동하기 전에 최악의 시나리오를 검토하라. 만약 그 행동으로 발생할 수 있는 최악의 상황이 실제로 당신에게 엄청나게 부정적인 결과를 초래할 수 있는 수준이라면, 그 상황을 처리할 방법을 찾아 생각을 다시 거슬러 오르며 결과를 바꾸어 놓아라. 그러면 최악의 상황이 발생했다 해도 문제를 보완할 추가적인 계획을 통해 피해를 통제할 준비가 되어 있을 것이다.

적절한 순간을 선택하라

나쁜 판단력이란 항상 잘못된 말이나 행동을 하는 것과 관련이 있는 것은 아니다. 때로는 올바른 말을 하거나 올바른 행동을 하지만 그 시기가 잘못된 경우도 있다. 우리는 모두 누군가가 완전히 타당한 말을 했지만 그 말이 무척이나 부적절하게 들리는 상황을 경험한 적이 있다. 의도와 상관없이 그 말이 너무나 뜻밖의 이야기로 다가온다면 상대를 더욱 당황시킬 수밖에 없을 것이다. 일대일로 대면하는 상황에서는 문제가 없지만 여러 사람이 모여 있는 공식적인 회의장에서는 문제가 되는 경우도 있을 것이고, 아니면 그저 상대가 그런 말을 들을 기분이 아니었기 때문에 문제가 되었을 수도 있다.

판단이 성공적으로 이루어지기 위해서는 타이밍도 중요하다. 내가 아는 어느 기업의 변호사는 타이밍을 시험해 보기 위해 우선 소수의 사람들에게 자신의 아이디어를 먼저 전달한다고 한다.

"저는 이걸 '미리보기'라고 불러요. 규모가 있는 회의에서 논란의 여지가 있는 아이디어를 제안해야 한다면, 그전에 미리 회의에 참석할 각각의 사람들에게 제 아이디어를 미리 소개하는 과정을 거치죠. 제가 한 말에 대해 상대가 어떤 반응을 보이는지 유심히 지켜봐요. 만약 저항이 느껴진다면 그 이유를 알아야 하죠. 그들의 반응을 듣는 거예요. 만약 반대하거나 확신이 없다고 한다면 제가 제안하고자 하는 아이디어를 성공적으로 소개할 수 있는 방법을 찾을 때까지 회의에서 언급하지 않기로 결정해요."

내가 아는 또 다른 이는 회의장에 모인 사람들이 모두 한 번씩 발언하거나 긴장이 풀린 모습을 확인한 후에야 자신의 의견을 말한다고 한다.

"우리는 청중을 파악해야 해요. 사람들은 편안함을 느낄 때 상대의 말을 더 객관적으로 들을 가능성이 커지죠. 전 제 주장을 언제까지 밀어붙일지 신중히 고려해요. 자신의 아이디어에 너무 몰두하다 보면 사람들이 더 이상 관심을 가지지 않거나 화를 내는 것조차 인지하지 못하게 되죠. 미묘한 단절감이 느껴지면 그 즉시 '어쩌면 제가 틀렸을 수도 있겠네요. 어떻게 생각하세요?'라고 말해요. 이 질문은 상대를 다시 대화로 끌어들여서, 결국 제가 한 말과 행동 혹은 저 대한 나쁜 감정을 남기지 않게 만들어요."

사과하는 법을 배워라

현명한 사람들도 잘못된 결정을 내린다. 당신은 옳은 일을 하고 있다고 생각하더라도 항상 그렇게 되는 것이 아니다. 당신의 행동이 어떻게 받아들여질지를 완전히 예측하는 것은 불가능하지만 사람들이 당신의 의도를 오해했음을 알게 되면 빠르게 움직여야 한다. 불만을 품은 사람 한 명이 불행의 눈사태를 일으킬 수 있다.

잘못된 결정을 되돌리는 가장 좋은 방법 중 하나는 사과하는 것이다. 대부분의 사람들이 미안하다는 말을 얼마나 어려워하는지 알면 놀라울 정도다. 아마도 고집 때문일 수도 있고, 판단력보다 자존심을 앞세우기 때문일 수도 있다. 사과를 하면서 운을 향상시킬 수 있는 방법은 바로 분리된 공간에서 일대일로 사과를 하는 것이다.

공개적으로 사과를 하게 되면 판단력이 부족한 사람이라는 신호를 보내는 것과 같다. 당신의 이미지를 위험에 빠뜨리며, 이렇게 손상된 이미지는 운을 망칠 수 있다. 또한 공개 사과는 대부분 불필요한 경우가 많다. 사과는 진심에서 우러나올 때 가장 강력하다. 한 가지 더 추가하자면, 일대일 상황에서 개인적으로 전달하는 사과는 당신을 약하고 운 나쁜 사람으로 보이게 하지 않는다. 오히려 그 사람이 가진 당신의 이미지는 향상되고 운은 더 좋아진다.

분노는 언제나 차갑고 이성적으로 드러낼 것

"주먹을 꽉 쥔 사람은 명확하게 생각하지 못한다."

_작자 미상

불만족, 실망감, 무례함은 우리가 화를 내게 만드는 세 가지 주요 이유다. 좌절하거나 상처받았을 때, 또는 우리가 원하는 것을 얻지 못했을 때 화를 내면 기분이 나아진다. 문제는 그 분노가 일시적으로 기분을 좋게 해줄지는 몰라도 동시에 큰 불운의 가능성을 만들어낸다는 사실이다.

우리는 분노를 통제함으로써 운을 얻고, 그 운을 유지할 수 있다. 사람들이 우리를 함부로 대하게 놔둘 수는 없지만 그것에 대항해 불만을 표시하는 방식은 매우 중요하다. 자신을 잘 통제할수록 더 많은 존경을 받게 된다. 분노는 사람들이 당신을 위해 특별히 애써주거나 기회를 만들어 주도록 설득하지 못한다. 오히려 그들을 멀어지게 만든다. 당신이 분노를 쏟아낸 사람들은 복수를 계획하거나 당신의 적을 도와줄 가능성이 크다. 또한 당신의 적대적인 행동을 목격하거나 들은 사람들은 당신의 행동이 불안정하다고 생각하고 당신을 피하게 될 것이다. 내가 아는 사람들 중에 분노 때문에 좋은 기회를 얻은 사람은 없다.

분노는 어떻게 운을 제한하는가

화를 내거나 사람들에게 폭발적으로 공격을 쏟아내는 행동은 상대가 그런 상황을 자초했기 때문이라고 믿기 때문에 정당하게 느껴진다. 하지만 화를 낼수록 사람들은 당신을 두려워하게 되고, 그 화를 입은 사람뿐만 아니라 이를 목격한 모든 사람들이 원래는 당신에게 줄 수 있었던 기회를 포기하도록 만든다.

분노의 또 다른 문제는 매우 중독성이 강하다는 것이다. 감정적으로 격양된 방식으로 자신을 표현한 후 스트레스가 풀릴 때 느껴지는 해방감에 중독되어서 다음에도 감정을 풀고 싶어지는 상황이 오면 적대감을 표출하는 같은 방식을 택하게 된다. 긴장감이나 불쾌감을 많이 느낄수록 우리는 스스로를 제어하지 못하고 억눌린 적대심을 발산하게 된다. 화를 내면 낼수록 운은 더 나빠지고 명성은 더더욱 추락해간다. 악순환에 빠지는 것이다. 주변에서 화를 잘 내는 사람을 떠올려보라. 그들에게는 좋은 일이 덜 일어나고, 운이 없는 자신에 대해 원망하며,

이를 해소하기 위해 다른 사람들에게 더 공격적으로 행동한다. 그 결과 그들의 운은 또다시 나빠진다.

내가 1980년대 초반 〈뉴욕 타임스〉의 스포츠 부서에서 일하기 시작했을 때, 거기에는 매우 까다로운 몇몇 편집장들이 있었다. 그들은 자제력이 없었고 뉴스룸에서 기자나 편집자, 그리고 복사를 도와주는 보조원들을 꾸짖으며 그들의 실수를 모두가 볼 수 있도록 공개적으로 비난했다. 자신이 저지른 실수로 인해 비난을 받은 사람들은 정말로 자신이 무가치한 사람이라고 느꼈다.

그렇게 공개적인 비난과 공격 세례를 받고도 무너지지 않으려면 엄청난 자기 통제가 필요했다. 선택의 여지가 없기 때문이다. 편집장들은 상대를 마음대로 다룰 수 있는 위치에 있었고, 〈뉴욕 타임스〉에서의 일자리는 놓칠 수 없는 특권이었기 때문이다. 사람들은 툭하면 폭발하는 편집장들을 미워했고 거의 모든 직원들은 그들이 전근 가거나 해고되기를 바랐다. 몇 년이 지나자 정말로 그들은 해고되었다. 성미가 급한 편집장들은 회사 내의 주요한 권력 투쟁에서 패배하고 쫓겨났다. 그들에게는 동맹이 없었고, 자신을 위해 일하는 사람들에게서 최선의 결과를 끌어내지 못했기 때문에 그들의 성과도 함께 떨어졌다.

분노를 드러내는 건 안전망 없이 고공 줄타기를 하는 것과 같다. 분노를 내뿜는 당신을 지지해 줄 사람도, 문제가 생겼을 때 그걸 미리 알려줄 사람도, 그 문제를 피할 수 있도록 도와줄 사람도 없을 것이다. 주변에 있는 많은 이들을 괴롭힌다면 당신이 올라탄 줄이 고정된 기둥을

뿌리째 흔들어 당신을 고꾸라지도록 만들 사람들이 생겨날 것이다.

분노를 숨길 때와 드러낼 때

물론 분노를 드러내야 할 적절한 때와 장소도 있다. 만약 당신이 누군가의 잔인함이나 부당함을 목격했다면 가장 강력한 방식으로 불만을 표현하는 것이 완전히 적절하다. 또한 반복적으로 당신을 이용하려는 사람들에게 경고의 신호로써 분노를 내비치는 것 또한 적절하다. 때로는 강력한 방식만이 누군가의 주목이나 존경을 얻는 유일한 방법이 되기도 한다.

다른 경우에는, 분노를 먼저 표현해야 대화가 시작될 수 있는 상황도 있다. 분노를 억누르고 있으면 개인적인 앙금이나 불화로 이어져 결국 모든 당사자의 평판을 망치게 된다. 분노는 차분하게 표현될 수도 있다. 문제를 합리적으로 논의할 때 사람들은 서로를 이해하기 시작하고 용서하기 시작한다.

분노를 참지 못하는 상황도 있을 것이다. 우리 모두 그런 경험을 해봤다. 스트레스를 받거나 사람들이 당신을 짜증나게 할 때, 당신은 폭발하게 된다. 누구나 가끔은 이성을 잃을 수 있다. 그렇게 가끔 분출되는 분노는 사람들에게 용인되기도 하고 대체로 용서받는다.

문제가 되는 것은, 마치 정해진 절차인 것처럼 항상 화를 내는 것이다. 부적절한 타이밍에 화를 내면 당신에게 다가오는 행운은 모두 날아 가버린다.

> ☑ **절대 분노를 드러내선 안 되는 상황**
>
> - 현재는 당신이 우위를 점하고 있지만, 화를 내면 그 우위를 잃을 수 있는 경우
> - 상황을 개선시키려는 목적이 아닌 자존심과 자기 이익을 챙기기 위한 경우
> - 화를 낼 대상이 미래에 당신을 도울 수 있는 가능성을 가진 사람인 경우
> - 분노가 아무 긍정적인 효과도 가져오지 못하고 그저 개인적인 해소와 만족만 가져오는 경우
> - 분노를 표출한 사실이 소문으로 퍼져 평판을 손상시킬 가능성이 있는 경우
> - 화를 불러일으키는 사람에게 정기적으로 분노를 표출하는데, 그 사람의 무력한 모습으로 인해 당신이 그를 괴롭히는 것처럼 보이는 경우

운을 망치지 않고 화를 내는 방법

화를 참는 일이 얼마나 어려운지 안다. 나는 젊은 시절 많은 예술가들과 알고 지냈는데 그들은 분노를 자유롭게 표현했다. 그들은 분노가 그들의 예술적, 창작적 힘의 일부라는 변명을 했다. 하지만 나는 그 분노가 얼마나 해로울 수 있는지도 보았다. 그들은 분노를 약점이 아닌 강점으로 여겼고, 결국 그들에게 올 수 있었던 기회들을 제한했다. 분노로 인해 너무 많은 이들이 등을 돌렸고 운도 메말라 버렸다. 인생도 더 힘들어졌다. 사실 그렇게까지 힘들 필요가 없었는데 말이다.

그렇다면 행운이 깃든 사람들은 대체 어떻게 문제를 일으키지 않으면서도 화를 낼 수 있을까?

▍적대적이고 무례하기보다는 단호하고 신중하라

프로 포커 챔피언 바바라 엔라이트는 단호함과 적대감 사이에는 큰 차이가 있다고 말한다.

"저는 상대를 화나게 할 바에야 제가 화를 참는 편을 택해요. 단호함과 무례함 사이에는 큰 차이가 있어요. 포커 테이블에서 단호함이란 선수와 그 선수의 공격적인 플레이스타일을 말하죠. 목적은 게임에서 승리하는 것이고, 모든 선수들은 상대의 심리를 흔들기 위해 어떤 방법이든 사용해요. 하지만 적대적이고 무례한 행동은 게임을 넘어서 사적인 공격이 되죠. 그런 행동은 항상 상대방을 격분하게 만들고 스스로의 운도 나빠져요.

적대감에는 잔인함이 포함되는데, 누군가에게 적대감을 드러내는 순간 그때부터 목표가 바뀌게 돼요. 게임에서 승리하는 게 아니라 상대에게 해를 입히는 게 목표가 되는 거죠. 화가 치밀어 오르면 게임에 감정적으로 얽매이게 돼요. 승리하고 싶다면 '내가 왜 이렇게까지 반응하지?'라고 스스로 물어봐야 해요. 그 질문의 답은 항상 같아요. 상대의 공격을 무시하고 앞으로 나아가는 거죠."

▌종종 누군가 당신을 화나게 하는 이유가 사실 심리전 때문이라는 것을 인식하라

모든 사람은 어느 정도 심리전을 한다. 사람들은 다들 원하는 것이 있고, 그걸 얻기 위해 어떤 행동을 하거나 혹은 일부러 하지 않는다. 누군가 당신을 짜증나게 한다면 그건 보통 그 사람만의 심리전이 부정적인 행동을 유발했기 때문이다. 어떤 사람들은 매번 회의장에 늦게 도착하거나 제대로 준비를 하지 않는다. 여기에 화를 낼 수도 있지만 그들의 행동을 심리전이라 인식하면 화를 더 잘 억제할 수 있다. 그들이 매번 일부러 지각하는 이유는 당신과는 관련이 없으며, 그저 지각으로 인해 자신이 얻게 되는 것이 있기 때문이다. 만약 그 문제가 신경 쓰인다면 문제를 해결하면 된다. 단지 감정적으로 격양되거나 자신의 이미지를 손상시키지 않는 방향이어야 한다.

화를 내지 않고 불쾌감을 드러낼 수 있는 방법은 무엇일까? 최고의 자산 관리사 마이클 스톨퍼는 이렇게 말한다.

"제가 화를 참을 수 없는 상황은, 누군가에게 질문을 던졌을 때 그들이 제 질문을 무의미하거나 어리석은 것으로 만들려고 시도하는 경우예요. 답을 모른다고 말하기 두려워서일 수도 있고 문제를 저에게 떠넘기려는 것일 수도 있죠. 이런 일이 생기면 전 이성을 잃는 대신 이렇게 말해요. '이거 정말 골치 아픈 일이야. 우리 이 문제를 좀 해결하고 넘어갈 방법이 없을까?'라고요. 이 질문은 그들의 발언을 제가 개인적인 공격으로 받아들이지 않게 해줘요. 또한 상대의 전문성을 떨어트리면서 동시에 제 이미지나 평판에는 아무 영향을 주지 않죠."

탈출 버튼을 누를 때를 알라

분노를 표출하는 것으로 인해 피해를 보게 되기 전에, 차라리 그 상황에서 벗어나는 편이 낫다. 분노가 치밀어 오른다면 자리에서 일어나 물리적인 거리를 갖거나 혹은 감정적으로 멀어지자고 스스로에게 말해야 한다. 싸움을 계속하기 위해 자리에 머무를 필요는 없다. 상황이 폭발하기 전에 내 감정을 잘 다스리고 그 상황에서 벗어나야 한다. 분노와 폭발 사이에는 작은 틈이 있다. 그 틈은 분노가 폭발하기까지의 몇 초 동안에 당신이 스스로를 제어할 수 있는 여지를 준다. 분노가 치밀어 오르는 상황이 되면 우리는 상대가 저지른 행동에 대해 그가 감정적인 대가를 치르길 원한다. 분노가 가슴속에서 치밀어 올라 상대방을 폭발 직전까지 밀어붙이게 되는데, 바로 그 순간에 자신을 잡아야 한다. 감정의 거품이 터지기 전에 스스로를 붙잡고, 머릿속으로 주말 계획을 생각하거나 그날 할 일 목록을 작성하기 시작하라. 만약 당신이 감정의 거품이 터지기 전에 자신을 잡을 수 있다면 분노는 사라질 것이다. 그렇게 당신은 비상 상황에서 탈출할 수 있다.

위험 감수, 실수, 그리고 회복력

불행은 동반자를 좋아한다. 그래서 당신이 불운에 빠져들수록 더 많은 불운을 경험하게 된다. 해야 했던 행동이나 하지 말았어야 했던 행동에 대해 괴로워하는 것은 항상 자기 의심과 불평으로 이어지며 이는 당신의 판단력을 손상시키고 운 좋은 사람이라는 평판을 더럽힌다.

우리는 살면서 종종 실망감을 느끼게 되는데, 실망은 보통 예고 없이 찾아온다. 예상치 못하게 닥쳐와 우리가 상황을 막기 위해 할 수 있었던 것이 있었는지, 그리고 미래에 무엇을 다르게 할 수 있을지를 고민하게 한다. 스스로의 불운을 만드는 데 내가 어떤 역할을 했는지, 그리고 이를 방지하기 위해 어떤 조치를 취할 수 있었는지를 분석하는 것은 현명한 태도다. 인생에서 느끼는 실망에 대해 성찰하는 것은 운을 개선할 수 있는 기발한 방법을 발견하는 데 도움이 된다.

그러나 이러한 자기 평가를 얼마나 빨리 끝내고 인생을 계속할 수 있는지가 당신의 운의 질을 결정하기도 한다. 좌절에 대해 집착하고 행동을 반성하며 시간을 보낸다면 더 많은 불운을 경험하게 될 것이다. 당신은 실수에서 배우고 나아가야 한다. 실수를 자존감에 대한 영구적인 손상으로 보지 말고, 시간이 씻어줄 일시적인 고통으로 봐야 한다. 이렇게 하면 당신의 마음은 오류에 집착하는 대신 도전을 평가하고 위험을 감수하는 과정으로 빠르게 돌아올 것이다.

아무리 영리해도 실수를 하게 마련이다. 만약 당신이 주기적으로 실수를 경험하지 않는다면 이는 당신이 충분한 위험을 감수하지 않고 있다는 것을 의미한다. 위험을 감수하지 않으면 운을 만들 수 없다. 불운을 줄이는 것은 위험과 보상 사이의 균형을 맞추는 것이다. 모든 노력에는 당신이 현재 소유하고 있는 것을 잃을 위험에 대비해 원하는 것을 얻을 가능성이 더 커야 한다. 하지만 위험을 감수하는 것을 무모함과 혼동해선 안 된다. 위험을 감수한다는 것은 기회가 가진 문제가 가져올 파장을 계산하고 확률을 평가한 후 행동하는 것이다. 하지만 무모한 행동은 그러한 계산 없이 뛰어드는 것이다. 당신의 행동이 절박함에 의해 좌우된다면 당신은 무모하게 행동하고 있는 것이며, 같은 실수를 반복하게 될 가능성이 크다.

마이클 스톨퍼는 이렇게 말했다.

"결과를 장담할 수 없는 행동을 하기 전에, 전 항상 스스로에게 이렇게 질문해요. '지금의 내 선택이 만약 실수라면 어떤 일이 일어날까? 시간, 돈, 두려움, 불안감 등 어떤 면에서 손해를 입게 될까?' 여기서 말하는 '불안'은 바로 '심리적인 부담'이에요. 만약 내가 계획하고 있는 일이 잘못된 선택이라면 전 그걸 어떻게 고칠 수 있을지 알아야 해요. 그리고 다시 한번 저 스스로에게 질문하죠. '만약 내 계획이 실수라면 내가 그 상황에서 벗어날 수 있을까?'라고요. 때때로 우리는 문제에 너무 얽매여서 그 문제로부터 벗어나기 위해 막대한 감정적 대가를 치르게 돼요. 그래서 전 이익은 크되 불안감은 적은 기회를 선택해요."

심리적인 부담은 실수를 과장해서 받아들이게 만들고, 인생을 불공평하다고 느끼게 만들 수 있다. 그렇기 때문에 만약 실패를 경험한다면 자신이 겪은 좌절이 그저 잘못된 계산으로 인한 개별적인 사건이라고 봐야하지 삶의 거대한 음모라고 여겨선 안 된다. 그러고 나면 실수가 악한 무언가가 아닌 그저 위험을 감수하고 행운을 만드는 과정에서 발생하는 자연스러운 현상이라는 사실을 깨닫게 될 것이다.

회복의 비결

운이 좋은 사람과 그렇지 않은 사람의 중요한 차이점은 좌절감에서 벗어나는 데 걸리는 시간에 있다. 좌절이나 실패를 겪고도 큰 영향을 받지 않는 사람들이 있다. 그에 반해 사소한 실망에 쉽게 무너지는 사람들도 있다. 누구도 자신의 문제와 실수에 집착하고 싶어 하지 않지만, 스스로를 좌절로부터 빨리 해방시키고 다음 운을 만들어나가기 위해 나아가는 사람은 그리 많지 않다.

여기 운 좋은 사람들이 예상치 못한 좌절을 겪었을 때 스스로에게 말하는 몇 가지가 있다.

그 걱정거리는 사실 별일 아니다

사실 대부분의 걱정거리는 스스로에게만 더욱 크게 느껴질 뿐 생각보다 큰일이 아닌 경우가 많다. 사람들은 좌절하거나 누군가에게 거절당할 때 잠시 생각이 마비된다. 우리의 운이 잘 풀리지 않을 때는 스스로에게 느끼는 자기 긍정이 산산조각나고 자신을 실패자라고 여기게 된다.

운이 좋은 사람들도 때때로 그렇게 느낄 때가 있지만 다른 사람들에 비해 그 시간이 훨씬 짧다. 그들은 실수나 좌절을 인생의 큰 비극이라 여기길 거부하며, 다시 앞으로 나아간다. 패션 업계에서 큰 성공을 이룬 어느 운 좋은 친구가 내게 말했다.

"물론 저도 실수를 저지르곤 해요. 아주 큰 실수도요. 제가 가장 두려워하는 건 실수 그 자체도 아니고 다른 사람들이 날 안 좋게 보게 되는 것도 아니에요. 그 실수로 인해 내가 스스로를 불쌍하게 여기게 만드는 상황이죠. 그렇게 되면 정말 끝이에요. 전 제가 스스로를 가엾게 여기게 되는 게 두려워요. 한 번 그 길로 빠지면 절대 되돌아 나올 수 없죠.

좌절을 겪으면 전 이 두 가지를 스스로 되뇌면서 회복해요. '내가 할 수 있는 최선을 다했으니 충분해' 그리고 '내가 가질 수 없는 거라면, 난 그걸 원하지 않는 거야'라고요. 이런 말들은 실수를 저지르거나 좌절을 겪은 직후에 바로 해야 해요. 그런 다음 다른 일에 집중하고 흐르는 시간이 상처를 알아서 치유하도록 둬야 하죠. 사실 우리가 저지르는 실수나 좌절은 생각보다 큰일이 아니에요. 어디에서 누군가가 겪고 있을 문제보다는 언제나 훨씬 작을 거예요.

실수와 좌절은 우리를 해치지 못해요. 그저 우리가 어떻게 반응하느냐에 달려 있죠. 스스로 바보처럼 행동하면 사람들은 우리를 바보라고 여기고 우리에 대한 신뢰를 잃을 거예요. 스스로를 불쌍하게 여기지 마세요. 그럼 다른 사람들도 우리를 불쌍하게 여기지 않을 거예요."

▎실수는 모든 과정의 일부다

나는 성공을 이뤄낸 운 좋은 사람들과 함께 일할 수 있어 운이 좋았다고 할 수 있다. 이들을 가까이서 알고 지낸 덕분에 그들이 좌절을 어떻게 받아들이고 처리하는지를 지켜볼 수 있었다. 그들이 높은 자리까지 오를 수 있었던 까닭은 좌절을 떨쳐내는 능력에서 비롯됐다. 좌절과 실패가 가져오는 감정적인 혼란에 대비하고 있었던 것이다. 그들은 좌절과 실패를 그들이 자리 잡은 위치에서 발생하는 일종의 기상 조건 중 하나로 여겼다.

이루고자 하는 것을 얻지 못해 느끼는 좌절이나 실패는 사실 당신이 원한다면 언제든 떨쳐낼 수 있다. 두통처럼 약이나 명상으로 치료해야 하는 것도 아니며, 실체를 가지고 존재하는 것도 아니다. 좌절로 인해 느끼는 고통의 크기와 범위는 스스로가 만들어낸 허상일 뿐이며 언제든 그 생각을 멈추거나 줄일 수 있는 것이다.

한 경영인은 자신이 매번 되뇌는 문구 하나를 내게 알려줬다. 스스로 자격이 부족한 사람이라고 느껴질 때 그 생각을 금방 극복하는 데 도움이 된다고 말했다.

"그것은 오직 당신이 떠올릴 때만 아플 뿐이다."

당신이 좌절이나 굴욕에 대해 생각하는 것을 멈추면 더 이상 아프지 않게 된다. 아니면 적어도 다른 것들에 대해 생각할 수 있는 여유를 가질 수 있을 것이다.

▎작은 실수에는 인간미가 담겨 있다

실패가 주는 좌절감의 강도는 항상 우리가 스스로를 얼마나 완벽하다고 생각하는지에 달려 있다. 자신을 결점 없는 사람으로 여기면 그 결점이 드러날 때 크게 무너질 것이다.

자신이 고정시켜 둔 이미지에 지속적으로 반기를 듦으로써 자신을 너무 높게 평가하지 않도록 주의하라. 스스로가 완벽한 사람이라는 생각이 든다면 자기가 가진 결점들을 인식하고 떠올려라. 당신의 결점을 편안하게 받아들일수록, 뜻밖의 실패를 통해 인지하게 되는 당신의 결점에 당황하지 않게 될 것이다.

바쁠수록 극복은 빨라진다

새로운 도전만큼 좌절감을 빨리 지워주는 것은 없다. 어떤 손실을 겪었든 당신이 금방 다시 바쁘게 움직이면 고통이 완화될 것이다. 새로운 도전과 성취에 몰입하는 것은 우리를 분주하고 정신없는 상태로 만들어서 우리가 내면에 과도하게 빠지는 것을 방지한다. 또한 우리가 겪은 실패를 이성적으로 분석하는 과정을 통해 잃어버린 자존감을 회복하도록 한다.

이는 좌절감을 그저 무시해 버리거나 다른 바쁜 일로 덮어버려야 한다는 뜻은 아니다. 하지만 문제점에 대해 생각하고 왜 그런 일이 벌어졌는지를 이해한 후에는 당신의 에너지를 다른 곳에 쓰기 위해 조치를 취해야 한다. 그렇지 않으면 부정적인 생각들이 잡초처럼 자라나 당신을 좌절하게 만든 문제를 합리화하기 위해 노력할 것이다. 특히나 명백한 이유를 찾지 못할 때는 더더욱 그럴 것이다.

쉬지 않고 바쁘게 움직이는 것은 굳어 있던 마음을 열어 옛 생각을 밀어내고 새로운 생각을 들어오게 한다. 한 가지 새로운 생각은 두 가지 다른 생각을 만들어내고, 두 가지 생각은 다시 네 가지 생각을 만든다. 그리고 스스로를 좌절시키던 마음의 공간은 새로운 질문과 도전, 그리고 꿈과 목표로 채워지게 된다.

당신의 등에 칼을 꽂는 사람들

"번영할 때는 진정한 친구를 만들기 어렵다."

_작자 미상

당신이 더 운 좋은 사람이 될수록 사람들이 당신을 질투할 가능성은 더 커진다. 이는 어쩔 수 없는 일이다. 당신이 가진 것을 탐내는 사람들은 언제나 있을 것이다. 그중에서도 어떤 사람들은 당신의 행운에 분개해 당신을 좌절시키고 심지어 그 행운을 뒤엎기 위해 노력할 수도 있다.

당신에게 일어날 불운을 줄이려면 그런 감정을 가진 사람들이 있다는 것을 인지하고 그들을 무력화시키거나 피하기 위해 조치를 취해야 한다. 종종 뒤를 살피며 등 뒤에서 무슨 일이 일어나고 있는지 살펴보는 게 유리할 때가 있다. 여기서 말하고자 하는 것은, 당신을 좋아하지 않는 사람들에게 집착하거나 적을 파멸시키기 위해 온 힘을 쏟으라는 게 아니다. 그렇게 하면 오히려 좋은 운을 만들고자 하는 목적을 망치게 될 것이다. 그저 뒤를 살피며 후방에서 날아오는 공격에 당황하지 않도록 대비해 이를 방어하거나 멈출 수 있는 준비를 해두길 바라는 것이다.

이미 알고 있겠지만, 불행한 일은 우리가 가장 예상치 못한 순간에 발생한다. 그러나 대부분의 사람들이 깨닫지 못하는 사실이 있다. 그 불운이란 우리를 방해하려는 사람들을 미연에 발견하지 못했기 때문에 생긴다는 것이다. 그렇다고 편집증적으로 다른 이들을 의심하거나 복수를 준비하라는 것도 아니다. 등 뒤를 조심한다는 것은 주변 이들의 행동을 파악하고 관계를 살피는 과정을 통해 혹여라도 당신이 행운을 만드는 데 들인 노력을 무력화시킬 수 있는 사람들과 멀어지는 것이다. 약간의 의심은 때로 유리하게 작용한다.

당신이 불러일으킨 원한은 당신이 잠재울 수 있다

모든 사람들은 꿈과 야망을 가지고 있다. 그것이 우리가 매일 아침 눈을 뜨는 이유다. 사람들은 행복해지고 싶어 한다. 하지만 사람들을 행복하게 만드는 이유는 제각각이며, 때로는 많은 이들이 같은 것을 원할 때도 있다. 두 명 이상의 사람이 한 이성을 동시에 좋아할 수도 있고, 한 직업을 두고 경쟁할 때도 있으며, 같은 집을 사고 싶어 할 수도 있다. 이렇게 하나를 두고 여럿이서 경쟁을 할 때 우리는 '선착순' 혹은 '제일 나은 조건을 가진 사람'이 승리한다는 규칙에 따라 행동한다.

정해진 규칙에 따라 결과를 받아들인다고 해도, 내가 아닌 다른 사람이 승리를 거머쥐었을 때 그 결과까지 기쁜 마음으로 받아들일 수 있는 것은 아니다. 그래서 누군가의 행복은 다른 이들에게 원한의 감정을 불러일으킬 수밖에 없다. 당신이 행복함을 느낄 때, 누군가는 당신을 제거하고 싶어 할 수도 있다. 이 행복을 과시하는 방법만 조절해도 누군가 당신에게 원한을 품는 일을 줄일 수 있다.

원한의 감정이 충분히 격양된다면 사람들은 당신의 행운을 시기하게 된다. 이 부정적인 감정은 친구나 가족처럼 아무리 가까운 사이라고 해도 피할 수 없다. 아버지가 아들의 성공을 질투한다는 얘기는 심심치 않게 듣게 된다. 혹은 같은 회사에서 함께 일하던 동료들 중 한 사람이 상사를 사로잡아 자신의 편으로 만들었는데 다른 동료는 그러지 못해서 정치 싸움이 벌어지기도 한다. 어느 복권 당첨자는 시댁에서 상금의 일부를 요구하며 소송을 걸어 난처함을 겪었다는 일도 있었다.

소외감을 느끼게 될 때, 다른 사람의 성취를 빼앗거나 파괴하고 싶어지는 것은 본능이다. 사실인지 알고 싶다면 아무 놀이터에 있는 모래사장에 가서 10분만 시간을 보내보라. 모래사장에는 멋진 장난감을 가지고 재미있게 노는 아이가 있다. 그러면 머지않아 다른 아이가 와서 그 장난감을 걷어차거나 빼앗으려 할 것이다. 그 아이는 장난감을 가진 아이가 더 이상 행복해하지 않거나 울기 전까지는 만족하지 않을 것이다. 불행은 동반자를 좋아한다. 특히 당신의 성공과 행복이 다른 이들을 불행하게 만들 때는 더욱 그렇다.

못된 사람들이 당신을 휘두르지 못하게 하라

당신이 기회를 잡았다거나 인생이 당신의 편인 것처럼 순풍이 불 때, 거기에서 오는 기쁨을 아무리 조심스럽게 드러낸다고 해도 사람들은 이를 악물고 있을 것이다. 안타깝지만 그것이 현실이다. 그러나 그 원한이 앙심으로 변해 당신에게 올 또 다른 행운을 훼손하는 상황은 누구도 원하지 않을 것이다.

그런 상황이 발생할 가능성을 줄이고 싶다면 이렇게 해보길 바란다.

▎승리할 때 자랑하지 마라

프로 운동선수들은 좋은 롤모델이 아니다. 미식축구 선수들이 터치다운을 기록할 때나 농구 선수가 덩크슛을 넣을 때, 아니면 골프 선수가 퍼트를 성공시킬 때, 그들은 자신의 감정을 드러내는 세리머니를 한다. 동료와 하이파이브를 하거나 농구 골대에 매달리고, 우승 후 골프채를 공중에 던지는 모습은 텔레비전에서 흔히 볼 수 있다.

만약 직장에서 당신이 제안한 프로젝트가 승인을 받았다고 해서 세리머니를 하듯 지나치게 자랑한다면 곤경에 빠지게 될 것이다. 그러한 강렬한 감정의 표현은 다른 사람들을 소외시키고 그들이 아직 원하는 것을 이루지 못했음을 상기시킨다. 사람들은 당신에게서 멀어지거나 당신의 불운을 빌 것이다. 인간은 자신의 행복을 바라지만 동시에 무리에서 떨어져나가고 싶어 하지도 않는다. 너무 앞서나간다면 그들은 당신을 무리에서 내보내고 싶어 할 것이다.

나는 전설적인 야구 선수 행크 애런에게 이런 질문을 던진 적 있다. 왜 다른 투수들이 그들 방해하려 하거나 그의 홈런 기록을 깨기 위해 훼방을 놓지 않았는지 말이다. 그는 홈런을 치더라도 자만하지 않고 겸손하게 베이스를 돌았기 때문에 행크가 기존의 홈런 최고 기록인 베이브 루스 선수의 기록을 뛰어넘어 신기록을 세웠을 때 다른 투수들이 그를 방해하려 하지 않았다고 한다.

행크 애런이 말하는 것처럼 사람들은 조용한 행복의 기술을 마스터하면 훨씬 더 멀리 나아갈 수 있다. 진정한 행복은 내면의 평화와 자기만족, 그리고 당신이 특별한 무언가를 성취했다는 확신이다. 이러한 감정을 타인과 나누어야 한다면 다른 사람의 감정을 존중하는 방식으로 해야 한다. 당신의 행복은 다른 사람의 불행을 비춘다. 당신이 이룬 성취를 떠벌리기 전에 우선 자신의 감정을 다스리고 그 성취로 이룬 행복감을 전달할 올바른 톤과 볼륨을 찾아라. 더 많은 행운을 만들기 위해서는 당신이 운 좋은 사람이라는 사실을 알리는 것도 중요하지만 그 기쁨을 무모하게 드러내거나 타인의 감정을 상하게 할 복수의 도구로 사용해서는 안된다. 이런 태도는 더 많은 원한을 불러일으킬 뿐이다.

▎계속해서 점수를 얻으려고 하지 마라

이것은 나도 자주 저지르는 실수 중 하나다. 언제나 일을 완벽하게 처리하려다 보니 다른 이에게 기회를 주지 못하게 되는 경우가 생긴다. 마치 농구 경기에서 절대 공을 다른 선수에게 패스하려 하지 않는 선수와 같다. 점수를 많이 얻는 것도 중요하지만 다른 사람들에게도 기회를 공유해야 한다.

1990년, 내가 〈워킹 우먼〉의 비스니스 분야 편집자로 고용되었을 때 난 그곳에 있는 유일한 남자 편집자였다. 잡지에 새로운 톤과 통찰력을 더하기 위해 채용된 것이었다. 나는 내가 유일한 남자라는 사실이 누군가의 시기심을 불러일으키는 원인이 될 것이라는 걸 인지하지 못했다. 편집장과의 친밀한 관계가 엄청난 시기 질투와 마찰을 불러일으킬 것이라는 것도 깨닫지 못했다. 입사 후 일을 시작한 지 몇 주 지나지 않아 누군가 인사팀의 자료가 담긴 캐비닛에 몰래 접근했다. 내 급여가 밝혀져 사무실에 퍼지기 시작했고 내 프라이버시는 손상되었다.

그때로 되돌아갈 수 있다면, 아마도 나는 더 낮은 자세를 유지하려고 했을 것이고 다른 동료들도 나를 경쟁자로 여기지 않았을 것이다. 그러나 직원들은 내가 그 회사에 있다는 사실 자체에 불만이 있었기 때문에 그런 행동이 정말 도움이 될 수 있었는지는 확신할 수 없다. 하지만 접근 방식이 조금만 더 섬세했더라도 과도한 시기심과 적대감은 줄일 수 있었을 것이다.

▎당신의 행운에 대해 놀라는 척하라

질투를 유발하지 않기 위한 가장 좋은 방법 중 하나는 자신의 행운에 대해 어리둥절한 태도를 보이는 것이다. 당신이 성공을 거두었지만 그것에 대해 어리둥절해하는 모습을 보이면 다른 사람들의 질투를 유발하지 않는다.

그 운 좋은 일이 어떻게 발생했는지 모르겠다고 말하거나 당신도 전혀 예상하지 못해 당혹스럽고 놀랍다고 말한다면 다른 사람들도 안심할 것이다. 그저 어깨를 으쓱하고 사람들이 당신을 흘려 넘기도록 두는 것이다. 그러나 여기서 승리의 세리머니를 하며 기쁨을 뽐낸다면 사람들은 당신과의 격차를 줄이기 위해 당신이 큰 손실을 경험하길 바랄 것이다.

▎조금 불행해 보이는 척하라

기쁨을 너무 크게 드러내는 행동은 당신을 불행하게 만들고 싶어 하는 사람들을 끌어들인다. 그러나 만약 당신이 약간의 불행을 드러낸다면 사람들이 당신을 불행하게 만들려는 시도를 하기 전에 그들의 욕구를 미리 충족시킬 수 있다. 내가 아는 한 운 좋은 사람은 자신의 행운이 가져오는 부작용을 상쇄하기 위해 종종 사람들에게 일이 잘 풀리지 않는 것처럼 말한다고 한다.

당신이 좌절을 겪고 있다는 사실을 드러낸다면 사람들은 삶이 언제나 당신의 편만 들어주는 건 아니라는 것을 알게 된다. 심지어 당신이 겪는 가벼운 불행은 사람들로 하여금 그들의 기분이 더 나아지는 경험을 하게 만들며 당신에게 해를 끼치고 싶지 않다고 느끼게끔 만들기도 한다.

사실 약간의 불행을 어떻게 드러내느냐에 따라 사람들은 당신을 방해하는 대신 가엾게 여기고 그저 내버려두고자 하기도 한다. 잠재적인 적에게 먹잇감을 던져주면 당신에게서 멀리 떨어진 곳으로 달려가게 할 수 있는 것이다.

▎성공을 자랑하지 마라

당신이 성취한 것을 자랑하는 건 현명하지 못한 행동이다. 당신이 이룬 커다란 성공은 남들에게 과시할 때보다 숨겨둘 때 더 안전하다. 새로운 스포츠카를 사거나 넓은 사무실을 새로 얻을 때처럼 다른 사람들이 원할 법한 것을 자랑하는 건 위험한 도박이다. 당신이 얻은 좋은 것들이 너무 공개적으로 드러나게 하는 것보다는 사람들이 자연스럽게 발견하게 두는 게 낫다.

겸손과 프라이버시는 당신과 나쁜 운 사이에 세울 수 있는 최고의 방화벽이다. 지켜야 할 규칙은 간단하다. 좋은 소식은 친구들과 공유하고 나쁜 소식은 적에게 공유하는 것이다. 그러면 결코 기습당할 일은 없다.

당신을 시기 질투하는 적을 무력화하는 방법

아무리 조심하더라도 당신을 사지로 몰아넣고 싶어 하는 사람들은 분명 어디에나 있다. 그 사람들은 당신에게 불운을 가져다주거나 혹은 자신의 고통을 나누려고 한다. 이런 사람들을 무력화하지 않으면 결국 그들의 계략은 성공하게 될 것이다.

행운이 깃든 사람들은 자신을 해치려는 사람들에게 다음과 같은 몇 가지 전략을 사용한다.

▍적대적인 사람들과 약간의 시간을 보내라

함께 시간을 보냄으로써 당신의 행운이 그들에게 전이될 수 있다고 생각하게 하라. 당신을 가장 크게 질투하는 사람들은 당신에게 주목받기를 원하기도 한다. 부정적인 영향을 끼치는 사람들을 피하는 것이 가장 좋지만 때로는 피할 수 없는 상황도 있다. 이럴 때는 그들에게 약간의 관심을 주는 것도 좋다. 점심을 같이 먹거나, 따로 만나거나, 전화로 대화를 나누거나, 인정해 주는 것이다. 당신과 시간을 보내며 당신에 대한 그들의 마음도 편안해질 것이고, 당신이 성공할 자격이 있는 사람이라고 생각할 수도 있다.

▍그들에게 약간의 행운을 만들어 주어라

당신을 시기하는 이들을 이길 수 없다면 당신이 성취한 것 중 일부를 그들에게 나누어 주는 것도 한 방법이다. 내 지인 중 고위직까지 승진에 성공한 어느 여성이 있었다. 그녀는 회사로부터 훌륭한 사무실을 배정받았고, 매일 퇴근길에 사용할 수 있는 차량 서비스까지 제공받았다. 같은 사무실에 있던 동료들 중 두 사람은 이런 특권에 큰 질투심을 느꼈다. 그러나 그녀가 퇴근할 때마다 그 두 사람까지 집에 데려다주기 시작하자 상황은 달라졌다.

그녀에 대한 질투심에도 불구하고 그들은 편리한 교통수단을 거절할 수 없었다. 그 차에 타지 않는다면 지하철을 타거나 따로 택시를 타는 수밖에 없었다. 그녀는 동료들이 자신을 시기하지 않도록 그들에게도 행운을 나누어 주었고 그들의 부정적인 감정도 줄어들 수밖에 없었다. 결국 그들도 그녀의 승진을 진심으로 받아들이기 시작했다.

그들을 완전히 멀리하고, 최선을 다해보라

가끔은 질투심 많은 사람들에게 간식을 던져주는 방법이 통하지 않을 때도 있다. 당신이 스코어를 올리는 순간마다 당신을 괴롭히려는 사람들이 있을 것이다.

그들이 당신의 삶을 불행하게 만들지 않도록 하는 가장 좋은 방법은 그들을 완전히 멀리하는 것이다. 그들과 대화하거나 상호작용하지 않으면 결국 그들은 당신 세계의 일부가 아니게 되고 멀어지기 때문에 당신의 운이 좋아지든 나빠지든 상관하지 않을 것이다. 사람들은 자신과 동등하다고 느낀 상대가 행운을 거머쥐었을 때 질투심을 느끼게 된다.

당신이 그들과 거리를 두고 그들의 영역에서 벗어난다면 더 이상 당신에게 어떤 일이 일어나든 신경쓰지 않는 것이다.

예를 들어 당신을 크게 질투하는 그 사람들과 당신 사이에 겹치는 지인이 많아 도저히 관계를 끊을 수 없는 상황이라면 어떻게 해야 할까. 그럴 땐 당신에 대한 모든 소식과 정보가 그들에게까지 퍼져나가지 않도록 유의해야 한다. 그렇게 그들과의 교류와 접점이 적어질수록 그들이 당신에게 불운을 일으킬 가능성도 줄어들 것이다.

등 뒤에서 칼을 꽂는 사람들을 조심하라

뒤에서 칼을 꽂는 사람을 조심하라는 말은 편집증적인 말처럼 들릴 수도 있다. 하지만 현실에서는 정말 조금만 잘못 건들여도 당신에게 불운을 안기려고 등 뒤에서 공격을 기다리고 있는 사람들이 있다. 모든 사람들에게는 적이 있다. 당신의 운이 좋아질수록 이 적들은 등 뒤에 몰래 다가와 당신을 무너트리려고 노력할 것이다.

이 배신자들은 빠르게 공격을 퍼붓기도 하고 때때로 수년에 걸쳐 기회를 엿보다가 칼을 들이대기도 한다. 누군가는 오랜 시간에 걸쳐 사소하고 작은 상처를 반복적으로 입히기도 하며 어떤 이는 단칼에 모든 것을 해결하려 들기도 할 것이다. 방법이 무엇이든 그들의 궁극적인 목표는 당신의 평판을 망가트리는 것, 즉 당신의 인격을 암살하는 것이다.

내가 아는 한 저명한 경영인은 이렇게 말했다.

"저를 깎아내리려는 사람들이 항상 있을 거라는 건 알고 있습니다. 하지만 전 신경쓰지 않죠. 단지 그들이 더 큰 피해를 입기 전에 누군지나 알고 싶을 뿐이에요. 복수를 하거나 상처를 주고 싶은 마음은 없어요. 그런 감정에 에너지를 쓰기에는 전 해야 할 일이 너무 많거든요. 그저 그런 사람들과의 일정 거리를 유지하고 싶을 뿐이에요. 그렇지 않으면 제 평판에 정말 큰 타격을 줄 수도 있으니까요."

이런 사람들과 일정 거리를 유지한다는 건 때때로 당신이 그들의 부정한 속셈을 눈치챘다는 사실조차 들키지 않는 것을 의미하기도 한다. 어떤 경우에는 그들과의 관계를 조정해야 할 수도 있고 어떨 땐 친구나 동료로 두어야 할 수도 있다. 하지만 모든 경우에 있어 공통된 핵심은 단 하나다. 당신의 실패를 바라는 사람들의 신호를 미연에 포착해야 한다는 것이다.

"저는 모든 사람을 지지자와 방해자로 나눠요. 지지자는 저에게 도움을 주는 사람이자 진정한 친구입니다. 제가 필요할 때 곁에 있어주고 제가 잘되기를 진심으로 바라죠. 이런 사람들은 시간이 지나면서 행동을 통해 진심을 증명해요. 반면에 방해자들은 제가 방심하는 틈을 노려 한 방 먹이려고 하는 사람들이에요. 예전에는 그런 사람들의 무례한 행동이나 잘못된 판단을 그저 웃어넘기곤 했어요. 제가 그들보다 우위에 있다고 생각했거든요. 하지만 그런 사람들과 안전할 정도의 적당한 거리를 두지 않으면 당신에게 정말 해를 입힐 수도 있어요."

흥미롭게도, 그 방해자들이 원하는 것 또한 '적당한 거리감'일 수도 있다. 그들이 원하는 것은 당신을 완전히 망쳐버리는 것이 아니다. 그저 스스로가 열등하다고 느끼지 않기를 바랄 뿐이다. 그들은 당신의 신경을 살짝 긁기만 해도 당신이 집중력을 잃고 흔들려서 결국 운도 떨어져나갈 것이라고 생각한다. 대부분의 경우, 이런 사람들과의 인연을 완전히 끊을 필요까지는 없다.

한 친구는 이 '적당한 거리감'에 대해 이런 이야기를 들려줬다.

"몇 년 전, 정말 가까웠던 친구가 있었어요. 직장에서도, 점심시간에도, 퇴근 후에도, 주말에도 함께했죠. 하지만 시간이 지나면서 내 운이 트이고 그녀의 운은 그렇지 않았어요. 그때부터 우리의 우정은 다른 방향으로 변하기 시작했죠. 친해지면 오히려 미움도 생긴다더니, 그 말이 딱 맞았어요. 나는 여전히 그녀를 좋아했지만 점점 거리를 두기 시작했어요. 점심을 함께하는 횟수도 줄였고, 퇴근 후 사적으로 만나는 일도 줄였죠. 그게 우리에게 딱 맞는 해법이었어요. 그 덕분에 우리는 다른 형태의 우정을 유지할 수 있었죠. 내가 잘 나가고 그녀는 그렇지 않을 때, 우리의 관계는 점점 그녀를 좋지 않은 사람으로 바꾸고 있었어요. 그녀 본래 성격은 그렇지 않은데, 내 성공이 그녀를 잠식하고 있었던 거예요. 그녀의 불운한 상황과 대조되었으니 더 그랬겠죠.

그래서 내가 조용히 거리를 두며 관계의 선을 다시 그었고 그건 그녀에게 자존심을 회복할 공간을 주었어요. 우리는 지금도 친구로 지내지만 그녀가 무의식적으로 내게 상처 줄 수 있다는 걸 인식하고 관계의 역학을 바꿨기에 가능한 일이었어요. 아마 그녀는 아직도 자신이 무슨 행동을 했는지 모를 거예요. 하지만 내가 물러섰기에, 그녀가 날 해치지 않으면서도 친구로 남을 수 있었던 거죠."

성공이 커질수록, 어떤 시점에서는 당신의 성공이 지인이나 동료에게 너무 크게 느껴질 수도 있다. 당신의 성장과 성취가 그들에게 어떤 고통을 주고 있는지 인지하지 못한다면 충성심과 책임감 사이에서 갈등하게 될 수도 있다.

진정한 친구는 당신에게 좋은 일이 생겼을 때 진심으로 기뻐해 줄 수 있다. 함께 축하하고 당신을 응원하며 당신이 원하는 것을 이루기 위해 아낌없이 돕는다. 그들은 당신의 행운을 질투하지 않는다. 하지만 때때로 당신이 '더 운이 좋아질수록' 우정이 어긋나기도 한다.

아무리 친구라 할지라도 자신이 무엇을 할 수 있고 무엇은 하면 안 되는지를 알아야 한다. 그들이 당신과의 관계를 유지하려면 행운을 얻기 전의 당신에게 했던 것과 마찬가지로 존중, 신뢰, 친절이라는 우정의 기본 규칙이 여전히 유효하다는 점을 알아야 한다. 만약 친구가 당신의 행운을 감당하지 못한다면 잠시 거리를 두는 것이 필요할지도 모른다.

당신의 뒤를 지키는 방법

당신이 점점 더 운이 좋아질수록, 심지어는 친구라고 생각했던 사람들조차 이상한 행동을 하기 시작하는 이유를 이제 알게 되었을 것이다. 이제부터는 더 운이 좋아질수록 스스로를 보호할 수 있는 방법을 알아야 한다. 상대가 당신을 노리고 있다는 사실을 미리 알아채는 것이 중요하다. 실력 있는 포커 선수처럼 상대가 어떤 패를 쥐고 있는지 감을 잡아야 당신도 이길 수 있는 전략을 펼칠 수 있다.

다음은 영리한 사람들이 자신의 뒤를 지키기 위해 사용하는 전략들이다.

지지자 네트워크를 구축하라

여기서 말하는 지지자란 반드시 당신의 친구일 필요는 없다. 한 지인은 이를 '감시병'이라고 부르는데, 마치 요새를 지키는 감시병처럼 당신에게 충성스럽고 관찰력이 뛰어난 이들을 말한다. 이들은 당신에게 곧 닥쳐올 불운이나 문제에 대해 미리 경고해 줄 수 있는 존재다. 나 또한 경력을 쌓아오는 과정에서 어떤 문제가 생기기 전에 누군가의 경고 덕분에 위기를 피한 경험이 많다.

다만 주의할 점은 이 감시병들을 통해 받은 정보를 즉각적으로 믿고 행동하지는 말라는 것이다. 정보 제공자가 아무리 믿을 만한 사람이라고 해도, 모든 사람들은 자신의 입장에서 각색된 버전으로 전달하기 마련이다. 때때로 사람들은 자신을 돋보이게 하기 위해 약간의 과장을 섞기도 한다.

특히나 누군가가 "그 사람이 당신을 해치려고 하고 있어요"라고 말한다면 아주 조심해야 한다. 이 한마디는 수많은 관계를 망쳐온 위험한 표현이다. 그 말이 사실이든 아니든 한 번 의심이 생기면 상대에게 보복하고 싶어지는 마음이 생기며, 진실을 알게 된 후에도 신뢰를 회복하기 어렵기 때문이다.

그러니 누군가 당신을 노리고 있다는 말을 들으면 곧바로 행동하기보다는 시간을 두고 살펴봐야 한다. 상황을 주시하되, 그 말은 사실이 아니라고 가정해야 한다. 누군가가 실제로 자신을 공격해 올 때까지 손 놓고 있고 싶지는 않겠지만 확인되지 않은 말로 선제공격을 시작하는 건 또 다른 불운의 시작이 될 수도 있다. 기억하라. 정보는 전달되는 과정에서 여러 변화를 가진다. 당신의 지지자가 말한 내용을 토대로 행동하기 전에, 그 사람이 어째서 '누군가 당신을 해치려 한다'고 말하는지 그 이유를 스스로 고민해 보아야 한다.

▎신뢰의 함정을 설치하라

어떤 사람들은 "내가 누구를 믿을 수 있는지 알아야 하지 않겠어?"라고 말하며 자신이 믿는 감시병들을 일부러 시험하기도 한다. 핵심은 '신뢰'다. 어떤 사람은 친한 친구지만 당신의 비밀을 다른 이에게 쉽게 말해버리기도 하고 어떤 이들은 철저하게 비밀을 지키며 신뢰를 절대 배반하지 않는다. 그렇다면 누구를 믿을 수 있을지 없을지는 과연 어떻게 판단할 수 있을까?

어떤 이가 알려준 흥미로운 전략 중 하나는 바로 '신뢰의 함정'을 만드는 것이다. 즉 사소한 정보 하나를 '절대 함구해야 할 비밀'이라고 강조하며 특정 사람에게만 흘려보는 것이다. 그런 다음 당신이 말한 정보가 퍼져나간다면 그 사람은 신뢰할 수 없는 사람이라는 사실이 드러나는 것이다.

또 다른 방법은 '진실 테스트'다. 특정 사건에 대한 전말을 먼저 알아둔 뒤에 상대에게 그 사건에 대해 물어보는 것이다. 그 사람이 사실보다 얼마나 과장하거나 왜곡해서 말하는지를 살펴보면 그가 전하는 정보의 정확도를 가늠할 수 있다. 이 방법은 상대를 신뢰할 수 있을지 아닐지 결정하기 위한 테스트가 아니다. 당신이 그 사람을 통해 받는 정보의 질을 평가하고 잠재적인 위험을 파악해 불운을 예방하기 위한 판단 도구일 뿐이다.

모든 낭떠러지에는 비밀 통로가 있다

"실패를 두려워하지 마라.
모두들 성공하기 전에 한 번쯤 실패를 경험한다.
정상에 오른 많은 이들도 여러 좌절을 경험했다."

_미국의 농구 선수, 마이클 조던Michael Jordan

아무리 최선을 다해도 불운을 피할 수 없는 때가 있다. 이는 어쩔 수 없는 일이다. 우리는 무작위적인 사건들과의 상호작용을 통해 불가피하게 좌절을 겪게 된다. 우리가 할 수 있는 일이라고는, 그 불운이 너무 심각한 일은 아니기를 바라는 것과 가능한 한 빨리 불운을 극복해내는 것이다.

무작위로 일어난 불운이든 혹은 당사자가 자초한 것이든, 누구나 불운을 경험하면 다른 사람이 된다. 약해지고 우울해지며 화를 내게 된다. 불운이 닥치는 것은 끔찍하다. 그것은 사고를 마비시켜서 우리가 가능성 있는 앞날을 떠올리지 못하게 한다. 스스로를 저주받은 존재라고 느끼게 하고 점점 더 악화되는 인생을 영원히 살아야 할 것만 같은 기분에 빠지게 한다.

우리가 이렇게 느끼는 이유 중 하나는 불운이 얼마나 오래 지속될지, 혹은 앞으로 얼마나 더 많은 불운이 닥칠지 확신할 수 없기 때문이다. 불운을 완전히 피할 수는 없지만 위기를 잘 관리하면 적어도 우리가 겪게 될 불운의 양을 줄일 수 있다. 운이 좋은 사람들은 불운한 상황에 놓였을 때, 다른 사람에게 부정적인 주목을 끌지 않도록 조절하는 경향이 있다. 그들이 어떤 문제를 겪든 다른 사람들이 안심할 수 있도록 안정적인 이미지와 태도를 유지한다. 이들은 불운을 막다른 골목이나 도전을 포기하라는 신호로 보지 않고, 꿈을 실현하는 과정에서 오는 일시적인 정지 상태라고 여긴다. 그래서 포기하는 대신 그저 자신에게 온 불운을 받아들이고, 불운을 겪는 것 또한 하나의 학습 경험이라 여기며 스스로를 격려한다.

밖에서 보기에는 아무리 나쁜 상황 같더라도, 그렇게 행동하기만 하면 어둠 안에 숨겨진 '비밀 통로'를 찾을 수 있다. 이 비밀 통로란 끔찍한 곤경에서 벗어날 수 있는 어떤 기회를 말한다. 당신이 불운에 빠졌다면 이 비밀 통로를 찾아야지, 불운의 무거운 짐을 평생 짊어져야 한다고 생각해선 안 된다.

불운은 당신에게 없었던 생존 본능과 기술을 개발하도록 도와준다. 또한 당신이 미처 알지 못했던 자신의 또 다른 면을 발견하는 실험을 하도록 자극한다. 이렇게 불운을 기회로 전환하기 위해서는 결국 당신이 성공할 것이라는 믿음이 필요하다.

우리는 모두 불운에 다르게 반응한다

불운이 닥쳤을 때 처음으로 떠오르는 생각은 "왜 하필 나야?"일 것이다. 불운은 우리를 무력하게 만든다. 우리가 어떻게 될지 확신할 수 없게 만들어서 어리둥절하고 혼란스럽고 화가 날 수밖에 없다. 사람들은 스스로 자신의 삶을 통제하고 있다고 생각하며 자부심을 느끼고, 인생이 우리에게 유리하게 작용하도록 잘 이끌어가고 있다고 생각한다. 그런데 불운은 우리가 스스로 생각하는 '성공적이고 능력 있는 사람'이라는 이미지에 모순을 만들어내기 때문에 감정적으로 불안정한 상태에 놓이게 된다.

감정적인 추락을 겪는 기간은 불운에 얼마나 심하게 타격을 받았느냐에 따라 다르다. 이러한 고통스러운 시간을 겪는 동안 우리는 사람들이 우리가 이 폭풍우를 어떻게 견디는지 지켜보고 있다는 사실을 쉽게 잊는다. 이들 중 일부는 당신이 곤경에 처한 것을 기뻐할 수도 있다. 당신이 그럴만한 사람이라고 생각하면서 말이다. 그러나 당신에게 황금 같은 기회를 줄 수 있는 가장 중요한 사람들은 당신을 응원하며 당신이 얼마나 빨리 정상으로 돌아올 수 있을지를 지켜볼 것이다. 불운이 닥치고 다른 이들이 당신이 곤경에 빠졌다는 사실을 알게 되었을 때, 당신의 평판은 심판대에 오른다. 어떻게 대처하느냐에 따라 사람들이 당신을 돕기로 결심할지 무시하기로 결심할지 결정된다.

불운을 유독 잘 처리하는 사람들이 있다. 그들은 불운이 다가오는 상황에 놀라지만, 빠르게 위기를 관리하고 조치를 취한다. 스스로 문제를 해결하기도 하며, 다른 사람들이 자신을 도와주도록 만들기 위해 자신의 불운을 설명하기도 한다. 만약 당신이 강인한 사람이며 불운이 당신에게 큰 영향을 미치지 않는다는 것을 사람들에게 내보인다면 사람들은 당신을 돕고 싶어 할 것이다. 왜냐하면 당신에게 너무 많은 도움이 필요하지는 않다는 것을 깨닫고 부담감이 적어지기 때문이다. 하지만 만약 당신이 다른 사람들에게 달려들어 필사적으로 도움을 구하는 사람처럼 보인다면 사람들에게 많은 도움을 기대하지 말아야 한다. 당신은 곧 가라앉을 배처럼 보일 것이고 사람들은 당신에게 도움을 주었다가 함께 가라앉게 될까 봐 두려워하게 될 것이다.

결국 자신에게 닥쳐온 불운을 스스로 어떻게 여길 것인지 그리고 사람들에게 어떻게 드러낼 것인지에 따라 사람들이 당신을 돕도록 만들 수도 있으며, 더 많은 불운이 닥치게 만들 수도 있고, 그 불운을 행운으로 전환할 수도 있다.

나쁜 소식을 긍정적인 방향으로 돌려 말하라

자신의 이미지와 평판이 운에 직접적인 영향을 미친다는 것을 잘 인지할수록, 특히 위기 상황에서의 이미지와 평판을 지킬 수 있을 가능성이 높아진다.

나쁜 소식을 긍정적인 방향으로 돌려서 말하는 것이 기만처럼 들릴 수 있지만 사실은 그렇지 않다. 긍적적인 돌려 말하기란 그 일과 관련된 사람들이 덜 불행해 보이도록 이야기를 전하는 방식이다. 같은 이야기라도 전달 방식에 따라 다 다르게 들릴 수 있다. 심지어 그 안에 든 진실을 정확하게 전달하면서도 말이다. 그저 어떤 일의 특정한 부분을 최소화하거나 최대화해서 바라볼 뿐이다. 거짓을 더하는 게 아닌 한, 돌려 말하기는 문제되지 않는다. 사람들은 고통을 줄이거나 어떠한 사실을 강조하고 싶을 때 특정 순서에 따라 이야기를 풀어낸다. 돌려 말하기는 인상을 오래 남기기 때문에 중요하다. 돌려 말하기를 제대로 할 줄 안다면 사람들은 사실을 이해하는 것과 동시에 당신이 원하는 관점에서 사건을 받아들이게 된다.

다음은 운 좋은 사람들이 다른 사람들에게 불운한 소식을 전하면서도 자신의 이미지와 평판을 유지하는 방법이다.

▎나쁜 소식을 먼저 전달하라

대부분의 사람들은 나쁜 소식을 실제보다 더 나쁘게 들리도록 전달한다. 그때 저지르는 실수가 바로 나쁜 소식을 두 번째로 전하는 것이다. "오늘 몇 가지 일이 좀 있었는데요……. 우선 웃긴 일부터 얘기해 드릴게요"라고 하며 별거 아닌 정보를 먼저 제공해서 듣는 사람을 진정시키려고 하는 것이다. 혹은 "화내시기 전에 미리 말씀드리자면, 저희도 어떻게 해 볼 도리가 없었다는 걸 알려드리고 싶어요"라며 나쁜 소식을 전하기 전에 힌트를 먼저 흘리기도 한다.

사람들은 이 전략이 상대의 충격을 덜어줄 것이라 생각한다. 하지만 이는 전혀 바람직하지 않다. 오히려 나쁜 소식을 더 나쁘게 받아들이도록 하며 당신을 더 불쌍하게 여기도록 만든다. 나쁜 소식을 전하기 전에 뜸을 들이거나 미리 상대의 긴장을 풀어주는 행동은 상대를 더 크게 놀라게 하거나 혹은 나쁜 소식을 예상하고 긴장하게 만든다.

나쁜 소식을 전해야 하는 입장에서는 어떻게든 이를 포장해서 충격을 줄이기 위해 노력하는 것이 더 현명한 행동이라고 생각한다. 하지만 반대로 나쁜 소식을 들어야 하는 입장의 사람들은 그 소식을 가능한 한 빨리, 직접적으로 듣고 싶어 한다. 나쁜 소식은 보통 생각만큼 나쁘지 않다. 그저 그렇게 보일 뿐이다.

이러한 정보 전달 방식에 능통하기로 유명한 어느 광고 업계의 한 임원이 내게 이런 말을 했다.

"저와 관련된 나쁜 소식을 전해야 할 때면 저는 의식적으로 대화의 첫 문장에 그 소식을 담을 수 있도록 몇 가지 문장을 머릿속으로 떠올려 봐요. 나쁜 소식을 먼저 전하면 그걸 먼저 처리할 수 있어요. 하지만 그 이상의 심리적인 효과도 있죠. 나쁜 소식을 먼저 꺼낸다는 건 마치 본인이 실수로 불을 냈을 때 그 불을 함께 꺼주는 것과 같아요. 사람들이 기억하는 건 당신이 불을 껐다는 사실이지 불을 냈다는 점은 아니거든요.

몇 주 전에 저희 팀은 고객으로 있던 한 스포츠웨어 회사를 잃었어요. 그 회사를 제가 맡고 있었기 때문에 부서 책임자에게 직접 전화를 걸어야 했죠. 전화를 받자마자 저는 이렇게 말했어요. '안녕하세요, 조입니다. 저희가 스포츠웨어 회사 클라이언트를 잃었어요. 정말 마음이 무거운데요. 저희가 어느 부분에서 실수했는지 파악했고, 다시 이런 일이 발생하지 않게 할 수 있는 방법도 찾아봤어요. 잠깐 찾아가 이야기를 나눠도 될까요?'

이런 식으로 나쁜 소식을 전하면 대화의 초점이 문제 자체보다는 해결책에 맞춰지게 돼요. 제가 소식을 전달하는 사람이라는 사실보다는 해결하려는 사람으로 보이게 되는 거죠. 실제로 상사를 만났을 때 그녀는 클라이언트를 잃게 된 이유는 뭔지, 어떤 일이 있었는지 자세히 묻기 시작했어요. 그 순간 저는 더 이상 '문제의 원인'이 아니라 '해결의 중심'이 된 거예요. 그녀를 해결 과정에 참여시킴으로써 감독자가 아니라 동료로 만들 수 있었어요. 결국, 모든 게 잘 마무리됐죠."

이처럼 나쁜 소식을 먼저 솔직하게 말하는 사람은 '실패를 두려워하지 않는 정직한 사람'으로 인식된다.

▎나쁜 소식을 더 나쁜 소식과 비교하라

만약 당신이 가진 나쁜 소식이 너무 심각한 수준이라면 차라리 그보다 더 나쁜 소식을 먼저 말해 상대적으로 당신의 나쁜 소식을 작아보이게 할 수도 있다.

이 접근법을 효과적으로 사용하려면 먼저 상대방을 충격으로 몰아넣은 다음 나쁜 소식을 그 뒤에 슬며시 넣어야 한다. 예를 들어, 대학생 딸이 부모님께 편지를 쓴다고 해보자.

"엄마, 아빠, 너무 오랫동안 편지를 못 드렸어요. 감옥에서는 자주 편지를 쓸 수 없거든요. 저는 남자친구와 은행을 털다가 잡혀갔어요. 남자친구에 대해서는 제가 한 번도 말씀드린 적 없었죠. 우리랑 종교도 다르고, 또 위험한 동네에 살거든요. 저희는 둘 다 몇 달 동안 아팠는데, 병원에 가는 게 두려워요. 아 그런데요, 사실 다 거짓말이에요. 감옥도, 남자친구도, 은행 강도도, 병도 없어요. 그런데 화학에서 C를 받았어요. 그리고 연휴 때까지 100달러 정도가 필요해요."

나쁜 소식은 그보다 더 나쁜 소식보다 상대적으로 훨씬 나아 보인다.

진실을 말하라

당신의 운이 좋지 않을 때도 좋게 보이기 위해 진실해야 한다. 그럴 때는 정보를 생략하는 것이 거짓말을 하는 것보다는 낫다. 왜냐하면 진실은 결국 드러나는 경우가 많기 때문이다. 거짓말이 들통나면 운은 달아난다. 거짓말은 여간해선 용서받지 못하며 쉽게 잊히지도 않는다. 대부분의 사람들은 진실을 들을 준비가 되어 있다. 그들이 견디지 못하고 쉽게 용서하지 못하는 것은 부정직함이다. 따라서 상대방이 알아야 할 정보를 제공하고 다음 단계로 나아가는 것이 중요하다. 정직함은 나쁜 상황에서 좋게 보일 수 있는 훌륭한 방법이다. 정직하기 어려운 상황에서 정직함을 보여주는 것은 존경심을 만들어 낸다.

케이터링 회사를 운영하는 내 친구는 이런 이야기를 들려주었다.

"최근에 제 사업을 위해 팸플릿 디자인을 새로 맡겨야 했어요. 처음 맡겼던 디자이너는 일을 마감 기한까지 끝내지 못했어요. 미리 말해주지도 않고 마감일이 하루가 지난 뒤에야 시간이 더 필요하다고 하더라고요. 결국 또 늦어졌고 이번에는 종이 공급업체 탓을 했어요. 그래서 저는 그 디자이너를 해고했어요. 그다음에 맡긴 디자이너도 처음엔 마감에 차질이 있었어요. 그런데 그분은 일주일 전에 미리 연락해서 문제가 생겼다고 솔직하게 말해줬어요. 새로운 마감일을 제시했고, 그때는 정확히 맞췄죠. 지금은 그분이 저희 회사의 훨씬 더 큰 프로젝트를 맡고 있어요. 두 디자이너 모두 실수했지만 두 번째 분은 나쁜 소식을 즉시 솔직하게 말해줬어요. 마감일을 맞추지 못했다는 사실이 아쉽긴 했지만 그 사람 자체에 대해서는 나쁘게 느끼지 않았어요."

자신의 어려움을 솔직하게 말하면 사람들은 그 상황에 공감하게 되고 자연스럽게 호감을 느낀다. 그 결과 당신은 더 많은 운을 끌어당기게 된다. 하지만 진실을 숨기면 사람들은 당신을 불성실하고 믿을 수 없는 사람으로 여기게 될 것이다.

▎불평하지 마라

행운을 끌어당기는 방법에 대해 최근 가장 흥미롭게 읽은 글은 〈뉴욕 타임스〉 일요판에 실린 한 기사였다. 제목은 '친구들의 작은 도움으로 살아가는 소년'이었다. 이 기사는 메인 지역에 사는 한 10대 소년에 관한 이야기였다. 소년의 아버지는 심한 우울증으로 자살을 시도했고 어머니는 정신 병원에 입원한 상태였다. 그는 사실상 혼자 남겨졌고 무거운 마음의 짐을 진 채 살아가고 있었다. 일반적인 사람이라면 이런 상황에 처한 아이에게 선뜻 다가가려 하지 못했을 것이다.

하지만 그의 가장 친한 친구의 가족은 소년을 집으로 데려가 함께 지냈고, 그 아이 여자친구의 가족도 도움을 줬다. 그들은 왜 그런 선택을 했을까? 기사에 따르면 사람들은 그 소년이 정말로 호감 가는 아이였다고 말한다. 불평하지 않았고 짐이 되지도 않았다. 예의도 바르고 도움을 요청하는 일도 거의 없었으며 사람들과 잘 어울릴 줄 알았다.

소년의 친구 아버지는 이렇게 말했다.

"겉모습만 보면 이 아이를 가난한 환경에 놓인 아이라고 생각하지 못할 거예요. 옷도 단정하고 깔끔하게 입고 사람들과 잘 지내는 법과 자신에게 무엇이 필요한지 잘 알고 있죠."

소년은 불운한 상황 속에서도 태도와 행동을 잘 관리해 더 큰 불운이 따르는 것을 막았다. 말이 안 되는 것처럼 들릴 수 있지만 때로는 그저 밝은 얼굴을 유지하고 자신의 문제에 너무 몰두하지 않는 것만으로도 불운의 흐름을 끊을 수 있다. 최소한 그렇게 하면 주변에서 도움을 받게 되고 그 도움들이 점차 나쁜 운을 덜어줄 수 있다.

불운이 닥치면 마음속 영화관에 가라

어떤 사람들은 위기에서 위기로 넘어가며 아슬아슬하게 인생을 살아간다. 이들은 대부분의 에너지를 좌절에서 벗어나기 위해 고군분투하는 데 사용한다. 이들의 가장 큰 바람은 현재의 위기가 끝나고 다음 예상치 못한 위기가 닥치기 전에 잠깐의 평온이 존재하기를 바라는 것이다.

운이 좋은 사람들은 인생이나 자기 자신을 다른 사람들과는 조금 다른 시각으로 바라본다. 이들의 시각은 훨씬 더 넓다. 이들은 좌절에서 기회를 찾으며 불운에 겁먹지 않고 모든 불행을 큰 재앙으로 보지 않는다. 이들은 '아마도' 자신이 원하는 것을 이룰 수 있을지 고민하지 않으며, '언제' 이룰 것인지 생각한다. 이러한 생각은 인생에 대해, 그리고 그 안에서 살아가는 자신이 하는 역할에 대한 매우 특별한 시각을 요구한다.

불운을 최소화하는 많은 운 좋은 사람들은 마음속에 영웅적인 자아상을 가지고 있다. 이들은 낙담과 어려움이 닥칠 때 강력한 자기 인식을 만들어내며, 이를 통해 동기를 부여하고 스스로를 보호한다. 스스로에 대한 이미지를 통해 마치 영화의 예고편처럼 자신을 완벽하게 포장해내는 것이다.

당신의 삶이 담긴 영화에서 당신은 모든 장애물을 극복하고 결국 목표를 달성하는 주인공이다. 당신이 영웅이자 주인공이 되는 마음속 이 영화는 실패와 좌절을 겪고 결국 승리를 거머쥐는 서사시나 러브 스토리와 같다. 좌절은 그저 승리로 가기 위해 지나쳐가는 사건에 불과하며 도전을 포기할 이유가 되지 않는다. 영화의 끝에서 결국 행복과 성공을 달성한 후 하고 싶은 일을 하고 있을 모습을 상상해 보아야 한다.

자신이 성공하는 이미지를 더 생생하게 그릴수록 좌절을 극복하고 원하는 것을 얻을 수 있다는 믿음을 더 빨리 얻을 수 있다. 마음은 활성화되어 위기 상황에서도 당신을 도울 수 있는 기회들이 눈앞에 번쩍거릴 것이다. 불운을 겪을 때 이 영화를 마음속에서 돌리면 믿음이 회복되고 에너지와 열정이 새롭게 충전될 것이다.

> ☑ **내가 주인공인 '마음속 영화' 찍는 법**
>
> - 자신을 모험 영화나 드라마의 주인공으로 상상하며 한두 시간을 보내라. 당신은 영화의 모든 주요 장면에 등장하는 주인공이며 모두가 존경하고 의지하는 인물이다.
> - 마음속으로 시나리오를 작성해 보라. 당신이 승리하고 원하는 것을 얻는 결말부터 쓰기 시작해라. 그런 다음 과거로 되돌아가면서 이야기를 진행하면 된다. 당신은 고귀한 목표를 가지고 여

> 행을 떠나며, 도중에 당신이 목표에 도달하지 못하게 방해하는 악한 세력들을 만나게 되는 것이다.
> - 영화에서 당신은 인생의 부정적인 세력들과 싸우지만 항상 도전에 맞설 준비가 되어 있다. 어떤 전투는 더 오래 걸리기도 하지만 당신은 목표를 달성하기 위해 끝까지 싸우기 때문에 결국 승리하게 된다.
> - 주요 전투가 벌어지거나 거대한 도전이 닥치는 클라이맥스를 상상해 보라. 당신은 열심히 싸워 승리를 거머쥔다. 당신은 영웅이 되고 배경 음악이 고조되며 엔딩 크레딧이 올라간다.

자신을 영화 속 주인공이라고 상상하는 것은 어리석게 보일 수 있지만 행운과 불운에 대한 생각에 즉각적인 영향을 미칠 것이다. 행복을 중요한 목표로 삼고 당신이 그 목표를 이룰 자격이 있다고 생각해라. 이 이미지는 불운을 겪을 때도 행운을 만들기 위한 방법을 찾도록 도와줄 것이다.

불운은 결국 새로운 기회로 이어진다

아이러니하게도, 불행한 경험이 결국 큰 행운을 가져다주는 경우가 많다. 고난은 내면의 힘과 새로운 대처 방법을 길러주며 문제를 해결하는 새로운 방법을 개발하게 한다. 고난을 이런 관점으로 받아들이려면 우선 우리의 인생에서 좌절과 실패를 영원히 방지하는 방법이 있다고 믿는 것을 멈춰야 한다. 인생은 그런 식으로 작동하지 않는다. 만약 그렇게 생각한다면 불운한 상황이 왔을 때 더 충격적이고 치명적이게 느껴질 것이다. 불운이 올 거라는 사실을 당신이 예상하지 못했기 때문이다. 불운을 예상할 수 있다면 상황이 닥쳤을 때 놀라지 않게 된다. 그리고 당신은 마음을 다시 다져서 불운의 그림자 속에 존재하는 기회를 찾기 시작하게 될 것이다.

자산 관리사 마이클 스톨퍼는 이렇게 말했다.

"제가 맡았던 고객 중에 가장 운이 좋았던 부부는 1980년대 어느 날 소득이 완전히 끊기는 상황에 놓였어요. 남편은 항공 교통 관제사였는데 레이건 대통령이 파업 노동자들의 요구를 거절하면서 해고됐죠. 아내는 전업주부였고요. 두 사람은 일자리를 구하지 못해서 매 끼니마다 땅콩버터 잼 샌드위치나 시리얼로 겨우 버티고 있었어요. 그러다 시리얼 상자 뒷면에 있는 경품 응모를 하기 시작했는데 그게 너무 재미있었던 거예요. 그래서 결국 경품 정보를 모아 독자들이 어떻게 하면 당첨 확률을 높일 수 있는지를 소개하는 뉴스레터를 만들었어요. 그 뉴스레터는 부엌 식탁에서 막 써 내려간 듯한 정감 있는 스타일이라서 엄청난 인기를 끌었죠. 결국 그 뉴스레터는 크게 성장했고 부부는 그 뉴스레터를 약 800만 달러에 매각했어요. 지금 그들은 하이킹 여행을 다니면서 리츠칼튼 호텔에 머무르고 있어요."

이처럼 낭떠러지에서 행운 위로 떨어지는 상황은 궁극의 행운 체험이라고 할 수 있다. 큰 불운이 한 사람을 벼랑 끝까지 몰아세운 후 상상조차 하지 못한 성공으로 이어지는 것이다. 사람들은 이런 놀라운 반전을 경험한 사람들을 그저 운이 좋았다고 생각하곤 한다. 하지만 대부분의 경우 그들은 결코 단순한 행운의 수혜자가 아니다. 나는 엄청난 좌절을 겪은 후 얼마 지나지 않아 성공을 이룬 '초행운가'들을 여럿 알고 있다. 그들에겐 공통적인 특징이 있다.

우선 그들은 오늘 겪은 재난이 영구적인 것이 아니라 일시적인 것이라고 굳게 믿는다. 또한 불운을 겪더라도 자신을 깎아내리거나 부끄러워하지 않는다. 오히려 그들은 불운이 자신에게 개인적으로 벌어진 일이 아니며 그냥 잊고 지나가면 사라질 거라고 여긴다. 일부 초행운가들은 남들이 자신을 실패자나 바보라고 생각하는 것조차 개의치 않는다. 그리고 바로 그런 무심함과 태연함은 오히려 주변 사람들이 그들에게 기회를 주게 만든다. 도와주고 싶은 사람이라는 인상을 주기 때문이다. 낭떠러지에서 행운 위로 떨어지는 사람은 우리가 흔히 불운이라고 부르는 것들이 실제로는 좌절과 실패의 상처가 겹친 감정에 불과하다고 믿는다.

불행하게도, 충분히 많은 사람들이 '운이 따르는 사고방식'을 갖고 있지 않다. 그래서 불운이 닥쳤을 때 그것을 행운으로 바꿀 능력이 부족하다. 우리가 가치 없는 사람이라는 생각이 들 때 받는 충격은 트라우마가 되며 이런 악몽은 종종 꿈보다 훨씬 더 생생하다. 우리는 최고의 상황을 바라면서도 최악의 상황을 상상하곤 한다. 우리의 재능이 발견되어 후하게 보상받기를 바라지만 정말로 그렇게 될 거라고 믿는 사람은 많지 않다. 대부분은 '역경을 딛고 성공하는 건 다른 사람의 이야기'라고 생각한다.

나는 나쁜 일이 일어나는 데는 좋은 이유가 있다고 믿게 되었다. 실망과 거절을 나도 충분히 겪어봤다. 하지만 매번, 예전에는 내가 이상적인 찬스라고 여겼던 기회를 놓친 것이 지금 생각해 보니 오히려 행운이었다는 사실을 나중에 깨달았다. 그 뒤에 찾아온 기회가 축복이 되어 돌아왔기 때문이다.

예전에 〈유에스 뉴스 앤드 월드 리포트〉의 미디어 평론가 자리에 지원했던 적이 있었다. 그 잡지는 워싱턴에 있었고 그곳의 편집장이 과거 〈뉴욕 타임스〉 재직 시절에 나와 함께 일했던 분이었다. 그의 도움으로 편집국 상위 간부와 면접을 보게 됐는데, 면접 몇 시간 전 어리석게도 항히스타민제를 복용했고 결국 말이 느릿느릿하게 나왔다. 덕분에 면접은 망쳤다. 하지만 그 자리에 합격했다면 당시 내가 막 교제를 시작했던 뉴욕의 그녀와는 장거리 연애를 하게 되었을 것이고, 아마 관계도 끝났을 것이다. 그 면접을 망친 덕분에 나는 뉴욕에 남았고, 그녀는 나의 아내가 되었다.

또 한 번은 뉴욕의 대형 미디어 기업의 경영자와의 면접이 있었다. 면접 준비는 완벽했지만, 딱 한 번, 사전에 위치를 확인하는 걸 깜빡한 날이었다. 그 회사는 주요 사무실이 두 곳 있었고 나는 엉뚱한 사무실로 향했다. 면접까지는 5분 남았고 목적지까지는 약 3킬로미터가 넘는 거리였다. 다행히도 마음씨 좋은 택시 기사가 미드타운의 아찔한 교통을 뚫고 데려다주었다. 딱 10분 늦었지만, 여름 아침의 더위 속을 달려 도착한 나는 머리도 옷도 엉망이었다. 나는 면접 내내 중심을 잡지 못하고 방어적으로 행동했다. 결국 그 일자리는 얻지 못했다. 하지만 한 달 후, 내가 원래 일하던 출판사에서 큰 승진과 함께 인센티브를 받게 되었다.

심지어 유명한 엔터테인먼트 회사의 고위 임원과 엄청난 면접 자리가 잡혔던 적도 있었다. 그가 먼저 제안한 자리였지만 어째서인지 그는 나타나지 않았다. 대신 내 친구가 그 회사에 채용되었다. 하지만 6개월 후 그 임원은 해고됐고 내 친구도 함께 해고되었다. 지금 그는 가끔 나에게 프리랜서 일감을 부탁하곤 한다.

인생은 이렇게 웃긴 장난을 많이 친다. 나는 그런 일이 많을수록 좋다고 생각한다. 나에게 나쁜 일이 생기면 분명 이유가 있을 거라고 믿는다. 그리고 가능한 한 자주 '낭떠러지에서 행운 위로 떨어지는 상황'이라는 태도를 유지하려 한다. 균형감을 유지하기 위해 나는 항상 이렇게 되뇐다.

'세상 어딘가엔 나보다 훨씬 더 힘든 사람도 있다.'

삶이 아무리 고되더라도 나는 내가 얼마나 운이 좋은 사람인지 절대 잊지 않는다. 내가 들은 최고의 조언 중 하나는 몇 년 전 함께 일했던 친구에게 들은 것이다. 그녀는 잡지 편집자에서 해고된 후에 쓴 책이 초대형 베스트셀러가 되면서 부자가 되었다. 내가 그녀에게 "해고당한 뒤에 인생에서 원하는 걸 얻을 수 있을지 의심하지 않았나요?"라고 물었을 때, 그녀는 이렇게 말했다.

"그랬죠. 하루 정도는요. 근데요, 저는 이제 알았어요. 불운은 그냥 어깨에 삐딱한 태도를 지닌 행운일 뿐이라는 걸요."

옮긴이 이지현

데일 카네기, 나폴레온 힐 등 수많은 사람들에게 성공적인 삶에 대한 동기를 부여해 준 작가들을 통해 성공학에 관심을 가지게 되었다. 이러한 거장들의 저서들 중 아직 한국에 제대로 소개되지 않은 작품이 다수 있다는 사실에 흥미를 느꼈으며, 현대의 고전으로 불리는 책들을 더 많은 사람들과 나누기 위해 출판 번역의 길에 들어섰다. 무한한 해외 원서 가운데 진정한 가치를 가진 지닌 도서를 찾아 소개하는 일에 보람을 얻는다.

우연한 일은 우연히 일어나지 않는다

초판 1쇄 발행 2025년 6월 17일

지 은 이   마크 마이어스
옮 긴 이   이지현
펴 낸 이   김동하

펴 낸 곳   부커
출판신고   2015년 1월 14일 제2016-000120호
주   소   (10881) 경기도 파주시 산남로 5-86
문   의   (070) 7853-8600
팩   스   (02) 6020-8601
이 메 일   books-garden1@naver.com

ISBN 979-11-6416-250-5 (03190)

이 책은 저작권법에 따라 보호받는 저작물이므로 무단 전재와 무단 복제를 금합니다.
잘못된 책은 구입처에서 바꾸어 드립니다.
책값은 뒤표지에 있습니다.

부커는 책들의정원의 출판 브랜드입니다.